7つの危険な兆候

BILLION-DOLLAR LESSONS
by Paul B. Carroll and Chunka Mui

This edition published by arrangement with Portfolio,
a member of Penguin Group(USA)Inc.
through Tuttle-Mori Agency, Inc., Tokyo.

イントロダクション
失敗は、回避できる

企業の経営幹部たちは「失敗」という言葉を聞くだけで怖気《おぞけ》をふるい、めったにそこから教訓を学ぼうとしない。二〇〇七年から翌年にかけてのサブプライムローン危機は、実はこれまでに幾度となくあった金融危機とよく似通っている。企業は同じような誤りを繰り返しているのだ。

私たちは本書で、経営者や投資家たちが失敗から教訓を得る手助けをしたいと思っている。人命に関わる組織、たとえば病院や航空会社、軍隊などでは、重大な過ちが繰り返されないように必ず事後の分析を行なっている。企業の経営者たちもそろそろ、その例にならうべきだろう。また、自らの経験だけでなく、他の経営者の経験からも学ぶ必要がある。

失敗から得られる教訓を集めるために、私たちは広範な調査を行ない、過去二五年間にあった企業の重大な失敗例を調べた。「失敗」とは、「高額の投資を損失処理する」「利益のあがらない事業部門を閉じる」「破産申請を行なう」といったことだ。大手の情報ベンダーと協力し、そうした失敗例二五〇〇以上の包括的なデータベースを作成、さらにそこから漏れた失敗例を探すために、文献の調査も行なった。そのうえでさまざまな形でふるいにかけ、最も重要な七五〇例にまでリストをしぼり、一年以上かけてデータをじっくり調べあげた。

こうして明らかになった失敗の規模は驚くべきものだった。一九八一年以降、資産五億ドル以上のアメリカ企業のうち四二三社が破産を申請していた。申請当時の資産の合計は一兆五〇〇〇億ドル、年間収益の合計は八三〇〇億ドルだった。何社かは、一度ならず破産を繰り返していた。過去に犯した過ちから何も学ばなかったのだ。

同じ二五年間に、アメリカの株式会社二五八社が処理した負債は総額三八〇〇億ドルを超え、廃止事業による損失は、六七社でほぼ三〇〇億ドルにのぼった。

こうした破局はなぜ引き起こされたのか？　巷《ちまた》のビジネス書では、すべては経営実行の問題だとされている。経営者たちも、「自分にできるのは、計画を立てたあと他の経営者よりもうまく実行し、多少の幸運を願いながら、ひたすら前へ突き進むことだ」と言う。

しかし私たちの調査によれば、失敗は実行の問題ではない。タイミングや運のせいでもない。大きな失敗の大半は、戦略のまずさから生じたのだ。それらの戦略は始まったが最後、いずれ失敗する運命にあり、おそらく完璧な経営実行によっても防ぎようがなかっただろう。

では、破綻へと向かう戦略は避けられるものだろうか？　それとも、致命的な欠陥はあとになってみないとわからないものなのか？

　この問いかけに答えるために、私たちはデータベースをもとに、戦略が直接的に大きな失敗につながった何百という例について、ＲＣＡ（根本原因分析）を行なった。失敗の意味を理解するために、財政報告書や業界紙・一般紙の記事、業界アナリストの評価を読み返した。結果論に陥らないように、当時書かれたものに注目し、業界にいる誰もが同じまちがいを犯していたか、あるいは失敗例が特異だったか、といった点も調べた。

　そうしてわかったのは、失敗例の四六パーセントは、企業が落とし穴に用心していれば避けられたということだった。また、それ以外の失敗のかなりの部分も、危険な兆候に気づいて慎重にことを進めていれば、避けられないまでもやわらげられた可能性が高かった。

　避けられたはずの失敗例に注目すると、繰り返し現れるパターンが浮かび上がってきた。複数の業界にわたる数々の失敗が、共通の原因のバリエーションだった。私たちはそうしたパターン、つまり「失敗の型」を深く掘り下げた。

　その結果、失敗が往々にして、以下に示す七つの戦略のどれかと関連していることを発見した。もちろんそれ以外の理由もあるが、これらの戦略に従った場合、失敗の見込みが格段に高くなるのだ。

①シナジー効果を狙う

異なる要素の統合により、さらに大きなものを生み出そうということの戦略は、企業合併から生じる利益の過大評価につながりやすい。シナジーの議論は流行のように現れたり消えたりするが、調査からわかったのは、シナジー効果を実現して目標とする収益増を達成できた企業は、全体の三分の一程度しかないということだ。

②金融工学を駆使する

これは詐欺や不正ではない。攻撃的ではあっても合法的な、会計および金融メカニズムの活用法だ。だが、攻撃型の会計は中毒性があるため、不正へと発展することがある。また、ただ攻撃型なだけだと思っていても、いつのまにかおとぎ話をつくりだしていることもある。一〇年か一五年しかもたない資産に三〇年ローンを勧めて、莫大な額の取引を生み出した貸し手のように――。

③ロールアップ［訳注：業界の一部を連合させていくこと］**をはかる**

ある業界をまとめあげるために、地元の店や会社を何十何百、果ては何千と買収して、地域もしくは全国規模の巨大企業になろうとしたあげく、問題にぶつかった企業は数多い。しかも、その多くが最後には不正に至っていた。成功したロールアップを見つけ出すのは難しかった。成功例として挙げられる企業でさえ、その過程でさまざまな問題を経て、当初の戦略からは大きく後退していた。

④従来路線に固執する

これはただの惰性であって、戦略ではないように見える。しかし企業の拠り所が脅威にさらされたとき、それまでの路線を継続することは、しばしば意識的、戦略的な決断となる――それも悪い決断だ。たとえばイーストマン・コダックは、一九八一年の段階ですでに、一世紀の歴史をもつフィルム写真関連事業にデジタル写真という重大な脅威が迫っていることを意識していた。それでも、世界が徹底的にデジタルの方向へ向かうと見越して軌道修正を行なおうとはしなかった。デジタルテクノロジーを使って従来の事業を「増強」しようと考え、その事業へ大量の投資を続けたのだ。結果として生まれたのはどっちつかずの戦略で、効果はあがらなかった。

⑤隣接市場に参入する

隣接する市場への参入は、企業の規模拡大にきわめて有効な手段となりうる一方、危険もある。「隣接」が言葉だけの場合があるからだ。たとえば、ある大手セメント会社は、芝刈り機など一連の新市場に進出したが、やがて破産手続きに追いこまれた。自社のセメントは家庭で使われる、家庭には芝刈り機がある、だから芝刈り機を売ろう、というのがその会社の理屈だった。うまくいくわけもなかった。

⑥新たなテクノロジーを追求する

イーベイなどの例に見られるように、これはすばらしい戦略になりうる。しかし経営者はときどき誤ったテクノロジーに乗ってしまうことがある。ベータマックスの話ではない(ビデオカセットレコーダーの規格として、ベータにはＶＨＳに勝てるまっとうなチャンスがあった)、ザップメールのことだ。これは、一九八〇年代半ばに、ファクスの普及を読み誤ったフェデックスの経営陣が始めたサービスで、同社は結局、数億ドルの損失を出すはめになった。

⑦統合に走る

業界が成熟すると利益のプールが減少するために、そこに属する企業の数は少なくなっていく。そこで経営陣はときどきミスを犯し、ライバル会社の買収に走って、あとでその会社が想像以上に問題を抱えていることを知る。あるいはさらに基本的なミスを犯すこともある――本当は自ら身売りするか、他の誰かに統合という重圧のかかる仕事をまかせておけばいいときに、自ら買収する側になろうと決めるのだ。たとえば一九九〇年代末に、競合他社をどんどん買収して業界を統合しようとしたポケベル会社は、その直後、携帯電話に売上の大半をさらわれてしまった。

断っておくが、私たちは七つの戦略が必ず失敗すると言っているわけではない。しかるべき状況でなら、こうした戦略はどれもすばらしい成功をもたらしうる。しかし、危険ゾーンにあるのも確かだ。だから、あなたがこのいずれかを進めようとするなら、そこに潜む落とし穴にできるかぎり用心しなければならない。

本書の第Ⅰ部では、それぞれの戦略の失敗に各一章を割り当て、その戦略が失敗する三つか四つの理由を引き出した。特定の戦略を扱った章だけ読んですませたい誘惑に駆られるかもしれないが、なるべく全体を通して読んでいただきたい。経営者が失敗について通常もっている認識を覆《くつがえ》す内容ばかりだからだ。

経営者は往々にして、失敗とはコントロールの及ばない不運な状況のせいで起こるものと考える。どの失敗にも固有の原因があるのでパターン化はできないとか、失敗はおおむね主流から外れた会社に起こるとか、社長や会長が（どう表現するかはともかく）バカだったのだとか言う傾向もある。そして自分に限っては破滅的な失敗などしないと思いこんでいる。なにしろすばらしく優秀で、これまでのキャリアでも成功ばかりだったのだから、と。

しかし私たちの調査によると、失敗した人たちの多くも、やはりすばらしく優秀で、それまでのキャリアでは成功ばかりだった。また失敗は、長い歴史をもつ会社でも数多く起こっている。ほとんどが経営良好で、過剰なリスクをとることも大きな不正もなかった会社なのだ。

だからこそ私たちの発見は恐ろしい。特異な例として切り捨てることができないからだ。アルフレッド・ヒッチコックが言うように、最も恐ろしい悪者は、黒い帽子をかぶって不気味な音楽とともに現れはしない。一見ふつうか、いい人のように見えるが、やがて少しずつ悪の本質を表してくるのだ。

第Ⅱ部では、意識だけでは足りないということを述べる。落とし穴がどこにあるかを知っただけでは十分ではない。戦略の欠陥に気づいていながら食いとめることができなかった例はいくらも見つかる。投資銀行やコンサルティング会社に何十億ドルも払って注意深くあろうと努めてきた多くの企業が、相変わらず失敗する戦略をとりつづけている。

まず8章で、個人の心理学的問題を扱う。多くの人間が、何かがまちがっているとわかっていながら、それに従ってしまうという問題の根深さをここで浮き彫りにする。

つづく9章では、企業の意思決定を損なう組織的な問題に目を向ける。企業は外から見れば合理的に見えても実際にはきわめて感情的で、結果として不合理な行動に陥りやすい。特に戦略の策定は、分析的なプロセスであると同時に社会的なプロセスでもあるので、不合理な行動が多くとられる。

残り二章は、本書の要となる。私たちの調査と過去二〇年の経験に基づけば、悪い戦略を避ける唯一の方法は、戦略策定の段階で、意図的に反対の視点を取り入れるというプロセスを付け加えることだ。10章と11章でそのやり方を説明する。

本書はすべてのビジネスマンに向けて書かれている。あなたが中間管理職なら何十億ドルもの企業買収を決断する必要はないだろうが、もっと小さな戦略を考えるときにも、ここで紹介する方法は有効だ。潜在的な問題を浮かび上がらせ、意見の相違を建設的な形で利用できるようになるだろう。また、現場の管理職たちが独立した考え方をする手助けにもなる。失敗しそうなプロジェクトを避けて、勝者となる見込みの高いプロジェクトにうまく関わるのに役立つはずだ。

真摯な投資家は、この本から得るものが一番多いかもしれない。投資家は、どの企業の戦略が成功し、どれが失敗するかをたえず評価する必要に迫られる。企業の発表を分析し、ここで紹介した失敗のパターンのどれかに当てはまるとわかれば、株を手放したり、空売りのチャンスを見きわめたりすることができる。

最後にひとこと。

誰もがすべての誤りをつきとめて防げるわけではない。会社はときには勝ち、ときには負ける。だが、失敗を極力避ける手だてはある。それでも失敗するのなら、せめて新しい失敗であってほしい。何十年も前から多くの人が犯してきたのと同じまちがいを繰り返すのでは、言い訳もできない。

第10章 異論のないところに成果なし　251

第11章 「最後のチャンス」審査で念を押す　288

第I部 企業が陥る7つの罠

第1章 シナジーという幻想に惑わされる

M&Aを行なったことのある経営者二五〇人を対象に、コンサルティング会社ベイン・アンド・カンパニーが実施した調査によれば、回答者の九〇パーセントは、事前に「過去の企業買収では、三分の二以上の例で、買ったほうの企業の価値が損なわれている」というデータを知らされていた。実際、ほとんど全員が個人的には、「M&Aには問題がある」と見ていた。また回答者の半数は、「デュー・ディリジェンス（適正な評価）を行なったが、悪い買収への動きを止められなかった」と述べた。買収先の企業が問題を隠して粉飾していたからだ。さらに回答者の三分の二が、「買収の前に指摘されていたシナジー効果は一度も得られなかった」と答えた。

にもかかわらず、ほぼ全員がM&Aをさらに押し進めた。失敗から教訓を得たから今回こそちがう、と思いながら。

しかし数々の研究が、「今回」もちがいはしないということを示している。マッキンゼー・アンド・カンパニーが一二四の合併例を調べたところ、買収側の予想に近い収益面のシナジー効果が生み出されたケースは三〇パーセントにすぎなかった。コスト面での結果はそれよりましで、およそ六〇パーセントで予想した効果が得られていたが、それでも五件のうち二件はあてが外れたことになる。マッキンゼーでは、シナジー効果の見積もりをほんの少しまちがえただけでも合併後の事業はゆらぎ、目標を達成できずに終わることがきわめて多い、と結論づけている。

一六〇以上の企業合併を扱ったマッキンゼーの二度目の調査でも、合併後三年にわたって順調に成長を続けた企業は、全体の一二パーセントにすぎなかった。業績不振の会社はほとんど不振のまで、堅調な会社もおおむね成長が鈍化していた。

BCG（ボストン・コンサルティング・グループ）の調査によると、合併した企業の八〇パーセント以上は、事前に、期待しているだけのシナジー効果が得られるかどうかをきちんと確かめていなかった。実際に調べれば、環境的な要因や合併に対するライバルたちの対応によって、多くのシナジー効果が得られそうにないことはすぐにわかるという。

また、ダイヤモンド・マネジメント・アンド・テクノロジー・コンサルタンツが行なった別の研究からは、なぜ批判的なプランニングがなされていないかがわかる。多くの企業がテクノロジーに依存する現在、シナジー効果の目標達成は、合併後の会社が事業のプラットフォームを統合し、ひとつになって業務に当たれるかどうかに大きく左右される。しかし調査からわかったのは、プラットフォーム統合の問題がプランニングのすべての段階で見過ごされているということだった。つまり契約前、交渉中、契約後の合併担当チームが、事業のプラットフォームがもたらす価値とリスクの双方を理解できていなかったのだ。

それでも、シナジーという言葉は魅力的だ。何しろゼロから何かが生み出されるのだから。大胆な施策で業界を定義しなおして自分の名を残したい、というCEOの欲求も満たしてくれる。

それに、ある程度のシナジー効果はたしかに得られそうに思える。同種の会社を合体させればコスト削減は可能なはずだ。販売網が強力になれば製品の売上もアップするだろう。

だが調査を見るかぎり、利益があがらなかった例は何十とある。そして、それらはむしろ悲惨な結果を招いていた。

ケーススタディ 大崩れした老舗保険会社

一九九九年、ユナムがプロビデントを五〇億ドル規模の合併を果たしたとき、その論理はおおむね非の打ちどころのないものとして受け入れられた。ユナムはアメリカ最大の団体傷害保険会社、一方プロビデントはアメリカ最大の個人傷害保険会社だった。両社が合体すれば、あらゆるタイプの傷害保険をひとつでカバーする効率的な大会社ができあがるというわけだ。

それぞれの会社のスポークスマンは、ありとあらゆるシナジーの可能性を謳った。ユナムは、すでに自社の団体保険に加入中の個人に、プロビデントの商品を追加して売ることができる。また、プロビデントの保険に入っている個人にも、ユナムの保険商品を売ることができる。両社の販売力が合わされば、まだなんの傷害保険にも入っていない人たちも取りこめる。団体保険と個人保険の特徴を兼ね備えた革新的な傷害保険の商品も考案できる。経営は効率的になり、出費を抑えられる。その利益はたちまち現れ、合併の初年度から一株当たりの配当は大幅に増すだろう。顧客にとっても多大の恩恵があるはずだ。より大きく堅固になった会社と取引ができるし、サービスが改善し保険料も下がるだろう……。

株式アナリストのグロリア・ボーゲルは、この合併を「傷害保険市場において真に有力な会社をつくりだすものだ」と評した。「これは大変な影響力をもたらすだろう」

合併後の最高経営幹部二人は、エリート中のエリートだった。

ユナムプロビデントと名前を変えた会社の初代CEO、ジェームズ・F・オールは、一二年にわたってユナムのCEOを務めていた。攻撃的な手法をとり、年金や恩給など多くの事業を切り捨てることで業績を伸ばし、ユナムを傷害保険大手の座に押し上げた。その過程で、知的かつ率直な経営者という評判も得た。ビラノバ大学で科学を専攻し、陸上競技のスター選手としても鳴らしたが、ボストン大学でMBAを取得したのち、さまざまな大会社の取締役を歴任した。合併のときには脂の乗り切った五六歳で、アメリカンインターナショナルグループ（AIG）の取締役だった。

もうひとり、社長となったJ・ハロルド・チャンドラーも、オールに引けをとらない経歴の持ち主だった。合併の時点でプロビデントのCEOを六年間務めていた。チャンドラーが団体保険などの事業を切り捨てたおかげで、同社は個人の市場に専念し、やはり大手のポール・リビア生命保険と、ジェネックス・サービスという保険サービスの会社を買収した。合併のとき五〇歳だったチャンドラーは、さまざまな企業、教育団体、業界団体の役員も務めていた。サウスカロライナ大学でMBAを、ハーバード・ビジネススクールでも上級の経営学学位を取得している。

ユナムは一八四八年創業、プロビデントは一八八七年創業と、どちらも由緒ある会社だけに、合併に際しては細心の注意が払われた。考えうるかぎりの統合チームを招集し、このプロセスに関わったある幹部に言わせれば、「コンサルタントの教科書どおりに動いて」いるかのようだった。たとえば顧客の便宜を強調した両社は、合併から約一カ月後のある日を「お客様第一の日」と定めた。だが両社のプランはどれも奏功しなかった。奏功どころの騒ぎではない。合併が成立した瞬間から、すべてがばらばらに崩れはじめたのだ。

合併後初の第1四半期の報告で、ユナムプレビデントに一九九九年秋の時点で六億二三七〇万ドルもの出費があったことが公表された。この出費の大部分は、団体傷害保険証券と売却予定の再保険事業に関連するものだった。また出費には、合併関連の四二五〇万ドルの予定外支出も含まれていた。オールの信用はがた落ちし、合併からわずか四カ月で退任した。

後任に就いたチャンドラーも前途は多難だった。チャンドラーは、この合併は「三社」の結合だと発言した——つまり、合併に先立つ二年間にポール・リビアがプロビデントにうまく統合されていなかったため、実質的に三つの大会社をまとめあげなくてはならないという意味だった。しかも、実際の合併はさらに複雑だと述べた。たとえば腰痛に対する保険金の支払い申請は、ユナムの団体保険部門だけでなく、別の二つの部門でも扱える。プロビデントとポール・リビアに関しても同じで、腰痛の申請は三つある部門のどこででも扱える。ところがユナムとプロビデントの合併プランでは、腰痛の申請はすべて、超効率的なひとつの部門によって扱われることになっていた。

「舞台裏で何度も再検討を重ねなくてはならなかった」とチャンドラーは語っている。「流動的な部分が多すぎた。それぞれの会社に三つの主要部門があった。つまり三かける三で、九つもあったのだ」

それから二年間、チャンドラーはすべての業務を統合し、期待されるシナジー効果を得ようとしたが、その努力も空しかった。

事務管理部門の効率化については、合併前にユナムとプロビデントの間で協議を行なっていた。しかしいざひとつの会社として始めてみると、そこにあったのは相互連絡の欠けた三四のばらばらの情報システムだった。合併後六年たっても、ユナムプロビデントは三四のうち四つを整理するのがやっとだった。

販売員たちも、お互い相手の商品を売るのをいやがった。実際のところ、協力しようとしても難しかっただろう。個人傷害保険は、保険証券をお客様一人ひとりに合わせるという複雑な手続きが必要なため、スペシャリストの仕事になりやすい。対照的に団体傷害保険は、たいていが企業向けの健康保険という大きな契約の一部であるため、ゼネラリストの仕事になる。個人保険証券の細部を詰めていく代理人は、大企業の人事担当重役を口八丁で口説き落とそうとする販売員とは水と油ほどもちがうのだ。

顧客たちの反応も、以前とほとんど変化がなかった。それまで傷害保険を買わずにいた人たちは、やはり買おうとはしなかったし、雇用主を通じて保険に入っていた人たちも、自前で追加の保険に入ることはなかった。

個人傷害保険と団体傷害保険の実りある融合は、実現しなかった。

実はユナムは、個人傷害保険の難しさについて、いやというほどよく知っていた。ほんの数年前、自らその市場に参入しようとして、ひどい失敗をしでかしていたからだ。

当時、各社はこぞって医師などの専門職を相手に、疾病で働けなくなった場合に備えた保険を売った。一九九四年にプロビデントのある上級副社長が残したメモによれば、「この時期の保険証券はずさんで、保険料も安く設定されていた」。その結果、ユナムは一九九四年の第3四半期だけで六一七〇万ドルの損失を出した。そして従業員三五〇人をレイオフし、同社の取引の一五パーセントを占める個人保険業務から撤退したのだった。

それなのにユナムは、個人傷害保険の会社との合併という、はるかな大きな賭けに出た。

なぜか？　合併は顧客に恩恵をもたらすと謳っておきながら、実は新会社には別の目論見があった。アメリカの傷害保険市場の三〇パーセントを占めるようになった同社は、その規模を笠に着て、二〇〇〇年に一四パーセント、二〇〇一年にも同程度の保険料の値上げを行なおうとしたのだ。しかし加入者が抵抗し、ライバル会社はその機に乗じて客を奪っていった。結局ユナムプロビデントは、二〇〇〇年に七パーセントの値上げをしただけで終わった。

同社はまた、なんとかシナジー効果を得るために支払額を減らし、申請者をできるだけ早く仕事に復帰させるというプロビデントの手法を全社に徹底させようとした。しかしその試みは利益をあげるどころか、ユナムプロビデントを訴訟の泥沼に突き落とした。同社の評判は地に落ち、財政は危険にさらされることになる。

二〇〇一年になると、ユナムプロビデントに対し、傷害申請を不当に却下したと訴えた個人に数千万ドルの支払いを命じる判決が出はじめた。こうした目に余る状況を知って、『60ミニッツ』といったテレビ番組を始めとするマスコミも、ユナムプロビデントに関する特集を組むようになった。『60ミニッツ』は、パーキンソン病を患った眼科外科医の申請がはねつけられた事例をとりあげた。当の外科医ジョン・テデスコは番組のなかで、震える右手を見せながらこう語った。「私が患者の手術をしたら、失明させてしまう。パーキンソン病にかかった医者に目の手術ができるなどと言える人間はどこにもいない」

上訴裁判所は最初の判決をかなり軽くしたものの、ユナムプロビデントは多くの申請を不当に却下したとして、一人当たり一〇〇〇万ドル以上の賠償金の支払いを命じられた。しかも訴訟の数は身震いするほど多かった。三〇〇〇人以上が同社を訴え、それはやがて集団代表訴訟へと発展した。

訴状によると、ユナムプロビデントのこうした不当行為は組織ぐるみのもので、月間の申請却下件数を設定し、勤務時間外や週末に円卓会議を招集して「削除リスト」をまとめていた。この「削除リスト」にのるのは、申請に問題がある人ではなく、ユナムプロビデントにとって高くつく人だった。さらに数名の医師が、同社から報酬をもらって申請の却下に認可を与えたと証言した。連邦裁判所も公式表明で、同社の申請処理が「常識を無視した」「詐欺すれすれの」ものだったと強く非難した。州保険監察官が介入し、同社に一五〇〇万ドルの罰金の支払いと、傷害保険の申請が却下された二〇万件についての再審査を求め、従わせた。

ユナムプロビデントは、申請却下の目標値を定めたことはないと述べた。申請を却下するよう圧力を強めたとされる時期に、却下件数が増した事実もないと主張した。テデスコ医師のパーキンソン病については、当人の申請が却下された後で発症したものであり、当初の申請は背中の痛みに関連するものだったと述べた。医師たちに不正確な診断を下すように圧力をかけたことはないとも語った。

二〇〇〇年から二〇〇一年にかけて、同社の業績は回復したものの、投資家たちの懸念は消えなかった。投資家たちはまた、金利が下がっていること、つまり同社が保険料として預かった金で行なった投資による収益が減ることにも気づいていた。そのうえ経済全般の停滞があった。失業中や不完全就業の人たちは、傷害保険の申請をすることが多くなる。それはつまり保険金の支払いが増えることを意味した。二〇〇一年末、同社の株価は合併時の半分になっていた。

それでもまだ、投資家たちの見通しは楽観的にすぎた。ユナムプロビデントの個人傷害保険事業はさらに悪化し、二〇〇二年にはチャンドラーの名がフォーブス誌のワーストCEO（企業の業績とCEOの報酬との比較に基づいて評価される）のリストに入った。二〇〇三年三月には、ムーディーズによる社債格付けで、ユナムプロビデントの社債はジャンク債のレベルまで格下げされた。これで同社の資金調達能力は地に落ち、株価は急落し、合併時の一〇分の一になった。チャンドラーは退任した。

後を引き継いだのはチャンドラーのナンバー2、トム・ワッチンだった。ワッチンは就任後まもなく、過去数年の方針について、成長を過度に重視した傲慢なものだったと否定的に述べた。

彼はまた、両社の合併を基本的に白紙に戻した。そしてプロビデントが合併前に作成した個人傷害保険証券をカバーするために、ほぼ一〇億ドルを損失処理した。さらに、個人保険業務を大幅に縮小した。ついには会社の看板から「プロビデント」の名前もはずした。

そのうえで保険料を上げて収益を元に戻そうとしたが、加入者の多くは高い保険料を払うぐらいならと、他の会社に変えてしまった。二〇〇四年のユナムの損失額は二億五三〇〇万ドルに達した。

本書執筆中の現在、保険市場全体が好況に転じ、ユナムもふたたび着実に収益をあげられるようになったが、株価はまだ一九九九年時のわずか三分の一ほどだ。

同社はいまだに、請求者や投資家による集団代表訴訟への対処を強いられている。

シナジー戦略に潜む3つの落とし穴

顧客には利益が感じられない

ある調査によれば、合併によってサービスや価格の面がよくなったと感じた顧客は、全体の二九パーセントにすぎなかった。また別の調査によると、ある会社では合併後まもなく、顧客のじつに三〇パーセントが離れてしまった。その理由として、離れた顧客の三分の二は、サービスが悪くなったと感じたことを挙げている。

ユナムプロビデントの加入者の多くも、まさにそう感じていた。保険料が上がったうえに正当な申請が却下される恐れがあるとしたら、誰がそんな保険に入るだろう。合併で可能になった抱き合わせ販売にしても、得をするのはユナムプロビデントで、加入者ではない。プロビデントの個人傷害保険に入っている人が、ユナムの保険商品に入る必要はどこにもない。

顧客に対するこうした誤解の歴史を遡《さかのぼ》ると、一九七〇年代に、ユナイテッド航空の持ち株会社であるUALが、シナジー効果を求めてレンタカー会社のハーツとウェスティン・ホテル・チェーンを買収した件にたどり着く。

UALは、航空会社からホテル、レンタカーまで、旅行の手配すべてを電話一本ですませられれば、顧客はありがたがるだろうと考えた。しかし、彼らはその便利さを過大評価していた。ユナイテッドに電話をしたからといって、顧客は自動的にウェスティンのホテルに泊まり、ハーツで車を借りるわけではない。エイビスで借りたい人もいるかもしれない。それに、一回で旅行の計画を全部すませたいなら、旅行代理店に頼めばいい。

一九八〇年代に、ユナイテッドはハーツとウェスティンを売却した。

デパートのシアーズ・ローバックも一九八〇年、証券会社のディーン・ウィッター・レイノルズと不動産サービス業のコールドウェル・バンカーを買収したときに同じミスを犯した。

シアーズは顧客の家庭で必要なものすべてを取り扱いたいと考えた――シアーズの動力工具を買う客に、シアーズの金融商品も買ってもらいたい、と。その動機がユナイテッドの場合よりも少しだけまっとうに見えたのは、一九三一年にオールステート保険を創業し、デパートの顧客に保険を売るのに成功した実績があったからだ。保険がうまくいくなら、株や不動産もうまくいくのでは？しかしオールステートは、保険業の比較的初期に創業し、シアーズとの関連によってではなく、独立した事業として成功を収めた会社だった。

そもそも土曜の午後に金槌を買いにくる客は投資のことなど考えていないし、たとえ店の真ん中にディーン・ウィッターのオフィスがあっても、証券マンとお喋りをしようとは思わない。シアーズは信用のある名前だが、人々は同じ店のなかにあるからといってコールドウェル・バンカーと取引しようとは思わなかった。

シアーズとしては、金融サービス機関をプラスすることが顧客全体へのサービスになるという考えだったが、顧客のほうはそう思わなかった。おかげで同社は機会費用をたっぷり払うはめになった。やがてくるウォルマートの猛威と、一九九〇年代のデパート業界の不況に備えて準備しておくべきだった時期に、ムダな時間と金をシナジーという幻想に費やしてしまったのだ。

ありもしないシナジー効果を見てとろうとする傾向は、顧客への理解が深いとされる小売業界で強いようだ。デパート・チェーンのJ・C・ペニーは、デパートとドラッグストアにシナジー効果があると考え、一九九六年と九七年に五つのドラッグストアのチェーンを四四億ドルで買収し、その過程で外部から一一億ドルの資金を調達した。ペニーのクレジットカードを使えるようにすれば、客足はペニーのドラッグストアへ向かうと踏んだのだ。また、デパートとドラッグストアの品物を精選して相互に持ちこめば、それぞれの品揃えを充実させられるという考えもあった。さらにデパートのカタログをドラッグストアに置くことで、カタログ販売の売上も伸ばせるだろう。

だが、シナジーの可能性としてはどれもひどく弱い。実際、シナジー効果は現れず、ライバル会社はここぞとばかりにペニーのドラッグストアから顧客を奪った。二〇〇〇年、ペニーは傘下のドラッグストア関連で五億ドルを損失処理した。二〇〇五年にはこの事業を売却したが、損失額は一三億ドルにのぼるといわれた。

買収に費用がかかりすぎる

記録がはっきり示すように、ほとんどの企業取得は元がとれない。その主な理由は、買収のための金を払いすぎることにある。入札形式の場合、買収側は妥当と思える範囲内でできるかぎり高い値をつける。シナジー効果が得られると思えばなおさらだ。競りあう相手がいない場合でも、売りに出ている会社を代表する投資銀行は、シナジーの匂いを嗅ぎつければより高い額を求めてくる。ユナムはまちがいなく、プロビデントに高い金を払いすぎた（当の両社は吸収合併だとは認めなかったが、ユナムの株主はユナムプロビデント株の五八パーセントを受け取った）。プロビデントの株主が受け取った株式は二〇億ドルだったが、同社の保険証券の問題を考えれば、支払い額はもっと少なくてよかっただろう。

ユナムは慎重であってしかるべきだった。すでに一九九〇年代初めに、個人傷害保険で手痛い経験をしていたからだけではない。同社の本社はメイン州ポートランドにあったが、メイン州保険局に提出する報告書で、監査法人のアーサー・アンダーセンはプロビデントの問題を公然と指摘していた。それによると、プロビデントは自社の利益を高めるために、保険金の支払請求をひどく強気に却下している形跡があった。つまり同社の収益は見かけの数字とはちがい、将来にわたって持続できない可能性を強く示していたのだ。

一九九四年に飲料メーカーのスナップル・ベバレッジを買収した、食品メーカーのクエーカー・オーツも、一七億ドルという巨額を支払った。当時のアナリストたちは高すぎると警告したが、クエーカーの目にはシナジー効果が映っていた。スナップルの飲料がクエーカー・オーツの製品ラインの隙間を埋め、今ひとつ冴えない同社のブランドを一新してくれるだろう。また、自分たちならスナップルの流通システムを改善できる。何しろクエーカーはゲータレードをヒット商品にした実績があり、流通面での力はスナップルよりはるかに大きい。一方スナップルの販売部門は、クエーカーのゲータレード商品が占める棚スペースをさらに広げる助けになるだろう。

しかしクエーカーは、スナップルの販売システムをくわしく調べておらず、理解も不十分だった。スナップルの販売員たちは、自社が成功するように個人的な投資を行ない、どんな異例な裏取引も辞さずに店舗の棚スペースを確保しようと努めていた。彼らは、クエーカーのような官僚的、組織的なやり方には洟《はな》もひっかけなかった。

また彼らには、ゲータレードに協力する金銭的な動機もなかった。クエーカーはスナップルの販売員たちに、スナップルの棚スペースの何パーセントかをゲータレードに譲り渡すように言ったが、彼らは「ご遠慮します」と返しただけだった。それでもスナップルが市場を保持しつづけていればよかったが、競合他社がスナップルの成功を見て、新しい飲料で激しい競争を挑みはじめた結果、スナップルの売上は低下しはじめた。

買収からわずか三年後、クエーカーはスナップルを三億ドルで売却した。

1足す1は3にはならない

シナジー戦略は、別々の企業が相互に助けあうことを当てにするものだが、当の社員たちがそれを望まない場合も多い。会社はそうした問題を予測し、変革管理のエキスパートを雇って全員をまとめあげようとするが、エキスパートにもできないことはある。深く染みついた習慣によって、協力しないという強固な意志が存在する場合、変革はきわめて困難になる。

ユナムの場合、企業回りをして団体保険を売ってきた販売員に、個人相手に保険を売る準備はできていなかった。プロビデントにも同じことがいえた。ユナムにはユナムの経験と知識があり、プロビデントにはプロビデントの経験と知識があった。とりたてて協力する理由はなかったのだ。

ＡＯＬとタイムワーナーの合併は、これと同じ問題をはるかに大規模な形で浮き彫りにした。二〇〇〇年の合併当時、ＡＯＬタイムワーナーの時価総額は二八〇〇億ドル。ＡＯＬのスティーブ・ケイスとタイムワーナーのジェラルド・レビンは、新時代のメディアと伝統あるメディアを融合させることで新たなメディアを創出した、と豪語した。彼らの主張はこうだった。ＡＯＬは顧客に、タイムワーナーの雑誌やケーブルＴＶ、映画、音楽、本の事業を提供する。タイムワーナーは新たなコンテンツを提供することで、ＡＯＬがさらにオンライン購読サービスの顧客を増やせるように手助けをする。

しかしご存じのとおり、そううまくはいかなかった。ケイスとレビンは両社の全部門が協力しあえるように、金銭的なインセンティブも含め考えうるかぎりの手段を講じたが、とりわけタイムワーナー側の社員たちがついてこようとしなかった。タイム、フォーチュン、スポーツイラストレイテッドなど、十指にあまる同社の雑誌は、数十年にわたって多くの読者を得てきた。彼らにはどのように誌面をつくり、広告枠を売るかという確固たる業務の手順があった。なのになぜ、まだ大学生に毛の生えたような男が経営する、たかだか一〇年目の会社の助けが必要なのか？　というわけで、合併後も、こうした雑誌を始めとするタイムワーナーの出版物がＡＯＬとともに広告を売る、といったことは起こらなかった。

たとえシナジー志向の会社同士が望んで手を組んでも、期待した利益を生み出すのがいかに難しいかは、一九八〇年代以降のＩＢＭを見ればよくわかる。同社は一九八一年にパソコンを投入してこの市場に火をつけ、その結果ロータスなどソフトウェアの新規事業が花開いた。

しかしＩＢＭ自身のソフトウェア事業は無に等しかった。そこでシナジー戦略に打って出た。小さなソフトウェア会社を山ほど買収し、自社の販売力でそれらの製品を売っていくと発表したのだ。そうした会社の株がＩＢＭのバックアップを受けて跳ね上がり、すぐにＩＢＭにも大きな見返りがあるはずだった。小さな子会社にあふれる起業家精神がＩＢＭにも移植され、やがては自前のＰＣソフトウェア事業を軌道に乗せられるだろうという目論見だった。

しかし逆に、ＩＢＭは小さなソフト会社の負担になりはじめた。ＩＢＭは各社に何十人という販売員をトレーニングのために派遣した。どの会社もＩＢＭから注がれる愛情を受けとめるために、これまでの業務をほぼストップさせなくてはならなかった。おかげで業績は大きく悪化しはじめ、ＩＢＭの一億ドル強の投資はほぼ紙切れ同然になった。起業家精神もＩＢＭには移植されずじまいだった。ＩＢＭは二〇億ドルの損失を出したあげく、ＰＣソフトウェア事業を断念した。

複数の企業を統合・協力させるという場合、特に情報システムは大きな障害になりやすい。一九九六年、ユニオン・パシフィックはサザンパシフィック・レイルを買収した。合併後は全米随一の鉄道網となるため、コスト面での莫大なシナジー効果が期待されたが、二つの鉄道情報システムは連携できず、ちがいを埋めようとする試みも失敗した。やがて列車の遅延が頻発するようになり、連邦政府は非常事態を宣言して介入を決めた。

ユニオン・パシフィックは、過去にもシナジー効果を求めて大失敗した経験があった。一九八六年、同社はトラック会社オーバーナイト・トランスポーテイションを一二億ドルで買収した。合併の論理は単純だった。ただ鉄道で荷物を運ぶのではなく、自宅の玄関で顧客の荷物を預かって目的地まで届けるサービスを提供しようとしたのだ。

だがトラック運送業は、きわめて独立心の旺盛な運転手を抱え、また出発点と終点が無数にあるなどの点で、鉄道経営とはまったくちがっていた。結局一九九八年に、ユニオン・パシフィックはオーバーナイト関連で五億四七〇〇万ドルの損失を出した。その後折にふれてオーバーナイトの処分を試み、やっと二〇〇三年に分割譲渡したが、その譲渡額は、一七年前の買収価格の三分の一強にすぎなかった。

失敗しないために、あなたがチェックすべきこと

この章の冒頭で、シナジーの実現がいかに難しいかを示す調査結果を引用した。適切な経営実行

をすれば効果が得られる戦略もあるが、何も言わずに止めてしまったほうがいい戦略もある。

その戦略が押し進めるに足るかどうかを見きわめるには、まず可能性のありそうなシナジー効果をすべて挙げたうえで、ひとつずつ課題や問題と突き合わせてみるべきだろう。不利な条件でも乗り越えられると考えるには、よほど強力な根拠が必要だ。

コスト面でのシナジー効果については、つぎのような問題を念頭に置きながら検討するとよい。

●あなたが削減できると期待するコストの多くは、ただ別の予算に回る公算が大きい。ある部門で人員をカットしても、彼らが有能で、会社が失いたくない人材ならば、他のどこかに移されるだけだ。

●他にも多くのコストが、合併につきものの妥協のせいで残りつづける。ある業務がどこか別の都市にある会社に統合される場合、そちらへ移りたがらない社員が出てくるかもしれない。その人材を失いたくなければ、あなたが折れるしかない。だからあらかじめ、この種の妥協はきっと起こるということ、その人物を今の場所に置いておくためにオフィスのスペースや旅費などの余分なコストがかかるということを、計算に入れておく必要がある。

●社内には、コスト面でのシナジーが実現されないほうが既得権を守れる人も多い。販売員は自分たちのテリトリーを守り、管理職は自分たちの専門領域を守る。統一されたやり方におとなしく従おうとはしないだろう。誰が、どんなふうに抵抗するかを見越してリストにしておけば、期待されるコスト削減の数字から、実現しない分を割り引くことができる。

こうした初期の問題は、変革管理の徹底で克服できるとされている。しかしＡＯＬとタイムワーナーの失敗に見るように、ハードルが高すぎる場合もある。いずれは期待されるシナジーが得られるとしても、情報システムや、社員に変化をうながすためのインセンティブ、変革管理チームなどに金を使う必要があるかもしれない。また、そのために他の差し迫った問題がおろそかになりかねない。だからそうしたコストを数値化し、期待される利益からその金額を差し引いておくこと。場合によってはコストが高すぎて、戦略そのものに価値がなくなることもありうる。

喧伝される効率性のなかで、他に怪しいものは何か？　会社の規模から生じる利益とやらには気をつけたほうがいい。調査によると、会社は往々にして、規模の増大分に基づく仕入れ力を過大に見積もる。また、買収後の効率化についても過大評価しがちだ。

では、どこまでコストを削減できれば、シナジー戦略が機能しているといえるのか？　過去の例を見れば、少しでも削減できる見込みは四〇パーセント、四分の一以上の削減となると二五パーセントである。もし目論見ちがいを吸収する余地がないなら、その戦略は考えなおしたほうがいい。

収益面でも同様に、シナジー効果がどのように働いて新たな取引をもたらすかを具体的にリストにし、現実に照らして検証する必要がある。収益が増えたという過去の話は怪しげなものが多いだけに、この作業はとりわけ厳しく行なうべきだろう。

最も重要な質問はこうだ。シナジー効果を得るためには、会社を買収しなければならないのか？　それともパートナーシップを築くだけでいいのか？　たとえばユナイテッド航空は、ハーツとウェスティンを買収しなくても、旅行代理店の力を借りて、顧客をハーツやウェスティンに向かわせる方法を考え出せたはずだ。会社と会社が本当に協力しあうには、ひとつ屋根の下で仕事をする以外にもやり方はある。

もし、どうしても買収の必要があると判断したなら、つぎのように自問してみよう。その新しい製品やサービス、販売チャネルに客が群がると、どうしていえるのか？　実際を知るには試してみるしかないが、それができない以上、何かしらの潜在的な欠陥を探す作業が不可欠だ。私たちの調査でも、企業の見通しが楽観的すぎた例が多かった。ユナイテッドは、見込み客はオペレーターと電話で話すだけで、子会社の自動車をレンタルし、ホテルを予約してくれるものと考えてしまった。

また、あなたが顧客サービスを改善しようと考えているなら、どこまで顧客と同じ目線からものを見ることができるか、ライバル会社は、あなたに打撃を与えるためにどんな手を打ってくるか、といったことも自問すること。

さらに、合併後、収益面でのシナジーを得ようとする努力に抵抗するのは誰か？　もちろん真っ先に考えられるのは、これまでの報酬を脅かされそうな連中だろう。たとえばＡＯＬタイムワーナーの広告販売員は、長いあいだ自分たちの裁量で働いていたのに、ＴＶやオンラインや雑誌広告をまとめて値引きしてクライアントに売らねばならなくなった。社内の文化や個人的な理由から、変革に抵抗しようとする人間はほかにも大勢いる。

あらためて言うが、重要なのは予想される恩恵に伴うコストに目を向けることだ。こうしたコストは二つの形で生じる。

ひとつは正式なコスト。たとえば販売員をまとめあげて仕事をさせるために、報奨金を出す必要があるかもしれない。新製品や新サービスをつくりだして市場に問おうとするなら、研究開発やマーケティングへの投資も必要だろう。

二つ目の、より微妙なコストは、シナジーを得ようとする試みがなんらかの形で顧客を遠ざけてしまうことだ。人間は一般的に変化を好まないので、顧客グループの何パーセントかは逃げ出す可能性がある。顧客には独自の嗜好があることを心得ておくべきだ。

コストと収益のシナジーの可能性を評価したあとは、抱えこみそうな問題についてのリストを作成しよう。たとえばユナムは、プロビデント買収の数年前に、自前の個人傷害保険事業で失敗した経験があったのだから、プロビデントの業務からも問題が出てくるという危険性を見越しておくべきだった。

こうした熟慮を経たうえで、なおその戦略を推し進めようとするなら、つぎは買収額の検討だ。その際に必要なのは三つの計算だ。第一に、買収する相手企業に単独でどれだけの価値があるか。第二に、あなたが目論んでいるシナジー効果がすべて実現された場合、その企業の価値はどれだけか。第三に、期待されたシナジー効果がすべて実現される可能性はほとんどないという前提で、効果を割り引いて計算した場合、その企業の価値はどれだけになるか？

最後の数字を割り出したら、その価格を超える金額は絶対に出さないと決めること。入札による買収合戦だと金額が吊り上がり、悲惨な結果になりかねないから要注意だ。

かつてシナジー戦略を試みて失敗した人たちは、決してバカではなかった。すばらしく頭の切れる人たちが、シナジーという言葉の魔力に惑わされ、大金を失ってきたのだ。いくら効果がありそうに見えても、あなたが失敗例のリストに加わらずにすむ保証はない。

第2章

「金融の錬金術」の虜になる

「ウォールストリートで最も危険な言葉は〝金融工学〟である」。企業再建の専門家ウィルバー・ロスはそう語った。ウォーレン・バフェットはデリバティブ（金融派生商品）のことを、「金融における大量破壊兵器」と呼んでいる。

いつもそうだったわけではない。本来「金融工学」という言葉は、難解な金融ツールを駆使して予測困難なリスクを制御しながら、市場の金の流れを活発化させるという、ウォールストリートの数学の魔法を表わすものだった。

CFO誌によれば、主な各種デリバティブの額面価格は、一九八七年から九六年まで年に四〇パーセント上昇した。ノーザン・トラストの経済調査部長ポール・カスリエルによれば、金融部門があげている利益は現在、アメリカの企業収益全体の三一パーセントを占めるという——一九九〇年の二〇パーセント、一九五〇年の八パーセントからの大幅な増加だ。この国の金融工学者《エンジニア》が生み出している利益は、機械工学のエンジニアが生み出す利益をはるかに上回るのだ。

しかしこうした魔法が広まるにつれ、唖然とするような不快な事態もつぎつぎに起こった――サブプライムローンの破綻が金融界を揺るがすずっと前の話だ。

一九九五年、ロンドン最古の投資銀行であるベアリングス銀行は、ニック・リーソンという一トレーダーが一四億ドルの損失を出したことが原因で倒産し、ライバルだったオランダの銀行INGに一ポンドで買われた。

ロングタームキャピタルマネジメント（LTCM）は、伝説的な債権トレーダーのジョン・メリウェザーがノーベル経済学賞受賞者らと創業したヘッジファンドだが、最初の数年間に年四〇パーセント以上の利益をあげたのち、一九九八年に数カ月で四六億ドルを失った（LTCMに言わせれば市場が不合理な動き方をしたせいだが、ここでケインズの有名な言葉を思い出してみるのもいいだろう――「市場の不合理な動きは、あなたの会社が持ちこたえているうちに収まるとは限らない」）。概してトレーディング事業は、賭けに何度かしくじるだけで数十億ドルを失うこともざらだ。

ウォールストリートの魔法がアメリカ全体に広がるにつれ、多くの企業が金融や会計のテクニックを駆使して、会社の再構築、顧客への融資の増加、新しいベンチャー事業への出資、業務リスクのヘッジといった幅広い取り組みを行なえるようになった。

だがやがて、問題も現れた。多くの企業が、事業が当面の障害を乗り越えて苦境から抜け出すまでのほんの短期間なら、少しばかり会計操作を行なってもかまわないと考えるようになったのだ。

そして一、二度だけのつもりが、三度、四度と積み重なっていつのまにか当たり前のことになり、やがて災厄が訪れる。その災厄はときに、規制による譴責《けんせき》や罰金という形をとり、極端な場合には、エンロンのように詐欺と刑事罰へとつながる。会計が法の線引きのこちら側に留まっていたとしても、投資家がそのことを知れば、やはり会社は厳しく罰せられるだろう。

ときには、しばらく会計操作を続けたあと、なんとか線のあちら側から抜け出せる会社もある。AOLの数年にわたる利益は、財政上のごまかしから生まれたものだった。同社はなるべく多くの契約をとろうと世界中に入会用のCD－ROMを無料でばらまいたが、そのコストを支出に含めずに資産計上し、数年にわたって配分した。AOLが取りこんだ顧客は数年間は留まるだろうから、彼らを獲得するための支出を長い期間に当てはめるのは当然、という理屈だった。

問題は、CD－ROMにつられて加入した人の大半が、一年未満で契約を打ち切ってしまったことだ。結局、米国証券取引委員会が調査に乗り出し、二〇〇五年にAOLに三億ドルの罰金を科して痛烈な叱責を行なったが、そのときには同社はすでにまっとうな事業に戻っていた。

だが、金融工学がらみの失敗は後を絶たない。ウォーレン・バフェットの言葉で言うなら、「攻撃型の会計」と「錬金術の試み」とは区別するべきだろう。バフェットがかつて株主たちに向けて書いたように、錬金術は必ず失敗する。金融の錬金術師は金持ちになるかもしれないが、その富の源泉となるのは事業の成功というより、騙されやすい投資家たちだ。

ケーススタディ

幻の利益を計上した住宅ローン会社

移動住宅のローン会社グリーンツリー・ファイナンシャルは、ほぼ一九九〇年代を通じて、メインストリートでもウォールストリートでも大変な人気だった。金融上の数々の新機軸によって、トレーラーハウスが中低所得層にも手の届くものになった結果、一九九八年には、アメリカのトレーラーハウスの年間売上は九一年の二倍以上の三七万五〇〇〇台に達した。これに伴ってグリーンツリーの融資額は、九二年には一二億ドルだったのが、九六年には四倍となった。最盛期には、トレーラーハウス販売全体の四〇パーセント以上を同社の融資が占めていた。

一九九一年から九七年にかけて、グリーンツリーの利益は六倍の三億一〇〇〇万ドルに跳ね上がり、株価は三〇倍になった。会長兼CEOのローレンス・M・コスはこの時期、手取りで二億ドルの給与を受け取っていた。

グリーンツリーが最初に打ち出した金融上の新機軸は、それまでの標準だった一五年ローンに代わる三〇年ローンを提供し、購入による月々の出費を賃貸の家賃よりも低く抑えることだった。人々はこの新しいローンに飛びついた。一九九七年時の同社のローン返済期間は平均二五年で、一九八七年時の一三年と比較して二倍近くになっていた。グリーンツリーは多くの人が家を買えるようにしたと賞賛を浴びた。

だが、この新機軸には致命的な欠陥があった。関係者はみんな知っていたはずだ。従来の住宅は資産価値を持っているが、トレーラーハウスは時間がたつと価値を失う。トレーラーハウスはむしろ自動車と同じで、ショールームを出たとたんに価値を失いはじめる。寿命はせいぜい一〇年から一五年。三〇年はもたない。

さらに、トレーラーハウスの価値が急速に下がる一方で、三〇年ローンだと元本残高はごくゆるやかにしか減らない。標準的な五万ドルのローンなら、五年後にはまだ元本が四万九〇〇〇ドル残っている。ローン開始から数年後には、家の価値よりもはるかに大きな借金を背負ってしまうのだ。また、年利一三パーセントの三〇年ローンでは、ひと月あたりの支払額は五五三ドルで、一五年ローンの場合の六三三ドルより少ないが、返済額全体では八万五〇〇〇ドルも多く支払うことになる。しかし、こうした情報は購入者にはあまり伝えられず、デフォルトが起こる一因となっている。

「そういった人たちの多くは、自己破産の申請をしたほうがいい。新しいスタートを切れるのですから」。こう語るのは、サウスカロライナ州グリーンビルで非営利の家庭相談センターに勤める、クレジットカウンセリング・ディレクターのマーク・テッシュだ。彼のところに相談にくる人たちは金融の知識に乏しく、月々の支払額しか気にしない。「移動住宅ローンの罠にはまりこむ人たちの多くは、最初は価格が手頃だからと売買契約をする。しかし移動住宅の価値が下がっていくことは知らない。そしてあとで厳しい現実に気づかされるのです」

最近のサブプライムローン危機を招いた貸主たちと同様、グリーンツリーも証券化によって、貸付に使える資金を急激に増やした。少額のローンを何千もまとめて数億ドルのプールにし、そのプールを一連の債権に分割して売り、ローンで得た利息から債権の利息を支払うというしくみだ。

他の多くの貸主とちがい、同社はローンそのものを売りはしなかった。逆に、ローンの利息と債権の利息の差額から得られる利益をできるだけ増やすために、ずっと持ちつづけた（借主にはたいてい一二〜一三パーセントを請求し、債権保有者には九パーセントを支払うと確約した）。さらに、ローンを持ちつづけることで、ローン関連のサービスで手数料も稼いだ。

これは、グリーンツリーがローンに関わるリスクを持ちつづけるということでもある。だが債権を買おうとする人間がいるかぎり、いくらでも資金を調達する手段があった。

同社は攻撃的な「売却益」会計方式で利益を計上していた。ほとんどの貸主は、ローンが返済されるときに利益、つまりデフォルトや繰り上げ返済といった取引コストを引いた実際の利益を計上する。しかしグリーンツリーは、将来ローンが返済されたときにどれだけの金が入ると期待できるかを算出し、証券化がひととおり終わるごとに利益として計上していた。したがって利益は、実際の業績よりも、デフォルトや繰り上げ返済を自社がどう予測するかに左右された。

どれほど有能な専門家にも、こういった予測はきわめて難しい。借主の信用リスクをよほど深く理解していなくてはならないし、長期的なローン期間中の金利や経済状況の正確な予測も必要になる。金利の大幅な低下は、借り換えや繰り上げ返済などを引き起こす。景気が後退すれば、借主の支払能力に悪影響を及ぼし、デフォルト率の上昇につながる。

一方でグリーンツリーは、売却益会計によって表向きには爆発的な成長を遂げ、利益があったと言うことができた。この見積利益はもちろん、どこかで実際の業績とすり合わせなくてはならないが、それは何年も先になるかもしれない。短期的には、同社にはほぼ無限の余地があったといえる。

ちなみに、ウォーレン・バフェットはこの種の会計の危険性についてこう述べている。会計の理論では、会社はその債券（グリーンツリーが発行していたようなもの）を「時価に照らして評価する」とされる。つまり、帳簿の上で一億ドルの価値がついているものがあったとして、それが急に五〇〇〇万ドルになったとすれば、所有者は資産の価値を引き下げ、五〇〇〇万ドルの損金を引き受けなくてはならない。逆にその価値が五〇〇〇万ドル上がれば、会社は五〇〇〇万ドルの利益を計上する。会社がそうした損益をいつ認識せねばならないかについては多少の裁量の余地があるが、債券の価値がはっきりしないときには、ややこしい事態になる。

グリーンツリー――あるいは最近でいうなら、サブプライムローンの貸主がつくりだしたような複雑な金融商品の場合、会社は自らの債券を「モデルに照らして評価する」と言うかもしれない。しかしバフェットは、こうした行為を「神話に照らした評価」と呼ぶべきだと言った。債券の価値を決めるモデルを会社自身がつくりだしているからだ。帳簿上の資産の額と、一瞬でゼロになりかねない実際の市場での売買でわかる額との差は、「まっとうな健全さと称するものと、支払不能なものとの差」なのだ。

バフェットはこうも言っている。「組織が招いた結果をなかなか受けとめようとしない人たちには同情の余地もある。私でも〝時価〟より〝モデル〟を重視したくなるだろう」

グリーンツリーは先行きどんな危険があるにしろ、借主を見つけつづけられるかぎり、売却益会計で高額の利益を計上できる。「売却益会計で経営する会社の基盤は、その量にある」。グリーンツリーがのちにコンセコに買収されてコンセコ・ファイナンスと名前を変えたあと、同社の社長に就任したブルース・クリッテンデンはそう語った。

利益がローンの長期的な業績ではなく、ローンをいかに多くつくりだせるかにかかっているとなれば、いずれ不幸な結果になることは予想がつく。投資銀行の世界には、「ＩＢＧ、ＹＢＧ」という略語まである。「私は逃げる《アイル・ビー・ゴーン》、あなたも逃げる《ユール・ビー・ゴーン》」。つまり、問題のある取引をつくりだした当人たちは利益を手にしてさっさと姿を消すという意味だ。

トレーラーハウスの場合、不運な借主と長期債権の保有者をのぞく全員が、「ＩＢＧ、ＹＢＧ」を実行する気満々だった。五万ドルのトレーラーハウスが一軒売れるごとに、仲介業者には一万ドルかそれ以上の金が入る。だから条件を満たさない相手にも新しいトレーラーハウスを買わせようとする動機はたっぷりあった。「簡単なものでした」。ある仲介業者は言った。「貸主もおそろしく貪欲でしたし」

グリーンツリーは、目標を達成するために、特に月末になると、自社のクレジット基準に適合しないローンも受け入れた。「プレッシャーがあったんです」。あるローン業務担当者は語った。「会社全体がぎりぎりまで追い立てられていました」

一方で経営陣は利益ベースの報酬を得ていたため、ローンの件数を増やしつづけようとした。Ｃ

ＥＯのコスには二億ドルの報酬が支払われたが、その大部分はグリーンツリーの計上した利益に関連したものだった。

一九九七年、同社が売却益による利益を過大に評価していたことが明らかになり、巧妙な戦略が綻《ほころ》びを見せはじめた。その楽観的な見積もりに欠かせない要素が、二つそろって不利な方向に転じたのだ。

ひとつは、長期金利が低下しはじめ、借主からの繰り上げ返済が相次いだこと。もうひとつは、ローンのデフォルトが増えはじめたことだ。これは十分予測できた。債務者のデフォルトはローン開始から三～五年すると増える傾向がある。攻撃型の貸付方針によって生み出された厖大な件数のローンが、その時期に達しつつあった。同年一一月、グリーンツリーは一億九〇〇〇万ドルの税引前処理を行なった。その二カ月後には、さらに二億ドルを処理した。

同社の株価は下落した。さらに追い討ちをかけたのが、格付け機関によるコマーシャルペーパーの格付け引き下げだった。グリーンツリーは短期債権を発行して住宅ローン用の資金を集めて大きなプールにし、証券化して売っていたが、短期の債務を借り換える手段がなくなり、グリーンツリー自身がデフォルトに直面した。

そのとき、奇妙なことが起こった。

コンセコというインディアナ州に本社をもつ生命保険と医療保険の会社が、救世主として登場したのだ。同社の創業者にしてCEOのスティーブ・ヒルバートは、一七年間かけて四〇を超える保険会社を吸収し、コンセコを設立した。そしてきわめて効率的な事務管理システムを構築した。一九八七年から九七年にかけては、フォーチュン五〇〇企業で最も高い収益をあげ、株価は一年に五二パーセントという目覚ましい上昇を遂げた。

ヒルバートはすでにその数年前から、グリーンツリーに目をつけていた。グリーンツリーが三〇パーセントの成長率を誇る一方、コンセコはもう少し成長のゆるやかな健全経営だったが、どちらも中所得者層を顧客としていた。文化的にはぴったり合うとヒルバートは考えた。グリーンツリーを買収すれば、より幅広い金融サービス会社ができる、中流向けに金融サービス界のウォルマートになれる、そうヒルバートは思ったのだ。

だから、グリーンツリーの社運が下がり、大多数の目には資産として問題が多いと映っているときに、ヒルバートはチャンス到来だと受けとめた。

この二社の相対的な地位を思えば、交渉の展開はなおさら意外だった。元中古車販売員のコスが、保険業界の伝説であり会社の買収にかけては百戦錬磨のヒルバートより優位に立っていたのだ。グリーンツリーの二度目の大きな損失処理からわずか数週間後の一九九八年三月三〇日、ふたりのCEOは初めて合併の可能性について協議した。コスはヒルバートから三度にわたる要請を受け、やっと同じテーブルに着いた。そして交渉過程に入ると、他からも買収をもちかけられているとヒルバートに信じこませた。取引に応じるには巨額の債権と株式を買ってもらうしかない、一株五〇ドル以下のオファーは相手にしない、取引成立までの猶予は七日間だけである、と。

グリーンツリーの株価が二〇ドルから三〇ドルの間を低迷し、一度も五〇ドルを超えていないことは、問題にさえならなかった。新規発行された巨額の債券が高いジャンク債の利率によるものだったことも、他にまともな買収話はなかったということも――。

最初の協議から八日後、コンセコはグリーンツリーを一株当たり五三ドル、すなわち七六億ドルで買収することに合意したと発表した。直近の市場での株価は二九ドルだった。

この合併の先行きが不透明だとする見方は多かった。事実、買収の発表当日、コンセコの株価は一五パーセント急落した。この株価の下落によって、取引価格は一一億ドル引き下げられた。最初の協議の後で、コンセコもデュー・ディリジェンスを行なっていたらしく、取引内容とともに、「グリーンツリーの予測は楽観的すぎる。さらに損失処理があるだろう」と発表した。しかしヒルバートは、この取引を否定的に捉える市場の見方はまちがっているとも主張した。「ウォールストリートはときどき、ひとつの件に一日二日費やしただけで、すべてわかったようなことを言う」と。

だが結局、市場の見方ですら楽観的にすぎたことが判明した。その後の数年間で、コンセコの株価は九〇パーセント落ちこんだ。同社は合併後もグリーンツリーのモデルを生かしつづけ、現実にローン件数を増やしていった。一九九九年のトレーラーハウス新規購入への融資額は六三億ドル、これはアメリカ全体の四一パーセントを占める数字だった。だがこれらのローンは合併前よりもはるかに質が低く、デフォルト率は上昇した。最終的にコンセコは、グリーンツリー関連でほぼ三〇億ドルを処理し、一九九四年から二〇〇一年までに得た利益をすべて吐き出すことになった。

ヒルバートは二〇〇〇年四月に退任したが、その当日のコンセコの株価は五・六三ドルで、グリーンツリーとの合併が発表される前日の五七・七四ドルとは比べるべくもなかった（ヒルバートは退職金として七二〇〇万ドルを受け取った。彼の俸給は一九九三年から二〇〇〇年までの合計で五億三〇〇〇万ドルにのぼる）。

二〇〇二年一二月、コンセコは破産申請を行なった。当時アメリカ史上三番目となる大型倒産だった。

金融工学戦略に潜む4つの落とし穴

資金調達が欠陥だらけ

金融工学は、欠陥商品をつくりだすことがある。それらは、短期的には顧客にアピールするが、長期的には売り手を（また往々にして顧客をも）失敗のリスクにさらす。

グリーンツリー失敗の種《たね》は、ローン商品の構造そのものに組み込まれていた。通常の住宅ローンは、サブプライムローンでさえ、住宅そのものを担保にできるし、デフォルトとなった場合には、ローンの価値の大半は資産の転売を通じて回復される。対照的にグリーンツリーの借主は、経済的に苦しくなって収支バランスが崩れれば、トレーラーハウスそのものの価値よりはるかに高いローンを抱え、手放すときにも担保となる債権ではローンの返済をまかなえない。グリーンツリーはもちろん、そのことをある程度計算に入れていた。予測モデルで二五パーセントのデフォルト率を見越していたのだ。しかしこれほど高い比率を想定していても、その融資モデルから生じた経済的混乱から自社を守ることはできなかった。二〇〇二年初め、コンセコは三七・六パーセントのデフォルト率を予測した。一部のアナリストによれば五〇パーセントに及ぶ可能性もあった。

小売大手のスピーゲルも、欠陥だらけの資金調達をした。

一八六五年にシカゴのダウンタウンで、ドイツ移民のジョゼフ・スピーゲルが家具調度店として創業したスピーゲルは、一九〇五年に最初のカタログを発行し、通信販売を始めた。以後、長らくカタログ販売に専念し、スピーゲル、エディーバウアー、ニューポートニューズといったブランドを通じて男女の衣料品を提供することで成長した。二〇〇〇年には、カタログとインターネット、小売店舗を通じ、三〇億ドルの収益をあげている。

ところが一九九〇年代末から二〇〇〇年代初めにかけて、スピーゲルは市場シェアと収益性の低下に直面した。原因はカタログ発行の重荷と、オンライン上のライバル会社の出現だった。さらに悪いことに、一九九六年から、小売収益に占めるSGA費（販売費および一般管理費）の割合が年々増加し、二〇〇一年には五二パーセントに達した。

こうした事態に直面した同社は、たとえばライバルに対抗して商品構成を変えるといった抜本的な対策をとるかわりに、顧客への信用貸しをどんどん認めることで売上を伸ばした。二〇〇一年時点で、カタログおよび店舗の売上の七五パーセントは、スピーゲル・カードによるものだった。この金融部門からの利益がなければ、一九九六年から二〇〇一年にかけて営業損失を出していた。つまり全収益がクレジットカード業務によるものだったのだ。

スピーゲルは、クレジットカードによる収益の計上に関しても攻撃的だった。通常、企業は資金の貸出枠を設定するとき、貸倒れの可能性も踏まえてその準備を行なう。基準が厳しいことで知られるVISAカードは、残高に対するデフォルト率をおよそ六・七パーセントと見込んでいた。同じく小売大手であるターゲットも、六・四パーセントのデフォルトに備えていた。しかしスピーゲルの準備は、一九九九年でわずか二・四パーセント、二〇〇〇年は一・三パーセントだった。

やがて本当の状況が明らかになってきたとき、アナリストが見積もったスピーゲルの実際のデフォルト率は、一七パーセントないし二〇パーセントだった。同社の二〇〇一年の財務諸表は、会計のほとんどが見直しになったために一年遅れで提出されたが、そこでの融資関連の損失は一億一二〇〇万ドルにのぼった。

裁判所から任命された審査官がのちに調べ出したところでは、スピーゲルは劣悪なクレジット状況に関する情報を保留し、破産を防ごうと開示を控えていた疑いがあった。審査官は、スピーゲルの監査法人ＫＰＭＧも、証券取引法違反を看過していたとして非難した。

「要するに、信用不良の人たちにさらに金を貸し付けることで、売上を引き上げていたのです」と、ある業界アナリストは語った。「小売業界では何度となく繰り返されていることですよ」

二〇〇三年、スピーゲルは破産申請を行なった。同社の資産の九〇パーセントを保有する大株主を始め、株主全員が取り分を失った。

楽観的すぎるレバレッジ

レバレッジとは、金を借りてさらに投資に注ぎこむという、いわば増幅装置としての行為だ。うまく活用すれば利益を大幅に押し上げられる。だがもちろん、諸刃の剣だ。弱みもまた増幅し、悪いときには柔軟性を制限し、破産の到来を加速させる。

グリーンツリーの歩みには、流れが悪いほうに変わったときの会社のもろさが示されている。それはエレガントであると同時に不合理なものだ。

グリーンツリーは順調な時期には、コマーシャルペーパーと引き換えに資金を借りて年三パーセントないし五パーセントの利息を支払い、その資金を今度は年利一三パーセントのローンで貸し付けることができた。これがエレガントの意味だ。同社はいくつものローンをまとめ、それらをもとにした証券を売り、利益を記載し、そしてまた最初から、今度はさらに大きな規模で繰り返す。原資産に信用があるかぎり、じつに効率のよい金儲けの機械だ。

しかし基本となるローン商品の欠陥が表面化し、グリーンツリーによる損失処理が始まったとたん、この機械は作動しなくなるという不合理にはまる。同社はきわめて高額のレバレッジを行なったので、ほぼ一瞬でデフォルト危機に陥り、オプションを停止したため、逆境に対処できる期間がきわめて短かかった。

ある程度のレバレッジを行なうことが適切であるかどうかは、ひとつの端的な質問で明らかにされる。「今後見込まれるキャッシュフローは、業務を行なうための正当かつ必要なコストを考慮したうえで、返済予定分をまかなえるだけの額があるか?」。しかしこの質問には、金融工学による操作がいくらでも入りこむ余地ができるし、錬金術や「IBG、YBG」のチャンスにも事欠かなくなる。

一九八九年に起きた、ドラッグストア・チェーンのレブコ・ドラッグストアズの倒産は、こうした落とし穴をよく表している。レブコは一九八六年、一四億ドルのレバレッジド・バイアウト(LBO)を行なった。当時、全米で最大級のLBOだった。同社の業績は二年にわたって悪化していたものの、その価値はそれ以前の一二カ月間の平均株価を四八パーセント上回り、わずか一年半前に主な内部株主から株を買い上げたときの価格よりも七一パーセント上だった。

この価値を正当化するために、レブコの顧問役を務めるソロモン・ブラザーズと代理人を務めるウェルズ・ファーゴ銀行の金融エンジニアたち(取引が発生したときにだけ報酬を得られる立場の連中)は、同社の将来的な収益について八パーセントの利益率という楽観的な観測を行なった。レブコのそれに先立つ二年間の平均利益率四・二パーセントのほぼ二倍だった。

彼らは、年間成長率についても、レブコ自身の予測が九パーセントだったにもかかわらず、一二パーセントと予測した。「最悪のシナリオ」でも、レブコの過去の成長率である八パーセントを用い、同社の業績がさらに低下しつづける、もしくは景気の後退があるという可能性を微塵も考慮に入れなかったのだ（現実にはこの両方が起こった）。おまけにもうひとつの投資銀行であるゴールドマン・サックスは、レブコの社外重役たちに、この取引の想定は「いささか攻撃型」だが「現実に達成可能」であるとアドバイスした。

厳しい現実は、一九八六年一二月二九日に取引がまとまるとすぐにやってきた。その四半期、レブコの業績は予測をほぼ五〇パーセント下回った。三月には、この取引を主導したCEO、シドニー・ドウォーキンが退任した。最初の年の返済では、同社は予定どおり一億三二五〇万ドルを支払ったが、必要な営業資本を犠牲にしたため、一九八七年のクリスマスシーズン用の仕入れができなくなった。多くの商品が品切れになり、見積もりによれば、当然あるべき品物の二〇パーセントが店から消えた。一九八八年六月、同社は最初の利息の支払いを滞らせた。そしてLBOからわずか一九カ月後の一九八九年七月、破産申請を行なった。

レブコの失敗には、レバレッジでよく引き起こされる問題が示されている。まず明らかなのは「IBG、YBG」だ。顧問役や銀行などの第三者は、ただ取引が成立することだけに関心があり、それが正しく行なわれることに関心を払わなかった。

ふつうは見えにくいもうひとつの問題は、ケースに基づいたシナリオの分析に、想定が変化した場合の影響を加えなかったことだ。言い換えれば、最良のケース、基本のケース、最悪のケースのシナリオを描いただけでは、利益や成長や資産売却などの基本変数の変化が、デフォルトの時期や見込みや深刻さに及ぼす影響を、まったく明らかにできなかったということだ。同様の問題が、負債資本比率といった負債への耐性の標準的な尺度についても当てはまる。この比率はある時点での尺度だが、本当に問題なのは数カ月、数年にわたる債務返済予定なのだ。

レブコが直面した問題に対し、顧問役たちがもっと誠実に取り組んでいれば、この取引は成立しなかっただろう。のちにロバート・ブルーナーは、取引の時点で彼らやレブコが入手できたはずの歴史的データや予測を使って調査を行なった結果、同社が返済予定を守れる見込みは五パーセントから三〇パーセントだったと結論づけている。

過度に会計を操作する

会計操作は、決して正当化はできないにしろ、ある程度は理解できる。ほんの少し数字をいじるだけで、株価が上がる、株価の乱高下が収まる、オプションの価値が増す、配当金が増える、債券の格付けが上がる、などの好結果が得られるのだから。四半期ごとに市場の要求を満たさねばならない経営陣には、合理的な行為といえる。投資家も株価が高く保たれることで恩恵を得られる。

だとすれば、こうした操作がはびこるのも当然だ。金融の専門家たちを対象にしたある調査では、回答者の三一パーセントが経常費の時期を操作していると認めた。さらに一八パーセントが収益認識の操作を行なっていると答え、一七パーセントが将来収益のつじつまを合わせるために高額すぎる経費を計上し、八パーセントが棚卸資産会計の操作を行なっていた。アメリカ、ヨーロッパ、アジアの七四三人の財務責任者に聞いたところ、三分の一の人が、自社の業績がアナリストの予測を下回りそうな状況では「自由裁量」を駆使して数字を上乗せする、と答えた。

会計操作は、攻撃型だが合法的な収益の管理と、明白な不正との間にかかる危ない橋だ。ある企業が合法から不正へと橋を渡ったことは、召喚状を持った法廷会計士のチームが乗りこんで証明されることが多い。しかし不正の一歩手前で留まっていたとしても、最悪の結果は起こりうる。

グリーンツリーが売却益会計を利用し、証券化ローンの将来収益を記載したのは、まったく合法だ。当時は他の貸主たちも利用していた手法である。しかし同社が行なっていた業務を考えれば、大きな問題があった。収益が安定していて見積もりやすい場合には、売却益会計は理に適っているが、同社の業務では、いくら良心的な意図でも、将来収益を明確にするのはきわめて難しかっただろう。

グリーンツリーは一部のアナリストから、控えめな予測をしていると賞賛されていた。しかし予測が控えめというのは、狭い範囲のことにすぎなかった。金利が少し引き下げられ、繰り上げ返済が予想を上回った（したがってローンの利益が予想を下回った）だけでも持ちこたえられなかったのだ。

同社はまた、基本となるローン商品の内在的な欠陥になすすべがなかった。ローンを払いきれなくなった人々が続出し、予測をはるかに上回るデフォルト率によって市場には中古のトレーラーハウスがあふれた。そしてそれが新しいトレーラーハウスの売れ行きを鈍らせ、回収されたトレーラーハウスの価値を押し下げた。この避けがたい悪循環が大きな損失につながり、投資家の信頼をゆるがし、コンセコの手にゆだねられるという事態に至ったのだ。

企業が会計監査に合格するために、操作のテクニックに通じた社外監査役に頼って失敗することもある。

レンタルトラック会社Uーホールを所有する持ち株会社アメルコは、一九九〇年代初めに苦闘していた。ライバル会社が成長し、Uーホールが従来からレンタルスペースとして使ってきたフルサービスのガソリンスタンドも急速に姿を消しつつあった。

対応策として、同社はセルフ給油のスタンドを買った。これはたしかに隣接事業といえた。しかしスタンドを買うには債務を負わねばならない。投資家たちは気に入らないだろうと考えたアメルコは、監査法人プライスウォーターハウスクーパーズ（ＰｗＣ）のアドバイスを容れて、簿外の特別目的事業体（ＳＰＥ）を創った。

アメルコのＳＰＥは六〇回も続けてＰｗＣの監査に合格していたが、二〇〇二年二月、エンロンの破綻に伴ってＳＰＥ全体の精査が行なわれはじめると、ＰｗＣはアメルコに、あなた方のＳＰＥは監査に合格できないだろうと告げた。ずっと隠されていた債務は、アメルコのバランスシート上で報告しなければならないものだったのだ。

債権者たちはただちに、四億ドルあったアメルコの信用枠を半分に減らし、条件を大幅に厳しくした。二〇〇二年一〇月までに、同社の保証金支払いの不履行は一億ドル以上にのぼっていた。一株一七ドルほどで取引されていたアメルコ株は、事態が明るみに出て九〇パーセント以上も下落した。二〇〇三年六月、当時のCFOによれば「わが社の収益は一年あたり五パーセントの割合で増えつづけている」にもかかわらず、アメルコは破産申請を行なった。

アメルコはPwCに二五億ドルの賠償金を求める訴えを起こした。PwCは七年間もアメルコに誤ったアドバイスを行なっていた。簿外の事業体を専門とするPwCのあるパートナーが、アメルコの会計を調べたとき、この手法は「すばらしい」と言ったのだ。訴状によると、すでに引退したこのパートナーは、自分にSPEに関する知識が欠けていたことを認めた。

のちに米国証券取引委員会に属する公開企業会計監督委員会の主任監査役となるダグラス・カーマイケルは、アメルコの依頼で、専門家の観点からこの件を分析した。PwCは「理解不能かつ弁解不能な」誤りを犯したと、彼は言った。「アメルコに、貸主に、政府機関に、社会に対して負っているあらゆる義務に背き」、「依頼人よりも自らの利益を不当に優先して、業界の倫理的、職業的原則を侵した」。

PwCの反応はどうだったか？　「アメルコがこうした訴訟を起こす決定を下したことにわれわれは驚いている」と、同社の広報担当スティーブン・シルバーは語った。彼は、財務諸表が正確かどうかに責任を負うのは当の企業である、と指摘し、さらにこう述べた。「今回の訴訟は、同社の経営陣が自らの責任を転嫁しようとする試みだと思われる。この試みは必ず失敗するだろう」

ＰｗＣはあくまで自らの失態を認めぬまま、のちに五一〇〇万ドルに未公表の金額を加えた示談金をアメルコに支払った（私たちはアメルコに責任がないと言っているわけではない。一九四五年にレナード・Ｓ・ショーンが創業したＵ‐ホールでは、ほぼ二〇年にわたって、父親と一家のさまざまな派閥による会社の支配権争いがくりひろげられた。訴訟の末、ショーンと支持者たちはほぼ五億ドルの損害裁定を手にする一方で、会社の支配権は対立する息子たち一派に渡った。損害裁定による債務は、ＰｗＣの大失態があった時期のアメルコの経営に大きくのしかかり、同社のデフォルトと倒産の要因となった）。

証券取引委員会はよくある会計操作として、つぎの五つを挙げている。①「ビッグバス（大きな風呂桶）」会計。つまり大規模なリストラによってバランスシートをきれいにしたり、一期分の支出を多く計上してその後の収益を大きくしたりする。②企業取得を利用して数字を細工する。③「クッキージャー」を利用する。つまり蓄えておいた利益で収入を平らに均す。④どの誤りを報告するか、どの程度の収入や経費を発表するかについて、勝手な判断を下す。⑤収益を均すものを収入と認める。

ごまかしが泥沼化する

金融工学はフィードバック・ループ〔訳注：フィードバックの繰り返しで結果が増幅されていくこと〕を生みやすい。

たとえば、ある四半期の結果をきれいに磨きあげると、それが尺度になり、市場がその尺度に照らしてつぎの四半期を評価する。そのためにより高い目標を達成せねばならず、また新たな会計操作が引き起こされる。それが繰り返されるうちに、金融工学の規模が一線を超えてしまうのだ。

グリーンツリーは金融工学によって巨額の利益を計上でき、短い間ではあるが、目をみはる成長を遂げた。投資家は株の購入でそれに報い、さらなる成長を求めた。その要望は、より高い成長を達成するために貸付高を上げなくてはならないという意味に解釈された。貸付高を上げるにはますます攻撃型の融資手続が必要になり、ひいては質の悪いローンが増える。やがて質の悪いローンの影響は無視できなくなるまでに膨れあがり、同社は崩壊した。

総合セキュリティ製品を中心とする複合会社タイコ・インターナショナルもフィードバック・ループに囚われたが、その原動力は企業買収による成長への信頼にあった。一九九二年から二〇〇一年にかけて、同社は六〇〇億ドル以上を投じ、一〇〇〇を超える企業を買収した。売上は三〇億ドルから三八五億ドルへと増加し、株価も急上昇したが、空高く舞いつづけるにはさらなる成長が必要だった。

二〇〇一年にCEOのデニス・コズロウスキがチーフ・エグゼクティブ誌に得々と語ったところでは、彼の監督の下、企業買収は統制のとれたルーティンの活動となっていた。「これはわが社に深く浸透した文化の一部なんだ。わが社の執行役員たちはみな、企業取得のチャンスを求める態勢ができている」

市場もしばらくはこの触れこみを信じていた。コズロウスキは多くの取得企業を結びつけ、コングロマリットに仕立てあげて成功させるコストカッターとして賞賛を浴びた。「最も攻撃型のCEO」という見出しとともにビジネスウィーク誌の表紙を飾りもした。そのイメージどおり、大規模なレイオフ、工場閉鎖、企業取得といった形でのコスト削減が行なわれた。また、許容範囲ぎりぎりの会計も普通に行なわれた。大規模なリストラの費用、高額の損失処理、買収費用の攻撃的会計処理によって最大限ハードルを下げたことで、新しく買収された会社はたちまち黒字に転じた。

タイコは当時最大手の独立系の商業金融会社だったCITグループも九五億ドルで買収したが、そのときの状況を概観すると、典型的なやり方がわかる。タイコによるCITの買収契約は二〇〇一年六月に締結されたが、その前月に、CITは二億二一六〇万ドル分の収益の下方修正を行なっている。おもにその結果として、契約締結から四カ月間のCITの収益は二億五二〇〇万ドルとなった。締結前の五カ月間の八一三〇万ドルと比較してみるといい。「これは望んでもなかなかお目にかかれない、じつに驚くべき金融工学の一例だ」と、あるアナリストは語った。

結局、CITがタイコにとっての頂点となった。以前のタイコは取得会計についてはきわめてガードが固かったが、CITは公債市場に頼っていたため個別に会計報告をしつづけなくてはならず、同社の会計が初めて公に明かされることになった。その結果、タイコに対する市場の懸念を膨れあがらせ、下方スパイラルを生み出した。疑惑が株価を押し下げ、そのためにCITの信用格付けが下がり、CITの中核である融資業務が脅かされ、親会社をさらに圧迫した。

二〇〇二年一月には、株価は九〇パーセント下落、その年のうちに、同社は新規株式公開（IPO）を通じてCITを手放し、六〇億ドルの損失を計上した。以後、この買収騒動による二〇〇億ドル以上の債務に何年も苦しめられ、二〇〇七年には独立した三つの会社に分裂することになった。

証券取引委員会は二〇〇六年、タイコが一九九六年から二〇〇二年にかけて不適切な取得会計を行なったとして告発した。会計用語でいうなら、数値を不正に「ばね上げした」のだ。証券取引委員会の告発に対して、同社は自らの悪事を認めなかったが、差し止め命令と五〇〇〇万ドルの民事罰は受け入れた。

タイコのストーリーの悲しい結末は、二〇〇五年六月一七日のコズロウスキに対する有罪判決だった。彼は、未承認のボーナス一億五〇〇〇万ドルを受け取ったとして、二二件の重窃盗について有罪を宣告され、さらに株主に対して四億ドル以上の詐欺を働いたかどで、懲役八年四カ月から二五年の刑期を言い渡された。コズロウスキの下でCFOを務めていたマーク・シュウォーツも同じ刑期を宣告された。

失敗しないために、あなたがチェックすべきこと

市場や規制当局、メディア、株主の気まぐれは、結果として欠陥だらけの金融工学につながる可能性を著しく高める。何十年もかけて築き上げてきた企業のブランドや評判が、たった数行の会計項目のために崩れ落ちかねないのだ。

役員たちは会計操作という危うい斜面を転げ落ちたあと、莫大な罰金を科され、服役する。こうした終末のシナリオを念頭において、経営者や取締役、投資家たちは、金融エンジニアたちが持ちこんでくるローリスク・ハイリターンといったうますぎる話は、疑ってかからなくてはならない。行き過ぎた金融工学にからめとられるのを避けるために、まず二つのざっくりした質問から始めよう。「その戦略は白日の下にさらされても大丈夫か?」。そして「その戦略は嵐に遭っても耐えられるか?」。

第一の質問については、別の言い方もできる。「その戦略は会社のウェブサイトのトップページで伝えられるか?」「ウォールストリート・ジャーナルの第一面で取り上げられたら、みんながどういう反応を示すか?」

ゼネラルエレクトリック(GE)の法律顧問だったベン・ハイネマンは、ハーバード・ビジネス・レビューの記事のなかで、会社の評判を吹き飛ばす地雷を避けるには、尺度を変えることがカギになると述べている。GEは毎年、法令遵守についての見直しを行ない、自社のビジネス手法を

再検討し、合法であるかどうかだけでなく、どこから見てもまっとうかつ倫理的であるかどうかを問いかけている。たとえば、ローンの金利や貸し方残高などの情報開示が、難解な専門用語を避け、わかりやすい言葉で伝えられているか、といったことだ。

金融工学の失敗事例を数多く調べてわかるのは、金融のエンジニアたちは外部の状況にはあまり目を向けず、予想を超えた事態は想定しないということだ。たとえばグリーンツリー・ファイナンシャルは、金利の低下や、ライバル会社がグリーンツリーの借主に攻撃的な借り換え条件を提示してくることなどは見越していなかった。レブコのＬＢＯに携った金融エンジニアは、ライバル会社がドラッグストア業界のシェアを侵食してくることを予想していなかった。しっかりした戦略があれば、危機に耐えられたはずだ。ストラテジストは、深い奥底をのぞきこみ、厳しい状況下で自分たちの企図がどう働くかを評価し、リスクを冒すに足るだけの見返りがあるかどうかを明確に判断しなくてはならない。

レバレッジについて、ウォーレン・バフェットは、こう書いている。「内部的なものであれ外部からのものであれ、なんらかのショック要因によって、それまでの負債比率が〝一時の苦痛〟から〝デフォルト〟の間までのどこかに落ちこむ確率は、一パーセントであるといわれる」。「九九対一という確率でもわれわれは好まなかったし、これからも同じだ。……われわれの考えでは、たとえわずかでも苦痛や恥辱にまみれる恐れがあるなら、高い収益が見込まれるとしても、釣りあうものではない」。「まっとうな行動をとっていれば、確実によい結果は得られるのだ」

ざっくりした質問のあとには、さらに掘り下げるべき具体的な質問がある。

まず自分にこう問いかけてみよう。「その会計は確かなキャッシュフローをつくりだすだろうか？　それとも損益計算書の見栄えをよくするだけだろうか？」。実際にキャッシュフローが得られないのなら、やめたほうがいい。

つぎの質問は、もっと基本的なものだ。「その戦略は理に適っているか？」。グリーンツリーの場合なら、一〇年から一五年しかもたない資産に三〇年ローンを組むことが本当に適切なのかどうか、ということになるだろう。スピーゲルの場合なら、質問はこうだ。リスクの高い顧客に貸付をしておいて、信用力の高い顧客を相手にする会社よりデフォルト率が低くなると期待できるのか？

最後の質問は最も基本的なものだ。「いつやめるのか？」。あなたがグリーンツリーのような攻撃的会計処理によって投資家の期待を高めようとしているのなら、いつどのようにその踏み車から降りて、継続性のある通常の会計報告に戻るつもりなのだろうか？

第3章 業界をまとめ、ひとり勝ちを夢見る

ロールアップは魅力的なコンセプトだ。「多くの業界が細分化しすぎている。何十、何百、あるいは何千という小さな企業をひとつの大企業にまとめあげれば、より効率的な経営ができる」と考えるのは、理に適っている。大きくなればより仕入れ力を強め、より低いコストで資本調達ができるだろう。ブランド認知が高まり、宣伝広告の効率が上がるだろう。就業チャンスを増やし、より優れた人材をひきつけることもできる。本社の出費をはるかに大きな収益基盤へと配分できるので、経営の効率もよくなる。いいことずくめではないか？

ロールアップはすでに、一九六〇年代末か七〇年代初めには行なわれていた。この時期、ウェイン・ハイゼンガが、いくつかのゴミ運搬会社を買ってウェイスト・マネジメントという会社にまとめあげ、世間をあっと言わせている。だが、ロールアップの概念が本当に浸透したのは一九九〇年代で、この時期には葬儀場、クリーニング会社、生花卸売会社、バス会社、住宅建築会社、空調設

備修理会社などで一〇〇以上のロールアップが株式を公開した。一九九八年には一週あたり平均で五つのロールアップが初回公募を行なっている。現在も、多くの会社がロールアップを試み、オンライン広告では「広範囲なサービスを提供できるようになる」と宣伝している。

しかし、現実の世界でロールアップがうまくいった例は少ない。

ある調査によると、ロールアップ全体の三分の二以上が、投資家をひきつけられるだけの価値を生み出せずに終わっている。ブーズ・アレン・ハミルトンの調査では、一九九八年から二〇〇〇年初めまでに行なわれたロールアップのうちほぼ半数が、この時期には株式相場が絶好調だったにもかかわらず、時価総額を半分に下げていた。どの会社も、年間収益が五億ドルに達するまではS&P五〇〇の株価指数を上回っていたが、その段階で投資家たちが精査しはじめた結果、コンセプトは崩れてしまったという。

ブーズ・アレンによる別の調査では、一九九三年から二〇〇〇年一二月までに成立した八一のロールアップを追いかけている。このうちS&P五〇〇を上回った例は一一だけだった。二〇が倒産するか、倒産寸前までいっている。ブーズ・アレンのある共同経営者はこう言った。「もしロールアップのどれかが株式を公開するたびに一ドルを投資し、S&P五〇〇のほうにも一ドル投資したとすれば、ロールアップのほうで得られるのは九二ドル、対してS&P五〇〇のほうは二六四ドルになる」

成功例もないわけではない。レストラン、学校、病院などに食品を提供するシスコは、自らの業界のロールアップを行なった。一九六九年に九つの食品流通会社が合併したのに端を発し、以来ほぼ間断なく着実に、ときには迅速に企業取得を進めてきた。二〇〇七年六月三〇日までの一年間に三五〇億ドルを超える売上と一〇億ドル近い収益を計上し、本書執筆時点での時価総額は二〇〇億ドルを上回っている。また、産業廃棄物処理のロールアップ、ウェイスト・マネジメントの時価総額は一八〇億ドル以上だし、自動車販売業者のロールアップであるオートネイションの時価総額は三〇億ドル以上である。どれもすばらしい。

しかし成功例を見つけるのは難しいし、ロールアップの模範のような例でも、そこへ至るまでにはたいていさまざまな問題があった。

たとえば、米国証券取引委員会はウェイスト・マネジメントの経営陣を、一九九〇年代の半ばから末にかけての決算において収益を一七億ドルに水増ししていたとして告発した。経営者たちは個人として三一〇〇万ドルの罰金を支払うことに同意したが、この事件は、MCIコミュニケーションズ（これもロールアップ）とエンロンが登場するまでアメリカ市場最大の不正会計だった。

また、オートネイションは二〇〇〇年に、ロールアップ戦略の中核《コア》である中古車販売の全国展開を断念せざるをえなかった。

ロールアップの失敗に対して一般的には、「問題はコンセプトではなく実行の仕方にある」といわれる。適切な規律とリーダーシップ、細部への注意さえあれば、失敗は避けられる、と。しかしつぶさに見ていけば、本当の問題はしばしば戦略の根本的な欠陥にあることがわかる。

戦略的ミスを検討する前に、二つの注意事項に触れておこう。

ひとつは、この章は特に、投資家の判断の助けになることを意図して書かれているということだ。経営者はロールアップが失敗して投資家が金を失うときでさえ、大金を手にすることがある。したがって経営者はときに、投資家なら避けるようなリスクでも進んでとろうとする。投資家がこうした話につい引きこまれてしまうのは、ロールアップは早い段階ではすばらしいものに映るためだ。コンセプトは理に適っているし、成長ぶりもすばらしく、まだ問題は表面化していない。だが、ロールアップを進めた経営者たちは破綻が迫る前に売却して大金をつかめる一方、売り時を逃した投資家は無一文になりかねない。

もうひとつは、投資家はロールアップに関して聞かされる話を必ずしも鵜呑みにしてはならないということだ。なんにつけ投資話はある程度疑ってかかるのが当然だが、特にロールアップには気をつけたほうがいい。なぜなら――私たちも調べてみて驚いたのだが――多くのロールアップが最後には不正に行き着くからだ。

ロールアップは勢いをゆるめずに成長しつづけなくてはならない。さもないと投資家が去っていき、出資も一緒に消えてしまう。いかなる後退もこの戦略全体を狂わせてしまいかねない。株式を基に買収を行なっている場合はなおさらだ。だから経営陣は、後退を示す会計報告を阻むためなら不正でさえも行なってしまうのだ。

ケーススタディ

葬られた葬儀場チェーン

一九九五年、ミシシッピ州の狭い法廷で、ローウェン・グループを相手どった民事裁判が繰り広げられていた。

原告側弁護人のウィリー・ゲイリーは陪審員を前に、芝居がかった態度で口を極めてローウェンを非難した。

葬儀業界でロールアップを重ねて急成長を遂げたローウェンは、小さな商事紛争にはほとんど注意を払ってこなかったが、このミシシッピ州ビロクシーの騒ぎで初めて、南部流の正義を思い知らされることになる。

判事はゲイリーが言いたい放題言うのにまかせ、陪審員はその一言一句をすべて受け入れ、ローウェンに五億ドルの賠償を言い渡した。これは当時の同社の年間収益にほぼ等しい額だった。上訴するには、この判決の一二五パーセントに当たる債券を差し出さねばならない。和解の他に道はなかった。結局、ローウェンは原告に二億四〇〇〇万ドルを支払った。

のちに司法委員会は、この裁判は「恥」であり「明らかに不当」だと述べた。しかしすでに遅かった。

その後、ローウェンは着実に回復し、年間収益は一一億ドルを超えるまでになったが、結局一九九九年に破産申請を行ない、二〇〇六年に投げ売り同然でサービス・コーポレーション・インターナショナルに買収された。

ロ－ウェン・グループのルーツをたどれば、一九五〇年代、A・T・ローウェンがカナダのマニトバ州の小さな町に開いた葬儀場に始まる。年間収益はたった二万三〇〇〇ドルだった。A・Tには一二人の子どもがおり、息子のひとりレイが一九六一年に家業を継いだ。

この聡明な若者は経営に徹し、そのためには兄弟たちの解雇にまで踏み切った。ほどなく葬儀場のチェーンをつくる計画を温めはじめたが、買収候補はほとんどなかった。葬儀場はほとんどが家族経営で、彼らが求めるのは目先の現金ではなく、生計を維持するための方途だったからだ。

やがて、レイは後継者育成と称する手法を開発した。他の葬儀場に対し、ほとんどこれまでと同じ形で経営を続けられ、また家族も引き続き雇用されるという条件で買収をもちかけたのだ。レイに言わせれば、この手法は葬儀場の経営者の世代交代を容易にするものだった。その結果、一九七五年には一四、一〇年後には二〇の葬儀場を保有した。そして多少の不運とともに、大きなチャンスがやってきた。

不運とは、ローウェンが買収用の資金を調達していたカナダ商業銀行が倒産したことだ。銀行の管理をまかされた管財人がすべての債務の完済を要求してきたために、レイは新しい財源を探さねばならなくなった。

そこで、新規株式公開（ＩＰＯ）に踏み切ったのだが、ここからチャンスが巡ってきた。当初は、一九八六年には一四〇〇万ドル、八七年には一〇〇〇万ドル、八八年には四〇〇万ドルと企業取得に要する額を徐々に減らしていく計画だったが、まもなくローウェンはこの計画を放棄し、攻撃的な買収に方向を転じた。その頃には、サービス・コーポレーション・インターナショナルがアメリカ全体に葬儀場のロールアップという概念を浸透させていたため、家族経営の葬儀場は自ら進んで身売りするようになっていた。ローウェン・グループの収益は上がり、株価は上昇した。同社はさらに株式を発行し、それがさらに買収と収益をもたらし、またさらに株式が発行され……こうして企業取得の踏み車に乗ったまま、二度と降りられなくなった。

一九八九年にローウェン・グループは一三一の葬儀場を保有し、九〇年には、さらに一三五の葬儀場を買うために一億八五三〇万ドルを費やした。収益は年々三〇パーセントほど増加し、アナリストたちは葬儀場業界の潜在的成長力に熱狂した。

しかしその成長の陰で、各葬儀場の経営はあまり改善されていなかった。ローウェンは葬儀場を買うとき、売却後も経営者一族が関わりつづけられることを口説き文句にしていたが、買収後も残った支配人たちは、ビジネスにかけてはあまり達者ではなかった。あるときレイが、買収した一六〇の葬儀場の支配人たちに、予算に基づいた経営をしたことがあるかと尋ねたところ、あると答えたのは、たった四人だった。

会社全体の収益は伸びていても、個々の葬儀場の収益は伸びなかった。成長率が維持できるのは、企業取得が続くかぎりにおいてのことだった。

いくつかの対策はとった。平均的な葬儀場の税引き後利益が一〇パーセントなのに対し、ローウェン・グループは初日から二五パーセントという目標を押しつけた。そのため各葬儀場ではスタッフを削減し、車の手配や無料のクリーニングといったサービスを省いた。また同社は「クラスタリング」による効率化も図った。同じ地域内でいくつかの葬儀場を買い、エンバーミング（死体防腐処理）の施設、霊柩車とその運転手、受付係などにかかるコストを削減するのだ。これは有効ではあったが、得られる利益はささやかなもので、効果は半径五〇キロから一〇〇キロの圏内に限られていた。

結局、ナショナルブランドが有利に働くことはなかった。むしろローウェン・グループは葬儀場を買ったことを伏せて、その葬儀場が地元の企業だという体裁を保ち、何年もかけて築いてきた関係を維持しようと努めることが多かった。

同社の納入業者に対する価格決定力も、大したものではなかった。アメリカには二万二〇〇〇ほどの葬儀場がある。いきなりこの業界のウォルマートになって、納入業者に有利な価格を押しつけるには同社は小さすぎた。資本コストも、個人経営の葬儀場に比べれば低かったが、やはり大したことはなかった。葬儀場はきわめて安定的な、ローリスクの事業であるため（アメリカで破綻するのは毎年〇・八パーセントにすぎない）、もともと低利息で金を借りられるのだ。

それでも業界の統合は進み、葬儀場の価格は上昇しつづけた。拡張への固い意志をもつローウェン・グループは、惜しみなく最高額を出す企業として有名になった。「レイ・ローウェンは超がつくほど強力なパーソナリティの持ち主で、自分の会社こそ最上であり、いずれは最大になると考えていた」と語るのは、彼とともに働いた重役のケン・スローンだ。「彼の行く手を阻むものは何もなかった」

多くの葬儀場を取得したことで、結果を得られやすかったのは料金だった。その地域で最大となって競合他社を圧倒した同社は、自由に料金を設定できた。人は、身内が死んで冷静ではいられないときには、料金の比較などしないものだ。そこでローウェン・グループは、棺の値段はだいたい卸値の二〜三倍という常識を破り、四〜六倍にした。さらに、遺族の面子に訴えて高価な品やサービスを買わせる手法も採り入れた。客は、火葬にしたければ愛する肉親を「標準的な処理」に付すことに同意せざるをえず、安価な棺にしたければ「エコノミーの」棺にすると言わなければならなかった。

こうした料金の値上げはただちに数字に反映されたが、やがて事業を損なう反動が生じた。強引な料金設定に対する不満がはっきりと形をとって現れたのが、例のビロクシーでの訴訟だった。一九九五年に起こされたこの訴訟は、いつもどおりの買収に端を発していた。ローウェン・グループはミシシッピ州ガルフポートのリーマン家からいくつかの葬儀場を買った。その結果、近隣に葬儀場をもつジェレマイア・オキーフという人物と競合することになったのだ。

ローウェン・グループが町にやってくると、オキーフは攻撃に出た。まずリーマン家は所有者がカナダ人であることを隠していると言い立て、ローウェン・グループが香港上海銀行から融資を受けているという事実をつかむと、なぜか、これを日本の業者の支配下にある証拠だと決めつけた。

やがてローウェン・グループが地元の別の葬儀場も二つ買収すると、オキーフはいよいよ怒り心頭に発した。彼はその葬儀場で、葬儀費用をまかなうための「生前」保険を売る独占協定を結んでいたのに、ローウェン・グループがオキーフを締め出し、リーマン家に保険を売らせるようにしたからだ。オキーフは訴訟を起こした。

急成長の渦に呑みこまれていたローウェン・グループは、自社が明らかにアンフェアな争いに足を踏み入れようとしていることを知らなかった。オキーフは戦争中の英雄であり、この業界の古強者であることに加え、州議会議員を四年務め、さらにビロクシーの前市長でもあった。

オキーフの弁護人は、ローウェン・グループが地元の取引を独占するために企図した不当なビジネス手法なるものについて説明した。彼はさらに人種問題も利用した。黒人の判事と黒人八人を含む陪審団の前で、同社が葬儀料を吊り上げているという証拠をたっぷりと説明し、この会社は黒人コミュニティを食い物にしていると主張したのだ。

前述したように、評決の結果、ローウェン・グループは二億四〇〇〇万ドルの和解金を支払った。にもかかわらず、断固として買収を推し進め、一九九六年に六億二〇〇〇万ドル、九七年には五億四六〇〇万ドルを注ぎこんだ。収益はまだ順調に見えた。株価は跳ね上がり、和解前のレベルまで回復した。レイ・ローウェン個人は相変わらずカナダの大富豪五〇人のリストに入っていて、純資産は四億二八〇〇万ドルあった。

そこへ、やはり攻撃的なロールアップを続けてきたサービス・コーポレーションが、ローウェン・グループに買収を申し出た。ローウェン・グループがこれを拒絶すると、一度目の提示日の株価に、さらに五〇パーセント上乗せし、三二億四〇〇〇万ドルまで金額を引き上げた。しかしレイは独立に重きを置き、この申し出を断った。

ローウェン・グループの拡張に、拍車がかかった。一九九八年には、収益が一一億四〇〇〇万ドルに達した。その年の終わりまでに、アメリカとカナダに一一一〇カ所の葬儀場と四〇〇カ所の墓地を、イギリスに三二カ所の葬儀場を所有していた。

だが、破綻はすでに始まっていた。

一九九七年にアメリカ人の死亡率が下がった影響で、ローウェン・グループが扱った葬儀の数は前年比で三・二パーセント減り、九八年にはさらに状況が悪化した。また同年には、取得企業の統合や、墓地事業で問題が表面化していることも明らかにされた。いずれもさほど深刻には見えなかったが、ローウェン・グループにとっては致命的だった。

矢継ぎ早の買収のあとに残った統合の不十分な組織は、どんな問題にもすばやい対応ができなかった。そのうえ、買収による債務は二三億ドルにまで膨れあがっていた。キャッシュフローが少し滞るだけで返済の責務を果たせなくなる事態だった。一九九七年には四二〇〇万ドルの利益をあげていたが、翌年には五億九九〇〇万ドルの赤字に転じた。

一九九八年一〇月、レイ・ローウェンはＣＥＯを退任した。まだ株式の一八パーセントを保有していたが、それもまもなく個人の債務処理のために銀行に渡さねばならなかった。銀行はその後、彼を会長の座からも締め出した。この時点での株価は、二年ほど前にサービス・コーポレーションが買収を申し出たときの一〇分の一に下落していた。

一九九九年一月、再建の専門家ジョン・レイシーが、レイ・ローウェンに替わって会長の任に就いた。四月、レイシーは、自分が一三〇〇もの企業体を扱わねばならないことに不満を述べた。「税金部門だけで八五人もの従業員がいて、ばらばらに書類をつくろうとしていた。管理面でのシナジー効果など存在しなかった。あるのは、たがいに連絡をとりあおうとしないタコツボだけだ。かつて見たことのない、まさしく混乱の極みだった」

一九九九年六月、ローウェン・グループはチャプターイレブン（会社更生法手続）を申請した。数百の葬儀場その他の事業が売却され、残った債務の借り換えを行なった。オルダーウッズとして再建された同社は、二〇〇二年に破産から立ち上がった。はるかに小規模な会社になったが、翌年には七億四一〇〇万ドルの収益からなんとか一〇〇〇万ドルの利益を得た。

サービス・コーポレーションがふたたび名乗りをあげた。オルダーウッズは二〇〇六年、八億五六〇〇万ドルでサービス・コーポレーションに身売りした。

ロールアップ戦略に潜む4つの落とし穴

コスト減につながらない

経済学では、規模は効率を高めると言われる。ビジネスに疎い人間でも、「規模の経済」という言葉は知っているだろう。だがこれは、現実には必ずしも当てはまらない。

規模の経済の最大の問題は、効率性の皮算用から生じる。企業は効率化によって事務管理部門で大きな節約ができると考える。三〇の法務部門、三〇の人事部門、三〇の会計部門、三〇の購買部門、三〇のマーケティング部門が、ロールアップでそれぞれひとつの部門にまとめられるだろう、と。しかしこれまで見てきたように、経営がすっきりいくことは稀なのだ。

葬儀場業界では、一〇〇〇の葬儀場を経営するのも、ひとつの葬儀場を経営するのも、複雑さは変わらないと言われていた。ところが、レイ・ローウェンの後任者が見たものは、一〇〇〇を超える葬儀場の一つひとつがほぼ孤立した企業のように営業している状態だった。効率性が存在するとしても、せいぜい一〇あまりのグループのなかだけで、帝国全体にはいきわたっていなかった。

経営プロセスの統合をしようとしても、仕事の煩雑さから挫折することもある。たとえば、医療関連会社メドパートナーズ・プロバイダー・ネットワークは一九九〇年代、小さな開業医の大規模なロールアップを試みた。同社が医院経営にまつわる管理の負担を肩代わりすることで、医師は本来の仕事に専念できるはずだった。同社は、医師たちがより効率的に記録を処理できるシステムも導入しようとした。しかし、いざそれぞれの医師に必要なＩＴシステムを統合しようとすると大混乱に陥ってしまった。紙のカルテに判読不能の字を書きなぐるのが当たり前だった一九九〇年代に、医師という短気で頑固な人種を相手に、電子機器でメモをとるように説得するのも至難の業だった。

メドパートナーズは、一九九三年に一二〇万ドルだった推定売上高を九七年には六〇億ドルまで成長させたあと、ライバル会社への身売りを計画した。しかし会計士がよく調べてみると、収益性をはなはだ大きく見積もっていることがわかった。九七年の第3四半期の利益は五四〇〇万ドルとされていたが、結局は八億四〇〇〇万ドルの赤字と改められた。同社は業務を縮小しはじめ、一九九八年には二六億ドルの収益に対して一二億六〇〇〇万ドルの損失を出した。やがて、医師業務管理サービスから完全に撤退した。

ロールアップによって期待された効率性が達成されないどころか、逆に悪化することもある。言い換えれば、規模の経済どころか、ロールアップそのものが規模の不経済に陥ってしまうのだ。たとえば電子機器の受託製造会社ソレクトロン。同社はロールアップで製造サービス業の配置を拡大し、地理的にカバーできる範囲を広げようとした。そして収益の拡大に集中するようになった。マーケティング・戦略・サービス・経営企画担当執行副社長のクレイグ・ロンドンは、自社の新しい事業にかける意気込みをこう語った。「ウサギが走っていれば、われわれは銃を撃つ。そのウサギが二本足であろうが一本足であろうが耳が三つあろうが関係ない。まあ実際、スカンクだったということが多いのだが」

ソレクトロンは拡張にかかるコストや複雑な問題を軽んじ、融通性を失っていった。規模の経済の基本は、対処可能な数の課題に重点的に取り組み、それを繰り返し行なうことで、ますます改善していく点にある。しかし同社は対照的に、たえずその場しのぎの対応をせざるをえず、大した効率性が生まれるはずもなかった。

ソレクトロンはさらに、きわめて複雑な製造システムを採用していた。世界中で部品をやりとりし、コストと配送スピードの両面で顧客の要望に応えようとした結果だった。おまけに、製造工場の多くは中国など低コストの国にあった。こうした国では電気や道路といったインフラが整備されておらず、官僚的な政府のせいで思いがけなく厄介な問題も生じた。ついに、二〇〇二年と二〇〇三年に四〇億ドル以上の損失を出し、その後フレクストロニクス・インターナショナルに買収された。

機械器具のレンタル会社ナショナル・イクイップメント・サービス（NES）も、同様の問題を抱えていた。同社は一九九六年から二〇〇一年にかけて四二の同業他社を買収したのだが、そこには供給業者からより安く仕入れたいという狙いもあった。

問題は、この業界には一万二〇〇〇もの会社があることだった。ロールアップしても、NESはちっぽけな羽虫から蝿になった程度にすぎず、供給業者との関係に根本的な変化をもたらすことはできなかった。ナショナルブランドをつくりあげることも、事務管理部門を大々的に効率化することも、買収した会社の業務を画期的に改善することもできなかったのだ。結局、景気の下降による圧迫に耐えきれず、二〇〇三年に破産申請を行なった。

ときには、規模が力であるとは思えない力学が働くこともある。コンパック・コンピュータは、ロールアップではないものの、非常によい実例だろう。

一九九〇年代の初め、無名の新しいPCメーカーが林立し、大企業よりも安価な製品を提供していたそのとき、コンパック・コンピュータも価格競争に負けていた。同社の会長も務める伝説的なベンチャーキャピタリスト、ベン・ローゼンは、新しいメーカーがどうしてそんなに安く製品を提供できるのだろうと疑問に思った。熾烈な交渉によって格安で部品を調達しているコンパックは、彼らをはるかに上回る仕入れ力があるはずなのに……。

彼はCEOのロッド・キャニオンに問いただした。キャニオンはコンピュータ業界のベテラン経営者で、一九八二年に共同でコンパックを創業してからわずか一〇年足らずで、IBMから業界一位の座を奪い取るという偉業を成し遂げた人物だった。その彼はローゼンの問いかけに、コンパックの部品の価格がIBMを始めとする業界トップのそれに匹敵することを示し、コンパックは最低価格で部品を買い入れていると請け合った。しかし、多くのPC業界の新興企業に融資を行なってきたローゼンは、それでもまだ疑念を抱いた。

そこで彼は、キャニオンの知らないところであるチームを立ち上げることにした。PCの新規事業という体裁をとりながら、実際いくらで部品を入手できるかをたしかめようとしたのだ。一九九〇年一一月にラスベガスで開かれたコンピュータの巨大展示会の期間中、このチームはホテルの部屋で数多くの供給業者と交渉した。そして、コンパックよりも安い価格で苦もなく買えることを知った。

そんなことがなぜ可能だったのか？　コンピュータ業界には独特の経済が存在するからだ。インテルを見てみよう。新世代のＣＰＵを開発するために、同社はより先進的な製造施設を必要としていた。おそろしく微細なチップ上の電子回路は、徹底した無菌状態で製造しなくてはならない。新しい工場の建設費用は数億ドルにのぼった。コンパックのような大口顧客との契約交渉に臨むにあたって、インテルは工場のコストをその計算に含めた。そして新世代チップの製造開始から数カ月後には、その固定コストを残らず回収してしまった。しかも新しいチップをはるかに効率よく製造できるようになった。

その結果、当初一個一〇〇ドルに設定していたチップが、やがて数ドルでつくれるようになった。さてどうする？　余ったチップを大口の顧客に特価で売るか——しかしそうすると、チップすべての値段を下げなくてはならない。だったら、ラスベガスのホテルの一室で、新規事業者を相手に特価で売ればいい。これなら大口顧客相手の価格は下げずにすむ。かくして常識に反する結果が出た。規模の小さな会社が最安の価格にありついたのだ。こうした事情はＰＣ部品すべてに当てはまった。

ローゼンは取締役会の席で、コンパックが購入している部品の値段が最低価格にほど遠いことを示し、キャニオンは退任を余儀なくされた。

こうした経済動向は、電気製品にもある程度当てはまる。さらに、他の多くの業界でも、超過在庫や限界生産費用を処理するときには、これに似た状況に直面する。どんな状況であれ、ポイントはこうだ。供給業者からの仕入れ力が増したという主張は疑ってかかるべし。

仕入れ力の裏面、つまり価格決定力が増したという主張も同様だ。理屈の上では、ある会社の規模が大きくなってライバルを締め出してしまえば、好きなように価格を上げることができる。だがときには、力のあるライバルが生き残って価格を抑えたり、顧客が頑として高い金を出そうとしないといったことが起こる。

ヘルスケア関連企業のマクシケア・ヘルス・プランズもそういう経験をした。一九八七年末までに同社は二六州で三三の保健維持機構(HMO)を保有し、加入者は全体で二三〇万人を数え、営利目的のHMOとしてはこの国最大の規模となった。そこで急激な値上げを推し進めたが、加入者はいっせいに逃げていった。買収に高い金を払いすぎ、コストを制御できなくなったマクシケアは、一九八九年と九〇年に傘下のHMOの大半を売却し、二〇〇一年に破産保護を申請した。

ハイペースの成長を期待される

ロールアップの問題のひとつに、きわめて厳しい環境のなかで効率を高めねばならないという点がある。本当に投資家の注意をひきたければ、ロールアップは一年あたり一〇〇パーセントから一〇〇〇パーセントの成長を、少なくとも最初の数年間続ける必要がある。ひと月に二つないし四つの会社を買い、しかもそれに伴う社内の文化や業務上の問題を抱えこまねばならないのだ。

ロールアップの最初の段階で、何より重要なのは成長だ。投資家たちも、会計報告書から収益性を読み取るのが難しいことは心得ている。多くの企業の統合からはやたら多くの経費や調整が出てくるからだ。そこで彼らはわかりやすいひとつの数字に注目する。総収入だ。ロールアップがどんどん成長しつづけるかぎりは、何も問題はない。

重役たちも、いつかより安定した状態に達したときには、一貫した収益性を示さなくてはならないことはわかっている。だが迷ったときには、つぎの会社を買うことだけに専念し、少なくとも最初の数年間はその状態が続く。

企業取得に血道をあげるあまり、規模の経済を活用することさえ忘れてしまう会社もある。タイコは家庭用警報機、特殊電子コネクタ、防火設備など、専門化した製造業のロールアップを図り、一九九四年から二〇〇一年のあいだに六三〇億ドルを投じて一〇〇〇社以上を取得した。買収を急ぐあまり、すでに買った工場にまだ余力があるのに、同じ産業の工場をさらに買ってしまうこともあった。

しかし取得した会社の統合についてはほとんど重視せず、本社にいる従業員はたった二五〇人だった。最高情報責任者（ＣＩＯ）すら置いていなかった。「こうした諸企業は十分には統合されなかった」と、同社のＣＦＯ、クリス・コフリンも認めている。

タイコのロールアップ戦略は二〇〇二年に瓦解し、九三億ドルの損失を計上した。時価総額は九〇〇億ドル下落した。それ以降、同社は医療事業と電子機器事業を分離し、ロールアップしてきた企業の多くを手放す計画を発表した。

取得のペースが速すぎると、買収先の問題を見逃すことになる。十分なデュー・ディリジェンスを行なう余裕がなく、売る側は問題を隠そうとするからだ。ダビータは透析センターのロールアップだが、このダビータが買ったある会社は、債務が一億一一〇〇万ドル、未回収の売掛金が四〇〇〇万ドルあることが発覚した。そのためダビータは一九九〇年代に危うく倒産寸前まで追いこまれた。

同社を救うためにCEOに就任したケント・ティリは、「会社の成長速度には限界がある。理由のひとつは、管理職がそこまで早くスキルを身につけられないからだ」と述べている。「一〇〇〇人の工場を管理できるからといって、五〇〇〇人の工場を管理できることにはならない。一年か二年の時間を与えれば大きな役割もこなせるようになるかもしれないが、すぐに五〇〇〇人が働くのを差配するのは無理だろう」

ミスは会社や投資家だけでなく、管理職をも犠牲にし、大半が即座に解雇されてしまう、とティリは記している。彼が拡張のペースを制御できるようになると、ダビータはふたたび成長しはじめた。現在、同社の時価総額は五〇億ドルを超えている。

ロールアップが買いモードに入ると、売り手はどんどん値を吊り上げる。買い手の戦略は最初に設定された価格標準に基づいているから、価格が変わるとすべてが狂いがちになる。一九八〇年代、ジレット・ホールディングスなどが、テレビのローカル局のロールアップに乗り出したときには、すべての局がその年間収益の二一倍に当たる額を要求した。それでもジレットは一九八〇年代半ば、一二カ月間に一二のテレビ局を買った。ジャンク債券の帝王マイケル・ミルケンからは、金を払いすぎだとたびたび警告があったが、ジレットはそれを無視し、さらに六つのローカル局からなるストアラー・コミュニケーションズを買収した。高い買い入れ価格が積み重なった結果、債務は一二億ドルに達し、すぐにさまざまな問題が起こった。一九九一年、ジレットは破産申請をした。

企業がいったんロールアップに乗り出せば、止めるのは難しい。これから五年間、毎年規模を三倍ずつ大きくするとウォールストリートに請け合ってしまってから、途中で「いや、あれは忘れてくれ」と言うわけにはいかないのだ。統合や、つぎの買収に向けたデュー・ディリジェンスのために時間がかかる、取得相手の価格が高すぎるといったまっとうな理由があったとしても、成長の翳《かげ》りは株価を直撃し、ロールアップは崩壊するだろう。

綱渡り状態を強いられる

ロールアップはそもそも、綱渡りのようなものだ。現金で買うたびに、債務が積み重なる。株式で買うにしても、企業取得を継続できるように株価を高く保たなくてはならない。しかし戦略を立てるストラテジストは、事業環境のちょっとした変化でもロールアップの借入コストや株価に影響が出ることを軽視しがちだ。

たとえばローウェン・グループを最終的に葬ったのは、死亡率のわずかな低下だった。ジレットを破産へ追いやったのは、テレビ局の価格が数年間で三〇パーセント下落したことだった。「ロールアップの父」と呼ばれたスティーブ・ハーターはいくつものロールアップを手がけたが、ＩＴバブルの崩壊で、それまで抱えていた問題に拍車がかかり、二〇〇一年に三社が（いずれもいわゆる「ニューエコノミー」とは無縁の会社だったが）倒産に追いこまれた。

分権化と集中化のジレンマに陥る

ロールアップが求める効率性と規模の経済を実現するには、集中化が欠かせない。しかし集中化を行なえば、少なくとも最初のうちは、収益が失われるだろう。

地元密着型の店の店主は、顧客たちと長期的な関係を築いているはずだ。誰がどんな注文をするかを知っているだろうし、ある客のキャッシュフローが滞る時期には特別に支払いの便宜を図ってやっているかもしれない。店主が地元の名士ということもありうる。

だが、その店がロールアップされたらどうなるか。店名を変えて、本社の方針で経営させ、標準化された手続きを押しつければ、客の一部は逃げ、少なくとも短期間は収益が減るかもしれない。するとまちがいなくライバル店がその機に乗じ、あらゆる手を打って顧客を奪い取りにかかる。

ロールアップを推し進めるうえでの問題は、ときどきこのジレンマが無視されてしまうことだ。ストラテジストは、理論的に可能な効率性はすべて得られるものと決めてかかり、収益の低下は軽視、あるいは無視する。ブーズ・アレンのコンサルタントたちは、「企業取得のエンジン」が会社を迅速かつ強力に統合すると論じる一方で、「移行の時期に顧客を失うことを許すべきではない」と主張している。だが、それは至難の業だ。

ローウェン・グループは分権化と集中化の両方で苦しんだ。葬儀場の支配人を変えず、以前と変わらない経営を行なわせたため、効率アップはあきらめた。同時に、ライバルたちはロールアップを理由に顧客を奪い取ろうとした。

失敗しないために、あなたがチェックすべきこと

ロールアップは規模の不経済につながる恐れがあるため、複雑さが増した場合、まず、どの分野で非効率になるかを探る必要がある。そして企業買収に金を注ぎこむ前に、そうした非効率を数値化できるかどうか試してみなければならない。

たとえば、あなたの会社の規模が一〇〇倍になったら、情報システムが破綻するだろうか？　何倍くらいまでなら保てるか？　他のシステムについてはどうか？　問題を解決し、各事業を調整するために、トップ管理職たちはどれだけ時間を割けるだろうか？

もちろん、長期のことばかり考えていてもいけない。ライバルがロールアップの混乱に乗じてあなたの顧客を盗み取ろうとするとき、短期的にどれだけの顧客を失うかを想定しなくてはならない。もしあなたがライバルの立場になったら、あなたの会社を攻撃するためにどんな手を打つか、考えてみることだ。

規制のある業界に参入しようとするなら、どんな規制がどういう影響や変化を及ぼすかもよく見きわめる必要がある。新参者はえてして、無防備なところを突かれやすい。

規模の経済をあてにしているなら、それも疑いの目で見るべきだ。本当に資本コストは下がるのか？　下がるとしたらどのくらいか？　どうしてそういえるのか？　また、自社の価格決定力が上がると思っているとしたら、その根拠は？　製品や市場によってどれだけ価格を上げられるか、具体的な数字を出してみよう。仕入れ力についても同じことをする。部品やサービスごとにどのくらい節約できるか予想してみよう。できれば、あなたの思いこみをすべて検証するべし。

ロールアップで期待する効率性を得るには、どれだけの時間と金を使わなくてはならないか？　多くの会社が、統合はすぐに実現できると言いながら、何年も同じ問題に取り組んでいることをお忘れなく。

あなたが期待する効率性を得るうえで、妨げとなりそうな既得権をもっている人物はいるだろうか？　また影響力のある人物、たとえばメドパートナーズの頑固な医師たちのように、習慣をなかなか変えられない人間もリストアップすること。

ロールアップにはしばしば維持不可能なほどハイペースの買収が求められる。だとすればスタートを切る前から、取得する会社のうち何パーセントが重大な問題を抱えることになりそうかを見積もっておくべきだ。予測を立て、議論をする。そして実際の数字がどうなったかを追跡し、もし必要があれば、時間とともにその予測を調整する。あなたのロールアップ戦略が定まったあと、時間とともに買収先の価格がどの程度上昇するかを考える。

ライバル会社もロールアップを始めたり、あなたの跡を追ってくるかもしれない。その場合はさらに買収額が上がることも見越しておかねばならない。最高額としていくらまで、また何に基づいて(キャッシュフローか収益か収入か)支払うかを前もって決めておき、あくまでその額を守ること。さもないと、ローウェンのように手当たり次第買いまくることになる。

どんなロールアップでも、途中で一度や二度はつまずく。重要なのは、どれだけの打撃なら耐えられるかを明確にしておくことだ。債務によってロールアップの資金を調達するつもりであれば、もしキャッシュフローの一〇パーセントの低下が二年間続いたとしたらどうなるか? 株式で買おうとするのであれば、その株価が五〇パーセント下がったらどうするのか?

ロールアップでは過去に多くの不正が行なわれてきたことを踏まえ、悪い時期がきたときに社内の人間が帳簿を操作するのを防ぐ手だても考えておく必要がある。

分権化と集中化の両方からたっぷり恩恵が得られると当てにしているなら、考えなおしたほうがいい。地元の経営陣をそのままにするのなら、統合から得られる利益は割り引いて考えるべきだ。彼らは概してロールアップのプロセスを完全には受け入れない、あるいは満足に実行しないため、効率化はうまく進まない。とはいえ、効率化を名目にして地元の経営者を取り替え、全員にあなたの会社のプロセスを受け入れさせても、やはり収入減は想定しておかなくてはならない。元の経営者のコネや地元の市場に関する知識を失うからだ。損失が出ないように手段を講じるなら、グレイゾーンにいる顧客を確保するためにサービスの割引をするか、場合によっては値引き競争を始めることになるかもしれない。そのコストも計算しておく必要がある。

最後の質問は、どこまで行けば十分なのか？　つまり、いつ締めくくるのか？　どれだけ手に入れる必要があるのか？　実際のところ、歯止めは利くのか？　ということだ。

すべての質問の答えを直視し、それでもロールアップを進めようと決めたなら、自分にこう問いかけよう――どこまでゆっくりやれるか？（ロールアップの問題の多くがおおむね過剰なスピードから生じることを踏まえて）。全国的なロールアップにならねばならないのか、一地域のロールアップのほうが理に適っているのか？　全国的なロールアップを目指すとしても、最初は地域のロールアップから出発し、欠陥を修正していけるのか？　どの時点で引き返し、効率性や価格決定力などについてあらかじめ行なっていた想定を確認するのか？

どの質問もあえて不安をかきたてるものだが、すべてを検討し、それでもロールアップへの熱意が薄れていなければ、幸運を祈りたい。

第4章 現実の変化を都合よく解釈する

航空調査官の世界には、「制御された飛行による対地接近」という婉曲な言い回しがある。つまりは、異常のない飛行機でありながら、パイロットの不注意や誤解によって山の斜面や海面に突っこんでいくという意味だ。

経営者もときどきこういうことをする。衝突すると認識しているのに、それでもやってしまう。もちろん、経営者もパイロット同様、始めから衝突するつもりはない。しかし自分に都合のいい見方をして、実際の問題はそこまで深刻ではないと考えたり、ぐずぐず対応を遅らせたりするうちに、気がつくと目前に山が迫っていたというのはありがちなことだ。

私たちの調査でも、無数の実例が見つかった。後発のウォルマートがどんどん安値で迫っているのに、対応策をとらない小売業者。中国など途上国へのアウトソーシングが業界の根本的な再編につながることを把握していないメーカー。いつのまにか時代から取り残されていることに気づかないテクノロジー企業も多かった。

ほとんどの例で経営者たちは、コア事業に必要な改善は行なっていると自分に言い聞かせていた。だが実際には、何かしら理屈をつけて、当の事業に疑いを抱かせる脅威を認めずにいただけだった。言うなれば、タイタニック号の甲板の上でデッキチェアを並べなおしていたのだ。

外部の人間の目には、どんな問題が起ころうとしているかがはっきり見える。しかし内部の人間には、これまで長らく続いてきた成功のあとで、自らの存在自体が脅かされていることがなかなかわからない。

前線の兵隊には問題がはっきりしているのに、その情報が権限のある人間に届くまでにフィルターにかけられてしまうことがある。あるいは経営陣には問題が明確でも、管理職たちが古い事業にできるだけ長くしがみつこうとして、長期的で抜本的な方策の代わりに目先の短期的な利益をとることもある。

たとえ上から下まで全員が問題を認識していても、解決策が見つからないことはある。なぜなら、社の中心にある前提や価値意識——たとえば、どの客が何を買っているか、どこから利益が生じるか、あるいはビジネスモデル、独立した成長志向の会社であるという認識そのものなどをゆさぶるような選択肢を選ぶのは難しいからだ。こうした場合の解決策としては、会社を身売りするか、業界から撤退するしかないということも多い。たとえばあなたの会社がポケベル会社だとしたら、携帯電話に取って代わられようとするときに、できることは大してない。だが業務の縮小は、経営陣が最も考えたくないことなのだ。

二〇〇四年に発表されたある研究では、ほとんどすべての企業が目前に迫った脅威を無視する可能性があることがわかった。この調査によると、大きな脅威となるような業界の構造的変化が起こった場合、自社が迅速かつ積極的に対応できると考えている経営者は全体の一七パーセントにすぎなかった。分析に時間をとられるばかりで麻痺状態になるだろうと答えた人が、ほぼ二〇パーセント。いずれ危機が去ると考え、災いが起こる可能性を議論することさえしないだろうと答えた人が、一六パーセント。なんらかの行動をとるだろうが、その行動は遅すぎて役に立たないだろうと答えた人が、ほぼ三九パーセントだった。

この章で取り上げた実例から得られる教訓は、脅威に向きあうすべての人に有益だ。企業のトップであろうと中間管理職であろうと、迫りくる危機を無視する恐れがあるという点では同じなのだから。

ケーススタディ ネガを手放さなかったコダック

一八七〇年代末、ロチェスターの銀行に勤務するジョージ・イーストマンは、サントドミンゴで休暇を過ごす予定だった。職場の同僚が、写真を撮ってこいよと言った。そこで彼はカメラと写真湿板、それに現像に必要な薬品と装置を買った。しかしこの一式はあまりにかさばった。イーストマンは旅行を取りやめ、もっと写真を便利にする方法を考えることに休暇を費やした。

イギリスでは乾板が使われていることを知ったイーストマンは、それから三年、毎晩、母親のキッチンで研究を重ね、ついに満足のいく乾板を開発して特許を取得。一八八一年にイーストマン・ドライプレート・カンパニーを創業した。

同社は開発を重ね、より効率的に乾板をつくりだしていった。しかし、いくら斬新なテクノロジーを駆使していても、カメラがいずれ日用品になることを見通していたイーストマンにとって、乾板方式はまだおそろしく扱いづらかった。カメラはばかでかく、ガラスプレートは重くて壊れやすい。そこでロール状の紙製のフィルムを開発し、フィルムの重さと値段を大きく切り詰めた。

一八八八年、イーストマンはコダックカメラを発表した（Kの文字に力があると感じていた彼は、家のキッチンで母親と一緒に当時人気のあったアナグラムのゲームを使い、Ｋｏｄａｋという名を思いついた）。このカメラは二五ドルで、一〇〇枚撮りだった。購入者が写真を撮ったあとカメラごとイーストマン・ドライプレートに送ると、フィルムは現像され、新しいフィルムを装塡《そうてん》したカメラとともに送り返される。現像代は一本一〇ドル。この方式はたちまち大ヒットし、まもなく、紙のフィルムは現在も使われているセルロイドに変わった。

イーストマンは業界トップの地位を固めていった。一九〇二年に社名をイーストマン・コダックと改称した同社は、世界のセルロイドフィルム販売の八〇〜九〇パーセントを占めていった。

脅威が訪れたのは一九〇〇年代初頭。ドイツの発明家がカラーフィルムを導入したのだ。品質は白黒フィルムに比べるべくもなかったが、イーストマンはこれを見逃さなかった。いずれはカラーの時代が来ると確信した彼は、自社ラボでの研究開発に大金を注ぎこみ、ついに一九二〇年代、高品質のカラーフィルムを完成させた。イーストマンによるフィルム市場の支配はさらに続いた。

だが、フィルム市場の安定は、一般に考えられるほど長くはなかった。

一九五一年にはすでに、ビング・クロスビーが設立したラボが、画像をビデオテープにデジタル方式で保存する方法を発見。デジタル写真への道が開かれた。

一九六〇年代に入るとＮＡＳＡがこのテクノロジーを改良し、スパイ衛星に応用したことで、デジタル写真の発達に拍車をかけた。一九七二年には、テキサス・インストルメンツが電子カメラを開発して特許を取った。八一年にはソニーが最初の商用電子カメラ、マビカを発表した。ついに競争が始まった。

マビカが発表されてまもなく、コダックのパートナーである写真仕上げやフィルム小売の業者たちが、フィルムが長く生き延びられるかどうかを心配しはじめ、コダックに将来的な展望を問いただしたことがある。そのときコダックはすでにデジタル技術に取り組んでいたが、技術面や市場面の想定を徹底的に洗いなおし、一九九〇年までの動向をつぎのように判断した。

- 電子画像を基にしたプリントの品質は、まだ消費者一般には受け入れられず、従来のフィルムおよびプリントに取って代わることはない。

●自らプリントし、飾り、配りたいという消費者の欲求は、電子ディスプレイ装置では満足させられない。

●電子画像システムと、市販されているVCR（ビデオカセットレコーダー）およびビデオディスクが相互に適合しないという点は、こうしたシステムをアマチュアが広く受け入れるうえでの障壁となるだろう（つまり、消費者はカメラを電子ディスプレイにつなぐのには抵抗があるだろうということだ）。

●家庭用の電子プリントシステムは、価格や品質の点で、商用プリントサービスには太刀打ちできないだろう。

●電子システム（カメラとTV用の画像表示装置）は価格が高すぎて広く普及はしないだろう。

要するにコダックは、従来のフィルムとプリントが一九八〇年代は主流を占めつづけると判断し、写真仕上げやフィルム小売の業者も、もちろんコダック自身も、この業界で長らく占めてきた地位を一九九〇年までは保っていられると判断したのだ。

この判断は正しく――そしてまちがっていた。

一九八〇年代に関するコダックの認識はすべて正しかった。デジタルカメラ、電子ディスプレイ、プリンタはまだ実用性が低く、高価すぎて、脅威にはならなかった。

しかしその後の一〇年間に、数多くの技術がどっと押し寄せ、従来のフィルムの利点を蝕《むしば》み、あるいは消し去った。デジタルカメラの品質も大きく向上した。カメラがおおむね「ムーアの法則」に従って進歩したために、価格はどんどん下がっていった（ムーアの法則とは、インテルの共同創業者ゴードン・ムーアが、半導体技術の発展について一九六〇年代に示した予測で、「半導体チップの集積度は一年半ないし二年ごとに倍増する」というものだ）。

カメラはリムーバブルメディアを備えるようになり、プリントやコンピュータへの取り込みが簡単になった。プリンタも改良された。コストも低下した。写真はEメールで送り合ったり、ウェブサイトにアップしたりして、プリントは不要という動きも加速した。

コダックは早い時期にあった警告を受け入れず、デジタル技術の猛襲への備えをほとんど行なわなかった。あくまで古いテクノロジーの利益にしがみつこうとし、新しいテクノロジーが確立するスピードを見くびっていた。そしてフィルムをデジタル技術に置き換えるのではなく、フィルムの画質を高めるのにデジタル技術が利用できると判断した。ビジネスモデルを軽くいじることはあっても、見直したり全面的に取り替えたりする必要はないと考えたのだ。つまりこの時点で、どっちつかずになることは決まっていた。

実際のところコダックは、ジョージ・イーストマンが過去に二度も回避したまちがいを犯したのだった。彼は実入りのある乾板の事業に早々と見切りをつけ、フィルムに移行した。カラーフィルムが登場すると、ほぼ二〇年は白黒フィルムよりも劣っていたにもかかわらず、やはりすばやく移行した。

デジタルに向かうかわりに、コダックはおそろしくコストのかかる方向へ進んでいった。一九八八年にスターリング・ドラッグを五一億ドルで買収し、「隣接」市場に進出したが、化学薬品を扱うという共通項があるだけでうまくいくはずもなかった。結局一九九四年にはスターリングを、購入価格のおよそ半額でばらばらに売却した。

多角化に失敗し、デジタル写真の脅威への不安がつのるなか、長期政権だったCEOのコルビー・チャンドラーが退いた。後任候補は、フィル・サンパーとケイ・ホイットモアの二人にしぼられた。ホイットモアは従来のフィルム事業を代表する、たたき上げの人物。サンパーはデジタル技術にも明るく、そのフィルムへの応用にも造詣が深かった。取締役会はホイットモアを選んだ。

だが三年後の一九九三年、取締役会はホイットモアを解任した。つぎは技術者がいいということで、すったもんだのあげく、ジョージ・M・C・フィッシャーを任命した。フィッシャーはモトローラのCEOとして辣腕《らつわん》を振るい、当代きっての経営者という評判をとっていた。

フィッシャーは、コダックをデジタルの世界へ導くと確約した。しかしほとんどの社員はそれを望まなかった。フィッシャーはインタビューで、コダックは「デジタル写真を敵だとみなしていた」と語っている。「何十年にもわたってコダックの売上と利益を生み出してきた、フィルムと薬品と印画紙の事業を潰してしまう破壊の化身だと」。既存の事業の利益率は、デジタルの世界よりもはるかに大きい。なぜ急いでそれを変えるのか？

フィッシャーの出した解決策は、できるだけ長くフィルム事業にしがみつきながら、そこにテクノロジーの外見を加えることだった。たとえば、アドバンティックス・プレビュー・カメラという、デジタルとフィルムの技術を融合させた代物を発表した。ユーザーは普段どおりに写真を撮り、それはフィルムに保存される。しかし、カメラの中心にあるのはデジタル技術で、ユーザーは撮ったばかりの写真を表示画面で見られる。それからどの写真をプリントしたいかを決め、ボタンを押して、プリントする枚数をフォトプロセッサに指示する。要するに、消費者はデジタルカメラを買っていながら、同時にフィルム代も払うということだ。メリットはない。コダックが五億ドルをかけて開発したアドバンティックスは、見事に失敗した。

フィッシャーは早い時期から、コダックのデジタル写真事業は一九九七年までに利益をあげるようになると言っていたが、実現しなかった。おまけにフィルム事業でもライバル会社が価格戦争をしかけ、コストの高かったコダックは、従業員全体の二〇パーセント以上に当たる一万九〇〇〇人のレイオフに踏み切った。

そしてこの一九九七年、偶然にももうひとつの運命的な出来事が起こった。フィリップ・カーンの夫人が身ごもったのである。

つぎつぎと事業を興してきた実業家カーンの名は、パソコン史においても、ソフト開発ツールを提供する会社ボーランドを立ち上げた人物として登場する。カーンは病院で出産を待ちながら、デジタルカメラで写真を撮ろうとしていた。そのときふと、写真をみんなに送るのに、どうして家のコンピュータまで持ち帰ってアップロードしなくてはならないのかと考えた。携帯電話から直接送れないものか？　それから数日かけて、カーンは手元の材料でシステムをつくりあげた。携帯電話カメラの誕生だった。

ついにカメラは携帯電話の無料の付属機能になった。長きにわたって写真業界に利益をもたらしてきた「画像を保存して見せる」という過程が、今や無料になろうとしていた。

フィッシャーは自社の苦境を認識しながら、「それでもコダックは成長せねばならない」と語っていたが、それは叶わなかった。一九九九年、雇用契約を一年残してCEOを退任した。

取締役会に締め出されたのだという憶測が飛んだが、彼は退陣を迫られたことを声高に否定し、コダックがデジタルの未来に向けてやれることはすべてやったと主張した。そして、一九九七年までにデジタル写真事業で利益をあげられるようにすると確約したにもかかわらず、九九年に一億ドルの損失を計上したことを指摘されると、けんか腰にこう応じた。「きみたちはそれを損失と呼ぶのか。私は投資と呼ぶんだ」

新CEOとなったのは、ダニエル・カープだった。入社以来二九年間コダックに勤めてきた人物で、フィッシャー同様、壮大な確約を掲げてみせた。二〇〇〇年の年次報告書でデジタル写真の展望を吹聴し、「インフォイメージング」なるカテゴリーをぶちあげた。これが年間二二五〇億ドルの市場であると説明し、コダックの売上の伸び率は年間八パーセントから一二パーセント、その後五年間の伸び率は年間一〇パーセントになると請け合った。

だが、そんな事態は起こらなかった。カープがCEOに就任して一年目の二〇〇〇年、利益はほぼ横ばいの一四億一〇〇〇万ドルだった。翌年には、九五パーセント減の七六〇〇万ドルにまで落ちこんだ。二〇〇二年から二〇〇五年までの平均もこの水準で推移し、二〇〇五年にはカープも五七歳で早期の退陣を余儀なくされた。

彼は、フィルム事業を「増強する」というフィッシャーの基本戦略をできるかぎり踏襲する一方、デジタルの世界からも収益をあげる方法を考え出そうと努めたが、そうした場当たり的なやり方は、フィッシャーのときと同様、機能しなかった。

たとえばコダックは、二〇〇〇年の一年間に同社で現像される三億本以上のロールフィルムを顧客がデジタル化し、インターネットにアップロードするようになると語った。ところが顧客はフィルムの部分を飛ばすようになった。二〇〇二年、アメリカのデジタルカメラの売上は従来型カメラの売上を超えた。

一九九〇年代半ばにコダックは、デジタル技術がフィルムを上回るには二〇年かかると予想した。しかし二〇〇〇年代に入ってからのデジタル化はすさまじく、二〇〇四年にコダックが出したあるフィルムカメラは「カメラオブザイヤー」を受賞したものの、賞を受けた時点ではもう販売されていなかった。

コダックも、デジタルカメラ販売の一角は担っていたものの、「数あるなかのひとつ」というのは、フィルム市場の七〇〜八〇パーセントを独占していた時代を思えば雲泥の差だった。しかもコダックのデジタル製品の売上総利益率は、かつての六〇パーセントからわずか一五パーセントに落ちていた。二〇〇二年、デジタル市場での競争は熾烈をきわめ、コダックは四〇〇ドルのカメラが一台売れるごとに六〇ドルを失っていた。

今ではデジタルカメラの売上の伸びも鈍化しつつある。携帯電話の普及がコンパクトカメラの売上を侵食している一方で、高価格カメラの性能が進歩したことで、消費者は新製品に買い換えたいという誘惑に駆られなくなっている。

カープは最後まで希望を捨てずにいた。ある記者から、コダックはヤフーかヒューレット・パッカード（ＨＰ）に身売りするのでないかと訊かれたとき、彼はその相手をにらみつけ、「私の屍を越えていけ」と言った。

しかし彼が辞任した年、コダックの株式市場価格は過去一〇年間比で七五パーセント減となり、カープが記者から身売りをほのめかされたときと比べても半分になっていた。従業員も二〇年前の三分の一以下の数だった。

たしかにコダックを取りまく状況は厳しかった。ただ、それでももっとうまく対処できたのではないか。一九八〇年代か九〇年代に、今よりずっと高い評価額で身売りをして、買収側の会社にデジタル技術への転換をまかせることもできただろう。業務を徐々にではなく、積極的に合理化することもできただろう。フィルム事業から得られるかぎりの現金をしぼり出しながら、事業を縮小していくこともできただろう。もっと早くデジタルの世界に移行して、カメラとプリンタの売上に大きなシェアを占めることも、ウェブサイトや携帯電話のカメラから収益を得ることもできたかもしれない――コダックのラボは、フィリップ・カーンと同じ技術を開発していたのだから。

そうした想定を検討するには、フィルムと印画紙市場におけるコダックのライバル会社に注目するといい。

写真用品メーカー、アグファア・ゲバルトは、デジタル技術の波をかわしたあと、二〇〇四年にフィルムと印画紙の事業を非公開投資ファンドに売却した。翌年、事業は倒産手続きに入ったが、それはもうアグファアの問題ではなくなっていた。

富士フイルムはさらにうまくやった。同社は古い事業をあきらめて、デジタルの世界に進出した。その結果、二〇〇三年末には従来の自社製品（フィルム、印画紙、処理薬品）が収益に占める割合は四二パーセントと、コダックの六一パーセントとは対照的な数字になった。またデジタルの世界を攻略していく過程で、フラットスクリーンディスプレイに欠かせない技術を開発した。このディスプレイがコンピュータモニターでもテレビでも一般的に使われるようになると、需要は大幅に増えた。コダックが時価総額の四分の三を失った一〇年の間に、同社の時価総額は逆に高まったのだ。

現実を直視しない会社に潜む3つの落とし穴

現在の延長線上に未来があると考える

コダックは二五年以上前に、デジタル写真の脅威をはっきり認めていながら、経営陣はその重大さを真剣に受けとめていなかった。彼らにも、消費者が「失敗した写真をプリントするムダを省きたい」とか「自宅でプリントしたい」と思うだろうことは想像できた。しかし、写真がEメールや携帯電話で気軽に送られ、プリントの必要がなくなる世界は想像できなかった。

コダックは未来を現在と大差ないものと見なしたせいで、どっちつかずの戦略をとることになった。デジタル技術を、これまでとはまったくちがう可能性を秘めたものではなく、ただプリントをつくりだすための新しい方法だと決めこんでしまった。プリントというプリズムを通して世界を見ていたために、デジタルがフィルムとプリントを追い越していく速さを見くびったのだ。

音楽業界もこれと同様のミスを犯した。人々が今後もずっとCDを聴くだろう、従来の流通経路を通してCDを買いつづけるだろうと決めてかかった。楽曲が個人に直接、一曲一ドル以下で売られ、流通経路として必要なのはiPodとコンピュータをつなぐコードだけという世界を想像できなかったのだ。

これまでのビジネスが危ういことは、音楽業界でも何年も前からはっきりしていた。音楽も情報の一種であり、情報に関する産業の収益性はすべて、インターネットの来襲を受けていたからだ。

音楽関連会社は大半がコングロマリットの一部なので、業界としてどれだけの打撃を受けているかを示すのは難しいのだが、一例をあげれば、二〇〇七年には音楽ダウンロードが四五パーセント増加したにもかかわらず、音楽産業の収益は一五パーセント下落している。

テクノロジー以外の世界も見てみよう。スーパーマーケット・チェーンのセーフウェイも、未来を現在と大差ないものとみなしたために悲惨な結果を招いた。一九九〇年代に入ると、ウォルマートの参入によって多くの小売チェーンが破綻した。容赦ないコスト削減による値下げ攻勢に太刀打ちできる業者はほとんどなかった。それなのにセーフウェイは、地理上の勢力範囲を広げ、ライバル店を駆逐することで商品価格を上げる従来の手法を変えなかった。ウォルマートと価格競争をくりひろげることも、商品の質やサービスで差別化を図ることもしなかった。一九九〇年代末には二つのスーパーマーケット・チェーンを買収し、勢力範囲を拡大したが、後に買収がらみで二四億ドルを損失処理した。

新しい事業を古い物差しではかる

新しいテクノロジーや業務の採用を検討するとき、往々にして、既存事業の経済性との比較に目がいきがちだ。しかし本当に大事なのは、その新しいテクノロジーや業務がやがて既存の事業を潰し、まったく新しいビジネスモデルが求められるという可能性について考えることだ。

コダックがもし白紙でそれを検討していたら、デジタル写真の将来性に涎を流しただろう。そして、携帯電話やPC付属のものから高価なプロ用モデルまで、あらゆる形のデジタルカメラを製造・販売できただろう。画質を高められるプリンタやソフトウェアなども開発・販売できたはずだ。

しかしデジタルの採算性はフィルム事業ほどではなさそうだった。フィルム、印画紙、処理薬品で可能な六〇パーセントの売買差益を、デジタル事業であげることは困難だった。

それゆえコダックは罠に陥った。短期的な収益を重視したぶん、デジタルへの参入が遅れたのだ。あえて困難な状況に耐えて、まったく新しいビジネスモデルに踏み出す、あるいは会社を売却するという道を選ぼうとしなかった。

こうした罠は、広く使われている財務分析が陥りがちなものだという。たとえば、会社はしばしば、新しい事業に参入したら状況が良くなるか悪くなるかと自問するが、そのときほぼ必ず、戦略を変更しなければ事業は安定した状態を保つと想定してしまう。デジタル写真がつきつけてくるような根本的な難題で事業が急激に落ちこむ想定はしないのだ。そして何もしなければ激しい凋落《ちょうらく》を招くという可能性を無視したまま、根本的な変化を避けるように仕向ける。

複数の研究によると、証券アナリストたちもこの罠を強める傾向がある。彼らはみな、業界ごとに基本的な金融モデルをつくっているので、そのモデルから外れた会社には、どうすればいいかわからなくなる。だから、未知の領域に進出しようとする会社には罰を加えることが多い。また、アナリストを気にかけすぎる会社は、死にゆくビジネスモデルでもずっとしがみつく傾向が強くなる。

ポラロイドもコダックと同じ罠に落ちこんだ。一九九〇年代初め、同社のプロダクトマネジャーたちはデジタル写真の到来に熱狂し、自分たちがこの真の意味でのインスタント写真を開発して市場を手に入れようと意気込んだ。しかし経営陣は、既存の事業で六〇パーセントの粗利益を得ているのだから、試算で三八パーセントの利益しか得られないデジタル機器の販売に乗り替える理由はないと判断した。

当時、ポラロイドにはデジタルの開発にまわせる資金があった。しかしデジタルに進出するのではなく、より利益率の高い既存の事業にテコ入れしようとした。たとえば海外へ進出した。開発途上国にはフィルムの現像に必要なインフラが不足しているから、インスタント写真の需要があると考えたのだ。さらにトイカメラ市場に参入し、遊び感覚のカメラを広めた。最大のヒットはＩ－Ｚｏｎｅだった。写真の裏がシールになっていて、ステッカーとして使える。写真の質は悪くても、子どもたちには大いにうけた。

しかし、コダックや富士フイルムなども途上国にＤＰＥショップを展開し、ポラロイドより低価格で勝負してきた。トイカメラもぱったりと売れなくなった。Ｉ－Ｚｏｎｅが販売されたのは一九九九年から翌年にかけての一時期だけだった。

その間にもポラロイドは、一時間仕上げのＤＰＥショップの普及で痛めつけられていた。プリントの品質はポラロイド写真よりもはるかに高い。多くの顧客は一時間ぐらいは喜んで待った。

さらに、デジタルによる打撃は、コダックよりもポラロイドのほうが大きかった。一般に、ポラロイド写真はパーティを盛り上げる小道具のイメージが強いが、実は保険の損害査定人が事故車の写真を撮るといった業務目的が多かった。そして、デジタルに真っ先に飛びついたのは、そうした業務目的の利用客たちだった。

結局、経済性が基準に達していないという理由からデジタルへの対応が遅れたのが仇となり、二〇〇一年、ポラロイドは倒産の憂き目にあった。

クレイトン・クリステンセンも著書『イノベーションのジレンマ』（翔泳社）で、新しいテクノロジーの経済性がそれまでの経済性に及ばないという理由でそのテクノロジーを無視するという、多くの企業の陥りがちな罠について記している。

たとえば、市場の一時代をリードしてきたディスクドライブのメーカーは、次世代の展望を何度も見誤ってきた。メインフレーム（大型汎用コンピュータ）のメーカーはどこもミニコンピュータ（中型汎用コンピュータ）への参入が遅れた。また、ミニコンピュータのメーカーはどこも当初パソコン市場にうまく対処できなかった。クリステンセンはさらに、来たるべき脅威についてのジレンマが、テクノロジーの世界のみならず、土工機械や鉄鋼などの重工業にまで及んでいることを示している。

撤退・削減という選択肢を排除する

企業は既存の事業のテコ入れにこだわりつづけ、事業の売却や削減といった可能性は無視しがちである。デジタル写真の脅威に直面したコダックの場合も、ジョージ・フィッシャーの「それでもコダックは成長せねばならない」という言葉や、後任のダニエル・カープが身売りの可能性を言下に否定した一件に経営陣の姿勢が象徴されている。

しかし、当時多くのアナリストが、「デジタルがいつごろ定着するか、従来の写真がどこまで駆逐されるかといったことははっきりしないとしても、いったん定着すれば、コダックはまちがいなく叩きのめされるだろう」と述べていた。

客観的に見れば、二一世紀が始まる前に自ら進んで身売りするのが、コダックにとってベストだった。つまり、デジタルの脅威は明らかになっていたものの同社の時価総額がまだ二〇〇億ドルを超えていた時期だ。それがだめなら、もっと早くデジタルへの移行を検討し、デジタル市場で収益のあがる分野を探し、フィルムとプリントに関しては、まだ利用可能なニッチ（年配層や商用アプリケーション）への支配を強めつつ、投資を速やかに減らしてもよかった。要するに、アドバンティックスのカメラなど、コストがかかるばかりでフィルム市場の寿命を延ばせないような代物は不要だったのだ。

ポケベル会社のモバイル・メディア・コミュニケーションズの場合は、コダックよりもさらに言い訳がきかなかった。

ポケベルの流行は数年だけで、フィルムカメラのように一〇〇年以上の歴史があったわけではない。ポケベルがいずれ携帯電話に取って代わられると見通すことは難しくはなかったはずだ。たしかにポケベルは一時期クールな存在だったし、最盛期の一九九〇年代半ばには携帯電話はまだまだかさばり、通話も高くついた。だが携帯電話は、ムーアの法則に従って、どんどん小さく安くなっていった。それなのにモバイル・メディアはコダック同様、成長以外の選択肢を考えようとはしなかった。同社は絶好調だった一九九五年に株式を公開し、まもなく二つの大きなライバル会社も買収、全米第二位のポケベル会社となった。そして他社と同様、次世代のテクノロジーと見られた双方向ポケベルに力を注いだ。

だが取得会社の統合は、予想よりはるかに難しかった。複数の電話ネットワークが合わさったことで問題が生じたのだ。顧客サービスの質は低下し、一九九六年の第1四半期だけで四パーセント近い顧客が離れていった。「自分のポケベルにかけても、通じるまでに七分から一〇分かかるんだから」。当時顧客だったある証券アナリストはそう語っている。

モバイル・メディアは資金繰りに窮し、一九九六年七月には供給業者への支払いが滞りはじめた。何もかもが悪い方向へと進んだ末に、翌年、破産申請を行なった。

とはいえ、モバイル・メディアは幸運だった。まるきり誤った方向に力を注ぎながら、ポケベル業界が断末魔を迎える前に破産したおかげで、一九九八年の半ばにアーチ・コミュニケーションズ・グループに六億四九〇〇万ドルで身売りできたからだ。ポケベル衰退の波をもろにかぶったのは、アーチだった。

一九九九年から二〇〇三年までの間に、アーチの顧客の三分の二以上がポケベルを手放した。販売量は激減、モトローラを始め多くのメーカーがポケベルの製造を中止した。規模を求めて一〇社以上を買収したアーチは、二〇〇一年一二月に破産申請をした。ほかのポケベル会社もほぼすべて倒産していった。

危機に直面するのは、ビジネス環境が急速に変化するテクノロジー業界だけではない。昔ながらの製造業でも、日々の細かな業務に明け暮れ、脅威を無視していると、やはり罠にはまりかねない。ピローテックスがその最たる例だ。

ピローテックスは一九五四年、ダラスで枕メーカーとして創業したが、ほどなくアメリカ中の製造工場を取得しはじめ、ハブ・アンド・スポーク方式の精巧な製造・流通のネットワークをつくりあげていった。独創的な営業手法や、同種の製品の流行を決定づけたことも高い評判を得て、同社の事業は順調に成長した。

「枕、掛け布団、ベッドパッドの製造販売で最大の会社になる」と宣言したピローテックスは、数々の会社の買収を繰り返した。テクノロジーにも高額を投じ、一九九〇年代半ばには、小売店のほぼ九割がペーパーレスで注文を出していた。レジで製品をスキャンすると、自動的に補充品が注文されたのだ。

一九九五年には、年間売上はほぼ五億ドルに達し、ベッド関連製品のトップメーカーとなった。また子会社のフィールドクレスト・キャノンを通じて、タオル製造業でも全米トップに立った。ロイヤルベルベットやカリスマなど、有名なホームテキスタイルのブランドも抱えていた。取引先にはデパートから量販店やカタログまで、北米の大手小売店が事実上すべて含まれていた。

しかし脅威は一九九四年に形となって現れた。それまで国はピローテックスの製品と競合する商品の輸入を制限してきたが、国際貿易協定に基づき、その制限割り当てを一〇年かけて段階的に廃止しはじめたのだ。次第に、同社にはとても太刀打ちできない低価格品が流れこむようになった。

対応策は明らかだった。人件費の安い開発途上国に製造を外注するしかない。どの業界でも、同じような難局に直面した会社は、ほぼ必ず海外生産という方法をとる。ところがピローテックスは、そうするかわりに会社取得に拍車をかけた。規模の増大によって効率性が高まり、輸入品に対抗できることを期待したのだ。一九九〇年代末から同社が証券取引委員会に提出していた書類では、海外生産という選択肢についてはまったく言及すらしていなかった。かわりに目立ったのは、工場に新しく効率的な機械を設置するために一九九八年だけで費やした二億四〇〇〇万ドルという金額だった。

その戦略によって、同社の年間収益は一七億ドルに達したものの、顧客はピローテックスの商品価格では手を出さなくなっていた。一九九九年の「モトリー・フール」（個人向けの金融・投資情報サイト）には、ピローテックスのある四半期の在庫は二五パーセント増、売上はわずか一パーセント増だったと記されている。「同社の工場は製品をつくるのに忙しそうだ。しかしそれは、消費者の求めるものではない」

ピローテックスは、二〇〇〇年秋に破産を申請した。

破産手続きを進めるなかで、同社は多くの工場を閉鎖し、資産の半分を処分した。貸主たちにかけあって一一億ドルの債務を二億五〇〇〇万ドルまで減らした。だが経営陣は、ウォルマートという最大の顧客と強力な財政的支援があったために、まだ楽観的だった。取り扱い品目の削減、製造過程の再編、過剰在庫を処分するサイクルの短縮といった措置によって全社の効率化を徹底的に図ると発言したが、根本的な問題には向き合っていなかった。すなわち、海外のメーカーの賃金率のほうがはるかに低いという問題だ。

同社は二〇〇三年、ふたたび破産した。そして今度は清算を行なった。同社が国内での製造を続けた理由には、雇用を守るということもあったが、清算に伴って東南部の従業員を六四五〇人も解雇した。アメリカの繊維業界史上最大の大量解雇だった。

失敗しないために、あなたがチェックすべきこと

脅威について認識することと、実際に対処することとは別だ。マネジメント・チーム（組織の上から下に至るまで、どのレベルでも）の内部でいくら議論を重ねたところで、閉ざされたエコー室のなかの反響のようなもので、全員が、まあ大丈夫だろうといったコメントを繰り返し、大した混乱もなしに脅威をしのげるという判断を下してしまう。脅威に直面した企業は、このエコー室から抜け出し、顧客やさまざまなエキスパートなど外部の意見を聞いて、状況を客観的に評価しなくてはならない。

ひとつの方法は、あなたの会社が下した評価とは異なる見解を探し出し、その妥当性を検討してみることだ。

たとえばコダックは、一九九〇年代の半ばから末にかけて、経済誌に載った記事を活用できたかもしれない。そうした記事には、急速に起こりつつあるデジタル写真への転換に対してコダックがきわめて弱い立場にあることや、来たるべき新時代にもコダックが利益をあげられるビジネスモデルを生み出すのは難しいだろうといったことが書かれていた。

批判を拒み、無知な部外者が勝手な粗探しをしていると決めつけるのは自然な反応だが、誰かに指示して、それらの記事を裏づけるような証拠をリストアップさせることもできたのだ。そうすれば、自社の想定した戦略の弱点をより早く、鋭く見通すことができただろう。

異なる見解を探すのなら、メディアがその源泉であることは明らかだ。証券アナリストの懸念も、詳細に分析されたものであれば大いに役立つかもしれない。その他のアナリストや競合他社なども、有益な批判を提供してくれる。

脅威が現実のものとなったとき、総じてどの企業も、自分たちは問題がどう進展するかしっかり把握していると考えがちだ。不測の事態が起きても、後知恵を駆使して、こうなることは想定の範囲内だったと言う。自分たちが脅威の進展度合いを把握できているかどうかを正しく知るためには、日誌のようなものに具体的な予測を記し、自分たちが正しいか、それとも予想より速く脅威が迫っているかがわかるようにするしかない。

コダックは一九八一年に行なった評価に基づいて、デジタル写真が今後一〇年でどのような方向に向かうかを把握していると自信満々だった。しかし、評価の基となった自分たちの想定について、観察しつづけるべきだった。そうすれば、デジタル写真の普及を阻む障壁がいかに速く崩れていくか——パーソナルプリンタによる高画質の印刷や、Eメールでの写真の送受信や、写真をパソコン画面にアップさせることが、いかに速く実現していくかが把握できただろう。

大切なのは、企業の外部から得られるデータや判断に基づいて、こうした評価をきわめて詳しく行なうことだ。コダックの場合、パーソナルプリンタについての予測を、一平方インチ当たりのドット数や価格、販売数、その他の数量化できる基準に照らして行なってもよかった。あやふやな数字や主観的評価を基にしていると、いつまでたってもパーソナルプリンタはそれほどいいものではないという認識にしがみつき、自分たちはデジタルの脅威をしのげるという拡大解釈につながりやすい。正確な予測ができれば、コダックにもこの脅威が驚くほど速く現実のものになりつつあることがわかったはずだ。

脅威がやってくる速さを評価するには、新しいテクノロジーやビジネスモデルが従来のものに取って代わる転換点も考えなくてはならない。その脅威はしばらく直線的に進んだあと、突然、全市場を乗っ取るかもしれない。たとえばケーブルテレビ。この業界は長年かけて加入件数を少しずつ増やしていったが、その後わずか五年で全米の家庭への普及率が二〇パーセントから六〇パーセントに達した。

脅威が進む速さを予測するだけでなく、いざその脅威が襲ってきたときに自社はどうするかというビジネスモデルもつくっておくべきだ。そのモデルは大まかなものになるだろうが、それでもモデルがあれば、企業はすべての基となる前提を議論のテーブルに載せざるをえなくなる。また未来像が明らかになってくるたびに、そうした前提に立ち返り、ビジネスモデルを修正することができる。さらには、自分たちの対応が長期的な取り組みか短期的なテコ入れでしかないかをテストする手段にもなるだろう——実際のところ短期的な処置は、長期的な解決への移行を難しくする場合がある。たとえばコダックは、デジタルのビジネスモデルには入る余地のないフィルムや現像、フィルム用カメラのテクノロジーなどに現金を浪費しつづけた。

かりにコダックがデジタルのビジネスモデルを実行していれば、たとえば二〇一〇年に、フィルムからどれだけ利益をあげられるか、新しいデジタル事業からはどうか、といった予測を立てる必要に迫られたはずだ。そうすれば、その予測が次第に現実から離れていくのを見きわめられ、緊急の意識をもっと強くもつこともできただろう。

だから、そういう危機意識があったとしても、油断してはいけない。自分たちがあらゆる選択肢を考慮しているかを自問すること。企業内には、しばしばそれを阻む盲点がある。

盲点を排除するには、たとえばマイケル・ポーターが提案した、衰退産業における評価モデルが参考になる。このモデルはシンプルで、二つの問いかけからできている。ひとつめは、「あなたの属する業界は、衰退に強い構造をもっているか?」。別の言い方をするなら、「あなたの業界は鉄鋼業界のように、収益が減ってもまだ利益をあげられるか? それともかつての写真業界のように、デジタルが大勢を占めればほぼ消えてしまうか?」。二つ目は、「あなたの会社は、まだ残っている需要に対して強い競争力をもっているか？」。言いかえれば「コダックのように、大きなブランド価値があるか？　それともブランド力も低コストの組織構造といった資産も欠けているか？」

あなたの会社に競争力がなく、業界の構造ももろければ、ポーターならこう言うだろう。「売れ、売れ、売れ、できるだけ早く」。もし会社に競争力がなくても、業界の構造がしっかりしているのであれば、こう言うだろう。「事業をばらばらにして売るべきものから選んで売れ」。同時に、「新しい投資や維持費、研究費、広告費などを削りつつ、過去に培った信用を利用して可能なかぎりキャッシュフローを得るように努めるべし」

もしあなたの会社がコダックのように、競争力はあっても、業界の構造がもろいようであればこうだ。「もっと収益が高く、今の市場ほど低落の度合いが大きくない隙間（ニッチ）の市場を探せ。そのニッチにどんどん進出しながら、今の市場から撤退しろ」。そしてもし、あなたの会社が競争力も業界の構造も優れているなら、ポーターは言うだろう。「リーダーシップを発揮するべし。コスト面でのリーダーシップを確立し、価格競争のように業界を不安定にする活動は避けるように」

ポーターによれば、八つの衰退産業に属する企業六二社を調査したところ、彼の手法に従った会社の九二パーセントがうまく市場に対処できたのに対し、そうしなかった会社で成功を収めたのはわずか一五パーセントだった。ポーターの手法はたしかに、企業があらゆる選択肢を考えるうえで役に立つ。

第5章 隣接市場にまちがったチャンスを見出す

「隣接する市場への進出こそ、最も容易な成長への道だ」。GEの伝説的CEO、ジャック・ウェルチの言葉である。だが実のところは、あまり容易な道とはいえない。

隣接市場戦略とは、コアとなる組織力を足場として、リスクを最小限に保ちながら事業を拡張しようとするものだ。既存顧客に新しい製品を売ることや、新しい顧客に既存製品を売ることが考えられる。ときには、新しい顧客に新しい製品を売ることもあるかもしれない。いずれにせよ、隣接市場への進出は、おおむね理に適ったものに思えるし、市場全体の成長が鈍化しているときには適切な一手とみなされることが多い。「長期間、勝者でありつづける企業は、そのコアから徐々に外へ広がることで成長を持続する」。ウォートン・スクールのジョージ・デイ教授もそう言っている。

ウェルチは「既存のシェアが小さく見えるような、より大きな市場を定義しなおせば、隣接市場にあるチャンスに対して目が開かれる」と言った。実際、一九九〇年代末、GEエアクラフト・エンジンズは市場を定義しなおし、航空エンジンと交換部品の販売だけでなく、航空機の航行に必要なサービスの販売も含めた。そして、装置、メンテナンス、保証書、資金調達をパッケージにした「パワー・バイ・ジ・アワー」を売り、市場シェア、収益、利益率を一気に跳ね上げた。

実証研究でも、ウェルチの見解は裏づけられている。最も徹底した調査はおそらくベイン・アンド・カンパニーによるものだ。ベインが五年にわたって一八五〇社を調査した結果、最も持続的で利益のあがる成長は、企業がそのコア事業の境界を越えて隣接市場に進出したケースで見られた。

だが残念ながら、この調査では隣接市場への進出はたいてい失敗するということも示されている。ベインが対象にした企業のうち、七五パーセントが隣接市場への参入に失敗しているのだ。「ほどほどに持続的で利益のあがる成長」を達成できたのは、一三パーセントにすぎなかった。収益面での成長が最低でも年間五・五パーセント（物価上昇分を調整した数字）あり、一〇年にわたって資本コストを回収していた会社がこれに当てはまる。「競合他社を大きく上回る持続的な業績の成長」を達成できた企業は、それよりはるかに少なかった。

だったら、成功した会社の共通点を見て、手本にすればいいと思われるだろう。ところが、成功した会社の共通点は、いわば成功という一点しかない。どの会社もコア事業の強さを足場としていた。収益性に富んだ鉱脈を見つけた。そして市場トップの経済性を達成した。より細かくいえば、それぞれの手法を試行錯誤によって改良し、反復可能性の高いプロセスへと仕上げていった。しかしその手法はそれぞれに異なり、独自の組織環境や競争環境によってつくりあげられていた。他社が単純にまねられる公式のようなものは存在しないのだ。

もうひとつ問題がある。隣接市場への参入は、成功を収めるのが困難なだけではない。リスクも高いのだ。ベインは別の研究で、一九九七年から二〇〇二年にかけて最も大きな損失を出した事業破綻（ITバブルによるものは除く）二五社に注目した。その結果、七五パーセントの失敗例の根本原因や主因が、隣接市場に手を出したことにあるとわかった。二五社で株式価値にして全体の八八パーセントに当たる一兆一〇〇〇億ドルを失っていた。

私たちの調査でも、隣接市場への参入という一見無害に思える戦略が破綻を導いた例が何十も見つかった。

大事なのはもちろん、どの隣接市場の戦略が成功し、どの戦略が失敗するのかを見きわめることだ。実のところ、失敗例には多くの共通項がある。どの戦略が成功をもたらすかはわからなくても、失敗する運命にある戦略を避けることは可能なのだ。

ケーススタディ 鉱脈を見誤った鉄鉱石企業

クリーブランドに本社を置くオグルベイ・ノートンは、一八五四年に鉄鉱石売買で事業を始めた会社だ。のちに自ら鉄鉱石鉱山の経営に乗り出し、他社の採掘作業も請け負った。一九二一年には船舶輸送業に進出。五大湖で最大の貨物船団のひとつを経営し、主に鉄鋼石などの鉱物を輸送した。

しかしその後、当地の鉄鋼産業の衰退は著しく、オグルベイは次第にこの業界から手を引きはじめた。そして事業開始から一四三年後の一九九七年、最後に残った鉄鉱石鉱山の経営権も売却した。「鉄鉱石は厳しくて競争の激しい、低成長の事業だ」。当時のCEO、R・トマス・グリーン・ジュニアはそう語った。この売却で、オグルベイには約一二〇〇人の従業員と、一億七〇〇〇万ドルの年間収益が残った。グリーンはその収益を工業用砂部門に投資し、石油探査、建築工事、そしてゴルフコース造成のブームに乗ろうとした。

それでも、オグルベイに収益の六〇パーセントをもたらしていたのは、依然として低成長の鉄鋼業に関連した事業だった。たとえば輸送部門は、鉄鉱石、石炭、石灰石を大手製鋼業者のもとに送る仕事がほとんどだったが、これが同社の総収益のほぼ半分を占めていた。グリーンも当時こう認めている。「輸送はまだ有力ではあるが、成長の見込める事業ではない」

グリーンの指揮の下、同社は五年連続で収益を伸ばし、株価を上げたが、一九九七年末に開かれた取締役会は、他業界が好況に沸いているのが妬ましくなったのか、グリーンの首をジョン・ラウアーにすげかえた。タイヤメーカーBFグッドリッチの社長兼COO（最高経営執行者）だったラウアーの登場は、ITバブル時代にふさわしく派手に報じられた。彼が引き継ごうとしている会社がIT事業とはほど遠いことも問題にはならないようだった。

ラウアーはプレスリリースで、「私の目標は、攻撃型だが実行可能な成長戦略を生み出すことにある」と語った。その戦略により、今後三年間でこれまでの五倍に当たる一〇億ドルの時価総額を得て、その間に収益は三倍の六億ドルに達するという計画だった。

戦略の中身は、船舶輸送業と鉱山経営の経験をテコに、衰退する鉄鋼市場から離れ、より有望な市場に進出するというものだった。当時はいかにも理に適った戦略だと思われた。

ラウアーが目をつけたのは石灰石だった。この鉱物は道路建設への利用、発電所排出ガスの浄化や水の濾過《ろか》などの環境応用、一般家庭の芝生や庭への応用など、鉄鉱石よりも大きな成長機会を秘めていた。オグルベイはすでに、製鋼所向けに石灰石を輸送していたが、ラウアーはただ石灰石を輸送するだけでなく、ある地域の採石場をすべて買い占めて支配的な供給源になろうとした。採石場はたいてい顧客に近い場所にあったため輸送コストは低くなり、その地域外に本拠を置くライバル会社より高い競争力をもつことになる。

就任から半年後の一九九八年半ばまでに、ラウアーは三つの大型企業買収を行ない、会社の規模を三倍にした。株式市場も当初は熱く反応し、株価が五〇・五ドルまで上がった時期もあった。しかしこの買収はすべて債務によるものだった。貸主はどこもオグルベイ株を受け取ろうとしなかった。来たるべきトラブルの予兆のなか、同社の債務は一気に二億五〇〇〇万ドル増えて三億ドルを超えた。一九九八年末までに、株価は二〇ドル台半ばまで下落した。

オグルベイが数々の企業取得を完了したのは二〇〇〇年末だった。合併後の同社は、石灰石産出量では北米第五位、鉱物産出量では二五位以内に入るまでになっていた。今や石灰石生産が全事業のほぼ半分を占めるようになり、収益は急速に増えた。二〇〇〇年の収益は三億九三〇〇万ドルで、ラウアーが予測した六億ドルには及ばなかったものの、彼の就任時の二倍以上だった。

しかし債務はそれ以上の勢いで増えつづけ、三億七九〇〇万ドルに達して危険な状況に陥った。債務負担で、二〇〇〇年の純利益はわずか一五〇〇万ドルだった。あるアナリストが言ったように、「同社は途方もない成長か……あるいはひどい凋落を迎えようとしている」。

このアナリストは半分だけ正しかった。ひどい凋落の可能性は疑うべくもなかったが、成長の可能性はごく限られていたからだ。

成長を急ぐあまり、オグルベイは取得した企業に巨額を支払った。鉱物市場が活気づいていたこともあるが、地域の供給を独占したがったのが主な理由だ。ある市場でどこかの会社が吸収されれば、残った会社は言い値を上げられる。高価格の企業取得を正当化しようとして、オグルベイは自社のコア事業や新しい石灰石事業の強さの度合い、あるいは石灰石市場の力学について誤った判断を下した。

取得企業を統合すれば効率性を高められるとの目論見だったが、同社にはそうした経験もなければ知識もなかった。また、石灰石事業での価格決定力を大きく見積もりすぎていた。石灰石生産で五位になったぐらいでは、さしたる影響力はもてなかったのだ。

さらに、石灰石の生産と輸送の統合から新たな力を手にするというラウアーの望みも叶わなかった。製鋼業が衰退したことで、五大湖周辺では石灰石輸送に回せる船も人員もじゅうぶんにあり、輸送事業の独占も、価格を上げることもできなかったのだ。そもそも、石灰石は河川上を輸送することが多く、そのために必要なのは六〇〇〜七〇〇フィート級の船だったが、オグルベイの船舶はほとんどが一〇〇〇フィート級の、五大湖で鉄鉱石を輸送するためのものだった。

二〇〇〇年になると、アメリカ経済は低迷しはじめたが、鉱物産業はむしろ活況を呈した。ところがオグルベイは好況の分け前に与れなかった。取得企業を統合しようとする苦闘と巨額の債務が足かせとなって、鉱物事業の売上は二〇〇〇年も二〇〇一年も横ばいもしくは下落傾向に終わった。

同社には、別の方向からも圧力がかかっていた。湖の水位の低下、燃料費の高騰、製鋼業の衰退、さらには最大の顧客のひとつをライバルに奪われたことで、輸送事業が暗礁に乗り上げた。建設事業の沈滞や、石油およびガス探査の状況の変化により、工業用砂事業も打撃を被った。

ラウアーは問題をごまかしはじめた。彼は記録的な収益があがると予測したが、取締役会の一員だったジョン・ウェイルによれば、その数字には、石灰石事業のオフシーズンに恒例であるメンテナンスなどの大きなコストが含まれていなかった。さらに致命的なことに、ラウアーの予測は、経済の悪化の予兆をまったく考慮に入れていなかった。

この精力的なCEOに盾つくのは大変だったが、取締役のブレント・ベアードとウェイルはこれらの点を問いただした。ベアードが初めて問題提起をしたとき、ラウアーは成長や多角化について語った。つぎにベアードが疑問をぶつけると、ラウアーは「敵意を示した」。「ただの管理役がほしいのなら、なぜ私を雇ったのかね?」

また、企業の取得と負債がどんどん増えていくことへの疑念に対しては「買えるものはほぼすべて買う」と答え、ベアードを驚愕させた。しかも「すべて借りた金で買う」と言ったのだ。

かつての大株主だったダグラス・バーはこう語った。初めは「ラウアーの計画はすばらしいと思えた。（鉄鉱石生産と輸送が）長期的にもたないだろうことについては、みんな同意見だった」。しかし、「新しい自動車がほしいときには、慎重に一台だけ選んで買ってくるものだ。一度に八台、しかもすべて店頭価格で買ってくることはない」

オグルベイはそれまでにも、さまざまな難局を切り抜けてきたし、最新の問題でも確実な解決策を打ち出した。たとえば、五大湖の自社の輸送船団と、競合相手であるアメリカン・スティームシップ・カンパニーの船舶を、相互に使えるようにした。この取り決めによって、二社の船舶が急な派遣やその他の運用を調整しあい、より効率的に経営できるようになった。また、各地域の本社を閉鎖し、複数の不採算事業を打ち切ってコスト削減を実現した。いくつかの事業体も売却した。

しかしどんな手を尽くしても、四億ドルを超える債務はどうしようもなかった。二〇〇一年一〇月、オグルベイは株主への配当金支払いを停止し、株価は急落した。

あとは終わりに向かうゆるやかな歩みだった。二〇〇一年一一月、取締役会は新しい社長とCOOを任命、二〇〇三年一月にラウアーはCEOを退任した。同年四月には株式取引価格が三ドルになり、ラウアーは会長職からも退いた。そして二〇〇四年二月二三日、同社は四億四〇〇〇万ドルの負債を抱え、破産申請を行なった。株主たちが回収できた金はほんのわずかだった。

その後、オグルベイ・ノートンは破産から立ち上がったが、基盤は失ったままだった。二〇〇六年八月まで、債務の一部を償還するために五大湖の船舶を少しずつ売った。そして二〇〇七年一〇月、ついにベルギーのカルメース・グループの子会社であるカルメース・ノースアメリカへの売却に合意した。

隣接市場戦略に潜む4つの落とし穴

コア事業から逃げる

理屈の上では、コア事業がどうなっていようと、新しいチャンスに影響はないはずだ。だが実際には、コア事業の状況が悪いほど、隣接市場でも分の悪い賭けをしてしまう公算が高くなる。

オグルベイ・ノートンがまさしくそうだった。同社は、石灰石事業をもっと精査し、参入に潜む問題をつきとめることもできたはずだ。しかしラウアーは鉄鉱石への依存を減らすという事業転換に躍起になり、企業買収を急ぐあまり、高い金を払いすぎてしまった。

ＦＬＹｉも同じだった。同社は長年、地方の航空会社としてユナイテッド航空やデルタ航空と共同運航し、アメリカ東海岸一帯のフライトを引き受けていた。共同運航があると、たとえばデルタやユナイテッドが飛ばない小さな都市に行く客も、それらの会社を通じて予約ができる。ＦＬＹｉはそうした小都市へのフライトを引き受けて、ユナイテッドとデルタに収益の一部を支払っていた。

しかし二〇〇二年、ユナイテッドが破産申請を行ない、ＦＬＹｉとの収益配分の見直しを求めてきた。このときＦＬＹｉは、配分が減るのを受け入れ、コスト削減を図ることもできた。実は身売りをするチャンスもあった。やはり地方航空会社であるメサ・エア・グループが、五億一二〇〇万ドルで買収話を持ちかけてきたからだ。しかしＦＬＹｉは独立系の航空会社として再出発する道を選んだ。

同社の経営陣は、自分たちには多くの知識と経験があると自負していた。何しろ長年にわたって飛行機を飛ばしてきたのだ。ユナイテッドやデルタの傘下にとどまるよりも、顧客を直接相手にしながら、同じ路線で営業していけばいい、と。だが当時、多くのアナリストが指摘したように、ＦＬＹｉは生き馬の目を抜く航空業界への備えが、悲しいほど不足していた。

不遜にも社名をインデペンデンス・エアに変えたＦＬＹｉは、「動きが鈍くて尊大な大手とは対極の航空会社」になると確約した。しかしこの無礼な相手を叩こうと決めた大手の動きは決して鈍くなかった。ＦＬＹｉの法廷書類によると、「これらの競合他社は……運賃を同額にする、（航空券の）制約を減らす、常連客への割引を行なう、広告を増やす、大胆なコスト削減を図る、といった対応をとった」。どうしても当座の現金がほしいＦＬＹｉに残された道は、グレイハウンド・バスなみに低い赤字覚悟の運賃に頼ることだった。だが血の匂いをかぎつけたライバル会社は、すぐさま同ルートの運賃を同額に引き下げた。

ＦＬＹｉの航空機は、独立系の航空会社にしてはコスト効率もよくなかった。ユナイテッドとデルタとの取り決めに従って機種を選定していたので、独立系に求められる大型旅客機はなかったのだ。結果的に、直接のライバルであるジェットブルーと比べて、座席マイル当たりのコストがほぼ三倍になった。

またＦＬＹｉは、長く他社の予約システムに便乗していたため、顧客に直接働きかけるマーケティングや営業、サービスの経験や知識がなかった。さっそくチケット販売で問題が起こり、顧客からは不満の声があがった。しかし、腰をすえてこの新しい業務に取り組む余裕はなかった。すでに八七機の小型のリージョナルジェット機をリースしていた同社は、三九都市を結ぶ独立系航空会社としてスタートした。明らかに、新規参入会社の手にはあまる規模だった。

案の定、営業開始から一年あまりたった二〇〇五年、同社は破産を申請した。最終年の損失額は、ほぼ二億五〇〇〇万ドルにのぼった。

同社の大株主のひとりは経営陣に対して、独立系の会社になるのはやめるように警告していた。「会社の価値を維持するチャンスはあったのに、彼らはそれを完全に無視した。ユナイテッドとの再契約は〝利益率が低すぎて、まったく儲けにならない〟とのことだった。そうかもしれない。しかし他に選択肢があったのか？　独立系に変わって利益率がマイナスになったのではどうしようもない」

あとから考えれば、メサからの申し出はすばらしい条件だった――ＦＬＹｉは、独立系への道が得策でないことに早く気づくべきだった。

ゼロックスも、一九八〇年代初めに同様の失敗をした。

同社の革命的モデル９１４普通紙コピー機は一時期、工業製品として史上最高の売上を誇った。

市場シェアは九五パーセント、売上総利益の七五パーセントを占めた。しかし一九八二年には、その市場シェアが一三パーセントまで低下した。

コピー機事業の衰退を埋め合わせるべく、ゼロックスは藁にもすがる思いで、彼らが「隣接する」と考えた市場への参入を決めた。だが、その戦略の立て方には問題があった。海外メーカーと競合する市場ではコピー機の二の舞になりかねないと考えた同社は、製造業とは無縁の市場に参入することを決めた。それまで経営陣が積みあげた知識や経験は、製造および海外との競争で培ってきたものに限られていたにもかかわらず――。

コア事業の強みを足がかりにするのではなく、ゼロックスはバランスシートをテコにしようと決め、金融サービスに参入した。その理屈は、「顧客の多くは資金を借り入れて製品を購入するのだから、ゼロックスが他の融資も行なうことにそれほど無理はないだろう」というものだった。また、金融サービス業が生み出した現金を、コピー機の研究開発の資金に回せるという目算もあった。

こうして、二〇億ドル以上を費やし、損害保険会社のクラム&フォースター、投資アドバイザーのバン・カンペン・メリット、証券会社のファーマン・セルツを買収した。初期のいくつかの問題が片づくと、これらの投資は成功したかに見えた。一九八八年には、金融サービス部門がゼロックスの利益の半分を占めた。その利益のかなりの部分は、同社の機器の売上を融資に回して得たものだった。

しかしゼロックスは、会社を取得したことで、キャッシュフローだけでなく頭痛の種もとりこんでいた。クラム&フォースターの一部の部門は、買収前にずさんな契約査定を繰り返していたため、支払申請が増えるにつれて問題が表面化してきた。悪いことに、業界全体の景気も落ちこみはじめた。

一九九二年、ゼロックスはおよそ八億ドルを損失処理し、金融サービス事業からの撤退を発表した。撤退完了までには五年かかり、そのあいだに金融サービス事業は二八億ドルの損失を計上した。同社は金融サービス事業から引き出せる現金を過大評価していた。たとえいい数字が出たとしてもその大部分は使えないことに気づいていなかった。たとえば保険会社は、定期的な必要に備えて、大量の現金を保有しておかなくてはならない。

皮肉なことに、経営陣がふたたびコピー機に専念するようになると、コスト削減と革新的な製品のおかげで、ゼロックスは復活した。

知識と経験が不足している

遠くから眺めれば何でも簡単に見える。だがいったん新しい市場に参入したら、そのただなかで、問題もひっくるめて事業に取り組まなくてはならない。オグルベイは、石灰石の需要の不調、輸送の複雑さ、予想よりも激しい競争に立ち向かいながら、苦い思いでそのことを学んだ。

エイボンも、一九八〇年代に厳しい経験をした。

同社は化粧品の訪問販売で大きな成功を収めたが、働く女性が増えるにつれ、家庭にいて化粧品を買ってくれる人は減ることが予想された。そこで、従来の化粧品ラインにヘルスケア製品を加えた。顧客層が縮小しても、一人により多くの製品を売ればいいと考えたのだ。その狙いは的中し、売上は爆発的に伸びた。

そこで、さらなる一歩を踏み出した。一九八四年に医療機器レンタル会社のフォスター・メディカルを買収し、翌年、医療施設運営会社二社を買収したのだ。ヘルスケアはエイボンの「ケアの文化」にフィットするというのが戦略の根拠だった。しかしこの参入は、エイボンのコア資産である販売員をまったく活用できず、また同社にはこれらの会社を管理する知識も経験もなかった。一九八八年、エイボンは計五億四五〇〇万ドルの損失とともにヘルスケア事業を手放した。

ヘルスケア製品を販売していたのだからヘルスケア事業についてもある程度わかっている、と思ったのがまちがいだった。フォスター・メディカルは最初の二年間は収益が倍増した。しかしその伸びも実は幻に近かった。一九八五年に政府は、家庭酸素療法の医療費償還の方針を変更した。家庭酸素療法はフォスターに一億ドルの年間収益をもたらすドル箱で、収益の二〇パーセント以上を占めていた。だが政府の方針変更によって、医師は患者に償還適用の資格があることを改めて証明しなくてはならなくなったとき、経験の足りない化粧品会社に管理されていた同社は、証明に必要な書類上の手続きをこなすことができなかった。政府はフォスターへの償還を認めず、一九八六年に予定されていた収益の多くが消えた。のちに何とか規制の変更に対応できたあとも、償還の適用は厳しかった。一九八八年、ついにエイボンはフォスターを売却した。

ヘルスケア業界に対するエイボンの認識不足は、メディプレックス・グループの経営のまずさにも露呈した。エイボンが一九八五年に二億四五〇〇万ドルで買収したとき、メディプレックスは二七の長期医療センターおよび薬物乱用防止センターからなる有益な組織だった。しかしエイボンの管理下に入ると、急激に変化するヘルスケア業界に対応できなくなった。利益は損失に転じた。買収から四年後、エイボンは四八〇〇万ドルでメディプレックスを元のオーナーに売却した。このオーナーは数年でメディプレックスを黒字の会社に戻した。一九九四年に再度売却したとき、その金額は三億一五〇〇万ドルになっていた。

配管用品、空調システム、自動車システムのメーカーであるアメリカン・スタンダードも、経験不足のせいで大失敗を犯した。同社は堅実な黒字経営の会社だったが、成長著しいヘルスケア市場への新規参入を決めた。なかでも医療機器は、特許に守られた着実な収益の流れが見込めるし、GE、3Mカンパニー、シーメンスAGなどの大手メーカーを見るかぎり、初めは知識が足りなくても、最終的には製造の経験と知識、財力で克服できるように見えた。わが社には医療機器を製造できる技術もある、そう見きわめ、この新しい市場へ飛びこんだのだ。

目をつけたのは、セラミック製造に使用されるレーザーテクノロジーだった。これなら小型の医療診断機器に応用できる。一九九七年、同社は買収した企業数社をまとめて、新しい機器を商品化するための新たな医療システム・グループを立ち上げた。

ところが、経営陣は診断に関する何の経験もなく、新事業を管理する能力もなかった。待ち望まれた新製品、体外診断機器は、問題だらけだった。未経験の規制管理にも四苦八苦させられた。医療機器につきものの長い開発サイクルや大量の先行投資の必要性も、投資家の理解を得られなかった。

一九九九年、アメリカン・スタンダードは、三〇〇〇万ドルまで損失の膨らんだ医療システム・グループを投資額の数分の一で売り、一億二六〇〇万ドルを損失処理した。

もちろん、新規参入でつまずくのはヘルスケアに限らない。カナダ最大のメディア会社、キャンウェスト・グローバル・コミュニケーションズは、一九九八年、本業である配給事業の枠を超え、国内外の市場向けに、オリジナル映画やテレビのコンテンツを製作しようとしたが、結果は、テレビ局の経営とクリエイティブな業務とではまるで勝手がちがうことを思い知らされただけだった。ヨーロッパの顧客は同社のコンテンツを受け入れなかった。二〇〇四年、キャンウェストは映画製作を停止し、計二億九四〇〇万ドルの損失を計上した。

コア事業の強みを過大評価する

一九〇〇年代初め、鉄道は時代の寵児だった。しかし自動車の普及を予測しそこねて、その地位を失った。

これまで何度となく、「鉄道会社は、自分たちが鉄道という事業のなかにいるのではなく、輸送という事業の一部だと考えるべきだった」と言われてきた。正論だ。だが本当にそうだろうか？

鉄道と自動車に共通するものはそう多くない。鉄道は一枚何セントかで切符を売る。一台何百ドルもする消費財を売ったりはしない。消費者の嗜好に関しては、鉄道は経験が不足していた。客車の飾りつけは、おしゃれな若者が女の子とのデートに使うオープンカーのデザインとはあまり関係がない。顧客層はほとんど重ならない。長いあいだ、自動車に乗るのは裕福な人間だけで、誰もが鉄道に乗っていた。販売経路も異なる。鉄道は駅舎で切符を売り、自動車は店舗か駐車場にディスプレイする。テクノロジーもちがう。鉄道に使われる石炭エンジンは、自動車に使われる内燃機関とほとんど共通点がない。

鉄道が自動車事業に持ちこめるものは、ブランドネームと現金だけだった。もしここに参入していれば、他のほぼすべての自動車メーカーと同じ最後を迎えていた公算が高い――つまりフォードかゼネラル・モーターズ（GM）か、あの草創期を生き延びた他の自動車メーカーのどれかに買収されていたということだ。鉄道が自動車事業を牛耳っていたはずだなどと考えるのは単純すぎる。むしろ鉄道は、自動車による影響をもっとうまく予測し、鉄道株が下落する前に売却してもよかった。

それなのに多くの会社が、「鉄道から輸送へ」といった言葉だけを頼りに、隣接市場へ参入しつづけている。その過程で、自社のコア事業と隣接市場の近さに自信をもち、実はより重大な問題をはらむ「ちがい」を認識しそこねる。

こうしたコア事業の過大評価は、成功している会社で起こりやすい。その根底にあるのは、スタンフォード大学のウィリアム・バーネットとエリザベス・ポンタイクスの言う「赤の女王症候群」だ。この名の由来はルイス・キャロルの『鏡の国のアリス』で、赤の女王が「その場にとどまるためには、全力で走らなければいけません」と言うくだりからきている。ビジネスで赤の女王症候群を起こすのは、自分たちの置かれた環境に適応しようと必死になっている会社だ。必死だからこそ成功しているのだが、そこに適応しているということは、異なるルールで動く他の市場には準備ができていないということでもある。しかも、彼らはそれに気づいていない。だから、ある市場で成功している会社ほど、隣接市場でも成功できると過剰な自信をもってしまう。

その好例は、コムディスコである。同社は二五年以上ものあいだ、主にメインフレーム・コンピュータのリース会社として成功していた。最強のライバル、ＩＢＭとの熾烈な競争にさらされながら、一九八〇年代に入っても持ちこたえていた。

一九九四年、コムディスコの創業者でＣＥＯのケン・ポンタイクスが不慮の死を遂げ、九九年に息子のニックがＣＥＯとなった。その五年のあいだに、市場には多くの変化が起こっていた。メインフレームのリース事業が最盛期を過ぎたことは、もはや明らかだった。一九九四年の同社の利益は七五パーセントがメインフレームのリースから生まれていたが、九九年には、その割合がたった一〇パーセントにまで下がっていた。

投資銀行家だったニック・ポンタイクスは、最初から、いかにも元投資銀行家らしく振る舞った。

メインフレームのリース事業を四億八五〇〇万ドルでＩＢＭに売却し、より成長の見込みの高い市場である通信業界に参入しようと決めたのだ。複雑なメインフレームのテクノロジーを扱ってきた長い歴史は、通信市場でも活かすことができると考えてのことだ。さらにベンチャーキャピタルへの進出も決めた。リース業での経験が、投資を運用するための知識を提供してくれると思われた。だが彼は、通信業界の力学を大きく見誤っていた。

コムディスコはプリズムと名づけたサービスでこの市場に進出し、「統合通信プロバイダの最大手になる」と宣言した。高速のインターネットアクセスを通じ、音声やデータ、ビデオ、安全なビジネスアプリケーションを提供する全国規模のネットワークを構築する計画だった。ただ、全米をくまなく網羅するネットワークをゼロから築くには数百億ドルが必要で、そんな余裕のなかった同社は、各地にある既存の電話会社のネットワークに相乗りした。規制当局は、こうした既存のネットワーク会社はプリズムのような新しいサービスにアクセスを提供しなければならないとしていた。

しかし、こうした会社の多くは、プリズムに似たサービスを行なっているか計画中だったため、最低限の協力しかしなかった。結果的にサービスの開始には大きな遅れが生じた。この市場は競争が熾烈だったし、もともとメインフレームのリース会社だったという点でも消費者や小規模事業者の心をつかむ要素はなく、問題だらけのサービスは顧客を遠ざけた。

コムディスコの販売員に、消費者や中小企業への営業経験がなかったことも災いした。彼らはそもそもプリズムの販売に乗り気ではなく、自分たちが企業に売っている別のサービスとの抱き合わせでも売ろうとしなかった。二〇〇〇年に撤退を決めた時点で、総計五億ドルに達するプリズムへの投資で得られた顧客は、たった二〇〇〇人程度だった。顧客一人当たり二五万ドルを費やした計算だ。この事業を停止するために、コムディスコは六億ドルを損失処理した。

ベンチャー部門も失敗した。九〇〇の新規事業会社に対しほぼ三〇億ドルの投資を行なったが、リース業で培った経験を活かすことはできなかった。

メインフレームのリース会社の評価は主に、新しいテクノロジーがいかに早く既存の機械の価値を減じるかということと、新しいテクノロジーが予測可能なペースで現れることに左右される。対照的に、ベンチャーキャピタル市場で勝つためには、投資先の会社にいる人材の質を評価することが重要になる。またベンチャーキャピタルは、リース会社のように予測可能なテクノロジーを正確に値踏みするのでなく、現状を破壊できる潜在力をもつテクノロジーに直観を働かせなければならない。

ビジネス上の決まりも異なっている。ゴールドマン・サックスが二〇〇〇年末に行なったコムディスコの投資ポートフォリオの評価によれば、同社は有効な信用度採点システムも、自社のポートフォリオがどのように配分されるかを追跡するための基本システムももっていなかった——どちらもベンチャーキャピタルが自らの保有株のリスクを評価するうえで欠かせないツールだ。経営陣が後で知って驚いたことには、ベンチャー部門は有望企業への投資を行なう前に、ほとんどデュー・ディリジェンスを行なっていなかった。彼らはただ有名ベンチャー投資ファンドの動きをまねて盲目的な投資を行なっていただけだったのだ。

二〇〇一年の半ばまでに、同社のベンチャー部門は二億七五〇〇万ドルを損失処理し、さらに三億八一〇〇万ドルの蓄えを吐き出した。二〇〇一年七月、コムディスコは破産を申請した。かつてフォーチュン五〇〇企業にも名を連ねた会社はこうして瓦解し、ばらばらに売られていった。


北米最大のスクールバス会社、レイドローも、赤の女王症候群にかかった。同社は自らの経験と知識をヘルスケア業界でも活かせると考え、まず救急車サービス業に参入した。しかし、この事業はあまりに勝手がちがい、輸送の知識はほとんど役に立たなかった。

バスの場合、比較的少数の大口契約を扱っていればよかったが、救急車では、状況はずっと複雑だ。メディケアおよび民間保険制度は複雑な等級付けや制限を定めていた。また多数の市や郡の行政機関と契約をしなくてはならなかったが、そうした自治体には救急車の応答時間、訓練、使用許可などに独自の規定があった。救急車は電話があるたびにサービスを提供し、あとで支払いを求める。だが払い戻しが期待できない場合も多く、患者が意識をなくしたり口のきけない状態になって、請求に必要な情報を得られないこともある。

やがてレイドローは救急車サービスを停止するが、その前年の一九九八会計年度には、未回収額は七億ドルと、請求額全体の四〇パーセントにのぼった。

静穏なバス事業では決して起こらなかった規制との軋轢《あつれき》もあった。レイドローがコネティカット州で小さな救急車サービス会社をいくつか買収したことが、独占禁止法違反とみなされたのだ。そのためレイドローはハートフォードの救急車事業の四〇パーセントを手放し、小会社の事業を蹂躙《じゅうりん》しないことに同意させられた。

これらの戦略を進めてきたCEO、ジェイムズ・バラックは、彼の考える救急車の事業について「われわれのバス事業関連の知識がたっぷり活用できる輸送ビジネスのはずだった。だが、バスとはまったくちがう事業であることを思い知らされた」と語った。

同社は、多数の取得企業をまとめあげる力にも欠けていた。ハイペースで何十もの救急車事業を買いあさり、年間で全米第三位の規模の救急車サービス業者となったが、さらに上位二社も現金一二億ドルで買った。そのうちの一社はもともと巨大な整理統合の産物だった。その結果、統合に伴うおそろしく大きな問題が残され、もはやレイドローの手に負えるものではなくなった。ある重役が後に言ったように、「あとで振り返れば、もっとゆっくりやるべきだったと思うが、しかし合併を進めているときには、スピードが戦略の一部になるんだ」。

レイドローは受付センターなどの業務を集中化しようとした。たしかにコストは削減できたが、これまで需要をつくりだしてきた地元関係者の役割を減らしたために、収益は減った。さらに管理職がだぶついてコストも膨らんだ。多くのロールアップ同様、レイドローも規模は大きくなったもののの、規模の経済は実現できなかった。

一九九八年、レイドローは統合後のヘルスケア事業関連で、一八億ドル以上を損失処理した。

顧客がついてこない

ほとんどの会社は隣接市場に参入すれば、既存顧客がついてくると思いこむ。隣接市場への参入が惨憺《さんたん》たる結果に終わるのは、会社が顧客の忠実度を買いかぶりすぎている場合も多い。

市場に現金があふれていた一九八〇年代半ば、至るところで電力会社が買収に走った。そこには、忠実な顧客が自分たちを支えてくれるという目算もあった。ところが、使える現金がたっぷりあって、しかも使える期限が決まっているという状況は、必ずしも最良の判断にはつながらなかった。

南フロリダの大部分に電気を供給しているFPLグループの子会社であるフロリダ・パワー&ライト（FPL）は、保険業界への参入を決め、一九八五年、五億六五〇〇万ドルで高齢者向け保険を中心とするコロニアル・ペン・ライフを買収した。コロニアル・ペンとFPLの顧客層は大きく重なるし、この電力会社のブランドがコロニアル・ペンの売上に役立つと考えられた。FPLは、コロニアル・ペンの帳簿価格を五〇パーセント近く超える金額を支払った。あるアナリストはこう記している。「FPLは電気料金の請求書を使って保険商品を宣伝しようとでもいうのだろうか」

だがほどなく、FPLはDMを送りつけるだけでは取引につながらないことを思い知った。顧客たちは以前からの保険会社を利用しつづけた。

FPLは経営が良好なことで知られていた。フォーチュンの「最も賞賛されるべき会社」にランクインしていたし、品質管理を評価されて権威あるデミング賞も受賞していた。しかしだからといって、コロニアル・ペンの経営改善にはつながらなかった。同社は訴訟や自然災害という業界全体が受ける重圧に苦しんでいた。なかでもアメリカ退職者協会との販売提携を失ったことが大きな打撃となった。

一九九一年、FPLは帳簿価格の三分の一未満の価格である一億二八〇〇万ドルでコロニアルを売却し、六億八九〇〇万ドルを損失処理した。「もう電力事業に専念する頃合だ」とFPLの会長ジェイムズ・L・ブロードバンドは言った。

電力各社は、その後も過ちを犯しつづけた。一九九〇年代末には、モンタナ・パワーが通信事業に進出して失敗した。同社は初め、マイクロ波による通信システムをつくりあげて社内の通信コストを節約していたが、やがて電気通信のサービスを外部の顧客に売りに出した。しまいに経営陣は、通信事業は独占的な電力事業よりも価値があると思いこむようになった。二〇〇〇年、同社は一〇億ドルを超える価格でエネルギー部門の資産を売却し、その収益で全国的な光ファイバーネットワークを構築した。タッチアメリカというブランド名で敷設されたケーブルは、全体で約三万八〇〇〇キロに達した。だがあいにく、すでに他にも多くの業者がケーブルを敷設しており、ソフトウェアの進歩で既存のケーブルの能力も格段に広がりつつあった。タッチアメリカは二〇〇三年に破産申請を行ない、通信事業は三〇〇〇万ドル以下で売却された。

一九八〇年代末、世界最大級のセメント会社ブルーサークル・インダストリーズPLCは、不動産管理、煉瓦製造、廃棄物処理、工業鉱物、ガスレンジ、浴室装備品、芝刈り機製造に参入した——これらの市場はすべてセメント製造の隣接市場であり、これまでの顧客もそう考えてくれるだろうと期待したのだ。

引退した元トップ管理職によるとこうだった。「われわれはまず、わが社の事業は建設用資材の供給であり、そのひとつにセメントがあると考えました。そこから煉瓦事業に参入し、すぐに調理器具やセントラルヒーティングのボイラーなどに進んだのです。どれも、わが社の煉瓦とセメントでこしらえた家に必要なものですから。極めつけは芝刈り機でした。わが社の資材を使って家が建った、さあ、あとは家の前の庭に芝刈り機が必要だろう、という理屈ですよ！」

ご想像どおり、この発想は大まちがいだった。ブルーサークルがセメントに関してもっていた力は、ガスレンジや浴室装備品、芝刈り機を売るにはなんの役にも立たず、コア事業とのつながりは言葉だけのものだった。そうこうする間に、肝心のセメント市場でも競合他社に敗れ、二〇〇一年にラファージュSAに買収された。

失敗しないために、あなたがチェックすべきこと

さて、あなたがジャック・ウェルチのように隣接市場へ意気揚々と乗りこんでいけるか、それともエイボンやコムディスコをはじめとする数多《あまた》の会社の轍《てつ》を踏むことになるかは、どうすれば事前にわかるだろう？

まず、あなたの動機を振り返ってみよう。新市場参入の理由が、コア市場に長期的な低落傾向があるためだとしたら、考えなおしたほうがいい。危険が大きすぎる。さらに余分な責務を抱えこまないよう、何もせず、その場にとどまることだ。

あなたのビジネスのコア市場と隣接市場の類似点ばかりを見てはいけない。それはごくたやすいことだから。言葉だけをもてあそび、「ケアの文化」などと言いだしているようならなおさら注意が必要だ。ちがいに目を向けよう。頭を整理しよう。新しい市場での流通経路はどうちがうのか？ 顧客はどうか？ 製品は？ 規制環境は？ レイドローのような失敗例ではしばしばコア市場と隣接市場が同じもののように思えるのだが（どっちも輸送にはちがいないだろう？）、実際にはちがいが共通点を上回っているかもしれない。

また、事業計画を立てるときには、許容可能な誤差をなるべく大きく組みこんでおくことだ。たとえば一部の専門家によれば、新しい市場に参入する前にはコストに三〇パーセントの余裕を見ておく必要があるという。隣接市場のことがよくわかっていない以上、必ずなんらかのまちがいを犯したり一部のコストを過小評価したりするからだ。

参入のいい面だけでなく悪い面も考えておくこと。景気がひどく落ちこんだらどうなるか？ 参入しようとする業界が不況に見舞われたら？ 期待していた効率性や増収のチャンスが実現しなかった場合はどうするか？

自社が隣接市場に持ちこもうとする資産ばかりではなく、自社に欠けているものにも目を向けよう。あなたが新しい市場について知らないことは何か？　買収について知らないことは？　知らないということさえ知らずにいることは何だろうか？

あなたが手に入れる資産だけでなく、一緒に買うことになる問題についても考えよう。取得する会社のうち欠陥企業はいくつあるだろうか？　ひとつもないなどと言ってはいけない。それは嘘だ。きちんとその率を割り出し、論じなくてはいけない。それに伴う結果をよく検討して、自分の見積もりについて議論し、修正していく。そうした問題は、本来デュー・ディリジェンスの過程で現れてくるはずだが、実は往々にしてそうはならない。デュー・ディリジェンスの段階まで進んだ場合、会社はその戦略が正しいということを確かめたがるからだ。だからこそ、積極的に問題を探すことが重要になる。

顧客が本当に新しい市場までついてきてくれるかどうかも、考えておこう。エイボンの顧客がヘルスケア製品を買うことはあっても、公益事業の顧客がその事業の保険商品を買うとは考えにくい。ライバル会社があふれている市場で、そこまで盲目的な忠誠など見込めるはずもないだろう。

多くの会社が身をもって示したように、コア市場に隣接しているだけでは、成功できるとはいえないのだ。

第6章

新テクノロジーを求めて暴走する

誰しもテクノロジーに関しては甘い見通しをもちたくなる。あらゆる会社が求める聖杯とは、キラーアプリケーション、つまりすばらしい魅力にあふれ、製品およびサービスのカテゴリー全体を一新してしまうような画期的な製品だ。どの会社も次世代のウォークマンやiPodを出したい、あるいは次世代のブルームバーグかイーベイかグーグルになりたいと思っている。シリコンバレーのガレージやコーヒーショップには、そんな夢を何十年も追いつづけている起業家があふれている。

そして今、あらゆる業界でテクノロジーが果たす役割が増すにつれ、キラーアプリケーションへの渇望は、あまりハイテクとはいえなさそうな会社にまで広がっている。

当然といえば当然だ。画期的な製品は破格の報酬をもたらす。企業の商品開発予算の八五パーセントから九〇パーセントは漸進的な改良に向けられるが、それで競合他社とのバランスや収益性が変化することは少ない。ライバルたちもたいてい同じように動くため、相対的な均衡状態になるからだ。顧客たちは改良によって恩恵を受けるが、企業の収益性はむしろ次第に下がっていく。『ブルー・オーシャン戦略』(武田ランダムハウスジャパン)の共著者W・チャン・キムとレネ・モボルニュによると、画期的なイノベーションを実現した一四パーセントの新製品が、利益全体の六一パーセントを占めるという。こうした新製品が「ブルー・オーシャン」をつくりだす。二人の定義によれば、ブルー・オーシャンとはイノベーターが新しい需要をつくりだして独占する未開発の市場空間のことだ。この空間にはライバルがいないため、きわめて高い成長率を示す最初期の利益を独占できる。ブルー・オーシャンには必ず技術イノベーションが必要なわけではないが、キラーアプリケーションがつくりだす市場はすべてブルー・オーシャンであるといえる。

この場合、成功したときの見返りはたしかにすごい。だが、失敗に終わることも多い。政府説明責任局と米国標準技術局の最近の調査によると、ソフトウェアのプロジェクトのほぼ三分の一は未完成に終わるという。またプロジェクトの半分以上は、元の見積もりのほぼ二倍のコストがかかる。

ソフトウェア・プロジェクトの枠を超えて、企業にとってきわめて重要な戦略を実行するとなると、数字はさらに悪くなる。ウォートン・スクールのジョージ・デイ教授が多くの調査結果を分析した結論では、新しい市場に新しい製品やテクノロジーを導入しようとすると、なんと七〇パーセントから九五パーセントは失敗する。既存の市場に新製品や新テクノロジーを投入しようとする試みでも、失敗率は四五パーセントから六五パーセントだ。テクノロジーに頼った戦略は、本質的にリスクが高いのである。

こうした失敗例の多くに、私たちは異を唱えるつもりはない。成功した場合の見返りがあまりに大きいので、企業が何度も挑戦し、失敗を繰り返すのも当然だ。

私たちが驚かされたのは、テクノロジー依存の戦略のじつに多くが、最初からずさんな計画に基づいているということだ。いくら幸運に恵まれようと、経営実行がすばらしかろうと、これではどうしようもない。そんな失敗をもたらす戦略を推し進めるには、企業がよほど徹底的に自分たちをごまかさなくてはならない。どう見ても自分たちにとって不利な流れを読みまちがったか、弱い無線信号は厚い壁を通れないといった基本的な物理的制約を無視したのだ。途中で食いとめられるはずの失敗だった。

モトローラによるイリジウム衛星電話のベンチャー事業は、そうした失敗の典型例だ。この電話システムは開発に五〇億ドルかかったが、サービス開始から一年足らずで破綻し、競売のすえ二五〇〇万ドルで資産売却された。この失敗は、経営実行やマーケティングの失敗として広く引用されるが、そうではない。イリジウムの失敗は戦略の欠陥から生じたものだ。いかにテクノロジーに精通した会社でも、新しいテクノロジーの可能性を評価するときには過ちを犯すのだ。

ケーススタディ 幻に終わった衛星電話事業

モトローラの伝説では、同社のエンジニア、バリー・バーティガーが衛星電話システムを思いついたのは、一九八五年に妻のカレンが、休暇中のバハマ諸島から不動産業の顧客に連絡がとれないとこぼしたときだった。

一九八〇年代半ばの携帯電話は制約だらけだった。大都市圏やそれをつなぐ高速道路では通じても、ローミング、つまり当人の住む区域の外で送受信を行なうのは、控えめにいっても難しかった。まして国から国へと旅をするとなるとまず不可能だった。しかし問題が解決される見込みは薄かった。携帯電話各社はおおむね、相互に通話を融通しあう取り決めをしておらず、それぞれに互換性のないテクノロジーを利用していたからだ。

カレン・バーティガーはこのとき、既存の通信衛星システム、インマルサットを使うこともできた。インマルサットの通信衛星は対地静止型で、地上三万六〇〇〇キロの軌道を回っている。高度があるぶんカバーできる区域が広いから、地球全体でも少ない衛星ですむ。しかし不利な点もある。これほど長距離に信号を送るには、アンテナや大きなバッテリーのついたブリーフケース並みの電話機が必要だった。またこの距離のせいで、信号が衛星まで行って戻ってくるのに時間がかかり、どうしても送受信に遅延が生じてしまう。

もちろん、カレンの場合は、エアコンの効いたホテルの部屋へ戻って、そこから電話をかければすむことだった。しかしビジネスはいつどう転ぶかわからない。ずっとビーチにいられればそれに越したことはなかった。

昔ながらの問題解決のパターンどおり、夫は妻の愚痴を、やりがいのある挑戦と受けとめた。彼は職場であるフェニックスのモトローラ通信衛星チームに戻ると、同僚のエンジニア数名とともに、地球上のどこからでもつながる広域衛星電話システムの設計にとりかかった。元々の計画では七七の衛星を使う予定だったので、周期表にある七七番目の元素の名をとって、このシステムは「イリジウム」と呼ばれるようになった。

インマルサット使用の欠点である送受信の遅延やバッテリーの大きさに対処するために、イリジウムが求めたのは地上わずか七八〇キロの軌道を回る衛星だった。互換性や通話共有の取り決めがないという問題を一気に飛び越え、自前の衛星間で信号をつなぎ、地上に設置したゲートウェイを使って古いタイプの電話サービスや個々の携帯電話システムに接続しようという構想だ。

イリジウムはきわめて精巧なハードウェアとソフトウェアを必要とした。このシステムでは、いくつもの衛星間で通話を調整しなくてはならない。端末の電話機からの信号を受けた衛星は、それを別の衛星に切り替える。その衛星が今度は、通話先の場所や電話機の種類に応じて接続方法を決めるのだ。

だがモトローラには、複雑な信号の切り替えにかけては豊富な知識と経験があった。しかもこうした難題を克服すれば、カレンでも他の誰でも、明るい陽光の下、パラソルの陰で飲み物を飲みながら商談ができるようになるのだ。

一年二カ月におよぶ秘密の「スカンクワークス」プロジェクトの末、バーティガーとチームの最高技術責任者レイモンド・レオポルドは、経営会議でこのことを明かした。当時の会長兼CEOのロバート・ガルビンは、たちまち魅了された。レオポルドはその午前の会議のことをよく覚えている。ガルビンは社長のジョン・ミッチェルに、「ジョン、私より早く小切手を書けるか？」とたずねた。

この熱狂的な反応の裏には、それなりの理由があった。そのころ軍事費が削減されることになり、モトローラを始めとする国防関連の請負業者は、もともと軍事用に開発した衛星テクノロジーなどの専門知識の商業利用を模索していたのだ。

しかしガルビンの反応には、それだけではすまされない、モトローラのアイデンティティの根幹に関わる問題も含まれていた。

一九二八年創業のモトローラは、カーラジオ製造の先駆けで（社名も「モーター」と当時人気のあった接尾辞「オーラ」を組み合わせたもの）、その後数十年間、他の多くの電気テクノロジーでも先端を走ってきた。イリジウムの話が持ち上がった時点で、モトローラは送受信兼用無線機、テレビ、コンピュータチップ、移動電話事業のリーダーとして君臨していた。

ロバート・ガルビンが一九四〇年に父親の会社に入ったとき、モトローラの売上はわずか一〇〇〇万ドルだった。それから五〇年間、毎年一五パーセントの成長を続け、ついに年間収益一〇〇億ドルに達していた。二〇〇五年には一〇〇〇億ドルに達することを、ガルビンは望んでいた。「一〇〇〇億ドルになったら、二〇一〇年には二〇〇〇億ドルだ、その後は四〇〇〇億ドル、さらに一〇兆ドルだって可能じゃないか？」。それが本人の弁だった。

モトローラが成功した理由として、彼はエンジニアリングの技術と志の高さを挙げている。研究マネジャー向けの雑誌の記事で、「われわれの成功の根本にあるのは、エンジニアや科学者に最後まで仕事をやりとおさせるという方針だ。逆にいえば、こうした人たちに足かせをはめることが失敗につながる」。そして、社の「刷新」を強調した。「それこそがわが社の原動力である」と。彼の言う刷新とは、漸進的な変化という意味ではなかった。「その最も深い意味は、新しく造ること――前には考えられもしなかったものを生み出すことだ。つまり、わが社の喫緊《きっきん》の目標は、新しい業界をつくりだすことにある」

三〇年間も同社を導いてきたテクノロジーの伝道者ガルビンは、このイリジウムに、これまでの長い先駆的な努力に通じる大胆不敵さと可能性を見ていたのだ。

ガルビンが研究着手の予算六〇〇〇万ドルを承認すると、モトローラと同業のパートナー数社は一億五〇〇〇万ドルを投じ、さらにこのプロジェクトを推し進めた。一九九一年に入ると、モトローラは、このシステムを構築し運用するために、独立した合弁企業イリジウムＬＬＣを立ち上げた。

モトローラとイリジウムＬＬＣが、イリジウム稼働に必要なすべての認可を世界の関係機関から取り付け、初回の資金調達を終えるまでに、二年かかった。バリー・バーティガーとレイ・レオポルド、それにモトローラの社長ジョン・ミッチェルは、株式にして八億ドルをかき集めた。一九九四年には二度目の資金調達も終え、七億三四〇〇万ドルを集めた。これは私募株式としては今に至るまで最高額だ。

だが、イリジウムの事業案は漠然としていた。どれも大ざっぱで、たとえばイリジウムのＣＥＯ

ボブ・キンジーが一九九二年に出した、「かつてダイヤルトーンのなかった場所にダイヤルトーンを響かせる」といった声明ばかりだった。プロジェクトスポークスマンのジョン・ウィンドルフは疑問の声に対し、「現在の世界人口の半分が、電話から二時間以上離れた場所で暮らしているのです」と指摘した。投資銀行C・E・ウンターバーグ・トービンのアナリスト、ウィリアム・キッドは、モトローラの派手な宣伝を受け入れ、「目標市場は全世界」だと評した。携帯電話は信号を中継するのに衛星ではなく鉄塔を使うため、地球上の表面の一五パーセントでしか機能しない、とキッドは言った。

しかしモトローラのエンジニアたちは、一九九〇年という早い段階から、このシステムが稼働しはじめたら、端末一台当たり三〇〇〇ドル、通話一分当たり三ドル、プラス地元の携帯もしくは地上線のシステムに払う料金がかかると予測していた。また彼らはすでに、電話がつながるには衛星との間に障害物があってはならず、したがって建物や自動車のなかはもちろん、ほとんどの大都市地域でも機能しないことを把握していた。

こうしたシステムの制約を踏まえて、計画のごく初期の頃から、このビジネスモデルに対する批判の声は多かった。「イリジウムが直面している問題は、そもそも需要があるのか、そのための市場が存在するのかということだ」と、ハーシェル・ショステックは一九九二年に書いた。ショステックはメリーランド州に本社をもつ通信コンサルティング会社のトップで、評論家としても広く知られる人物だ。「安い価格でイリジウムのかわりになるものはいくらもある……通常の電話サービスだけではない。イリジウムが稼働しはじめる頃には、光ファイバーのようなテクノロジーが世界の隅々までつながり、地上の携帯電話システムもさらに普及しているだろう」

それでも多くの株式投資家や融資家が、世界有数のエリート会社モトローラの輝かしい評判に惹き寄せられていた。モトローラはポケベルでも携帯電話でも初めは疑いの目で見られながら、ブームの火付け役となって優位を収めた。同社が考案した品質改善プロセス「シックス・シグマ」は、最近まで燎原《りょうげん》の火のように企業を覆いつくしていた。同社の経営するモトローラ大学は、リーダー養成訓練のモデル校とみなされていた。

こうしたオーラをまとった会社が、無線通信の最先端テクノロジーだと吹聴するイリジウムは、敬意をもって迎えられた。イリジウムのCEOキンジーは当時、こう言っている。「こうした世界規模のプロジェクトにモトローラの名前が冠せられれば、たとえどれほど時代の先を行っていようと、世界中の人々がそのシステムを共有したがる」。あるアナリストの書いた言葉は、当時のムードをよく捉えている。「正しくことを運べる人がいるとすれば、それは彼らだろう」。また別のアナリストの弁はこうだ。「モトローラがしくじることはない」

投資家はまた、無線通信市場全般のすさまじい拡大ぶりにも惹きつけられていた。一九九二年、モトローラの経営陣は、二〇〇〇年までに携帯電話のユーザーを当時の一五〇〇万人から一億人以上に増やすという計画を立てた。

懐疑の声が上がるたびに、モトローラは携帯事業の歴史をひもといてみせた。「無線について悲観的な人々は、そもそもモトローラが一九八三年に携帯電話事業を始めたときも懐疑的だった」。イリジウムの構築の時期に父ロバートの後を継いだ新CEO、クリストファー・ガルビンは語った。「評論家たちは、消費者はみな固定電話を手放さないと予想したが、携帯電話の加入者数は二〇〇〇年には世界で五億三九〇〇万人に達するだろう。これは幾度となく繰り返される現象だ」

その一方、イリジウム内部では潜在的需要を見積る大規模な市場分析を進めた。そのなかには二〇万人以上を対象にしたスクリーニングや、業種のばらばらな四二カ国三〇〇〇社の社員二万三三〇〇人以上へのインタビューなどがあった。この市場分析を指揮した社内のマーケティング部門は一〇〇〇人強の社員を擁し、コンサルティング、衛星、通信事業などの知識の豊富な人材も数多くいた。さらに、サービス開始前の企画・開発には、アーサー・D・リトル、ブーズ・アレン・ハミルトン、A・T・カーニー、ギャラップ・オーガニゼイションなど錚々たるコンサルティング会社も加わった。さらにはゴールドマン・サックス、チェイス・セキュリティーズ、バークレイズといった数多くの銀行や投資グループも独自にデュー・ディリジェンスを行なった。

だがそうした調査の多くは、マーケティングと市場調査をはきちがえたものだった。「自分に嘘をつく」という問題が入りこんでくるのは、ここのところなのだ。

たとえば一九九一年にモトローラは、イリジウムへの投資を募るために、市場に関する自社の見積もりが妥当であることを確認するようアーサー・D・リトルに依頼した。アーサー・D・リトルが行なったある市場調査の質問は、こんな文言で始まっていた。「まもなく新しい個人用電話サービスが生まれます。人工衛星を使ったテクノロジーにより、ほどほどのコストで、世界中どこでも電話を受けたりかけたりすることができ、携帯電話のように範囲が限られることもありません。このサービスを利用するために必要なものは、ポケットに収まる小さな端末で……」。こんな装置がほしいかと聞かれれば、当然イエスと答える。モトローラはこうした調査の結果を投資家会議で勢いこんで報告したのだ。

質問調査の悪いところは、言葉の選び方によって、市場調査ではなくむしろマーケティングになる点だ。イリジウムのコンセプトに魅力があると立証されても、市場見積もりの妥当性が立証されたことにはならない。妥当だと立証するためには、回答者が以下のことを知っていなくてはならない。すなわち、「ほどほどのコスト」とは端末の三〇〇〇ドルと一分当たり三ドルの通話料と月々の利用料の合計であること、「どこでも」とは軌道を高速で回る衛星との間がさえぎられずに直線で結ばれる場所だということ、「ポケットに収まる」には煉瓦一個を入れられるポケットが必要だということである。

一部の専門家たちによれば、イリジウムの市場調査は、将来の展望をやたら強調するわりに、現実のサービスがもつ制約については隠そうとしていた。そうしてイリジウムの需要をつねに高く評価していたのだ。

イリジウム側の目から見れば、すべてはバラ色だった。調査結果は順調だし、株式投資家や融資家も確保できた。そこで、一九九五年からいよいよ本格的なシステム開発に着手した。

課題は厖大だった。プロジェクトエンジニアは、六つの軌道面に沿って地球を周回する衛星六六機と予備の衛星からなるネットワークを四年以内に構築しなくてはならなかった。衛星のシステムは複雑で、特に各衛星間で通話を切り替える技術は、まだ商業用には使われていなかった。加えてイリジウムは、衛星を制御し、ネットワークを管理し、通話を切り替え、おびただしい数の請求書や管理機能を扱うのに、なんと二〇〇〇万のコンピュータソフトを開発しなければならなかった。

一九九六年末、イリジウムを市場へ押し出すために、エドワード・スタイアノが、一一〇億ドルを稼ぎ出すモトローラの携帯電話部門の統括責任者の地位を辞してイリジウムのCEOに就任した。インセンティブとして五年の任期で一〇〇万ドル超のオプションを与えられた彼には、イリジウムを推し進める動機は山ほどあっても、プロジェクトを潰すような問題を探す動機はなかった。

だが技術的な不調やスケジュールの遅れ、コストの超過は深刻だった。最初の衛星の打ち上げは、ソフトウェアの不具合や打ち上げ用ロケットの不備などで、五度目にやっと成功した。なんとか軌道に乗せられても、多くの衛星が機能せず、計画より五機も多く打ち上げるはめになった。

通話テストでも問題が生じた。正式なサービス開始日の数週間前になっても、なんとかつながるのは全体の七〇〜八〇パーセントにすぎなかった。しかもそのうち一五パーセントは通話が終わる前に切れた。おまけに、端末の主要な供給元の一社がいまだにソフトウェアのバグに取り組んでいるありさまだった。イリジウムの開始には結局、元の見積もりを数億ドル超えるコストがかかり、この事業全体がおそろしく危うい債務状態に置かれることになった。

さらにまずいのは、さまざまな不調が伝えられるうちに、サービスの根幹をゆるがす問題が誰の目にも明らかになってきたことだった。予想されたとおり、建物や自動車のなか、あるいは高層ビルが衛星との間をさえぎる大都市地域では、電話はつながらなかった。また衛星が同時に処理できる通話は一万一〇〇〇本までで、いずれは加入者数を制限することになりそうだった。しかもイリジウムは音声通話がメインで、低い周波数帯のデータ通信は可能だったものの、インターネットで急増していたデータ通信の需要には対応できなかった。そのうえ衛星の寿命は平均五年で、高額の保全コストと営業コストが常に必要だった。端末にいたっては、その形態も価格も、初期の携帯電話に戻ったようだった。

こうした制約はすべて何年も前から説明されていたが、「どこからでも、どこへでも」という詩的な謳い文句に覆い隠されてしまっていたのだ。

最大のライバルである携帯電話システムの急速な改良も、イリジウムの制約をさらに際立たせた。国際基準によって、各ネットワーク間で共有される通話能力が改善され、音声の質も向上してきた。顧客が大幅に増えたおかげで価格も下がった。あるアナリストはこう言った。「家のなかで通じなくて、重さが四五〇グラムあって、一分当たり五ドルもかかる電話を誰が使いたがるだろう？アメリカではポケットに入れて持ち運べる電話が、ほんの一〇セントで使える。途上国ですらホテルにはたいてい使える電話がある。料金が高いといったところでイリジウムも同じだし、ホテルの電話は少なくとも、屋内からちゃんと通じる」

それでも、イリジウムは頑として譲らなかった。携帯電話の利用者は二億五〇〇〇万人、これに対してひんぱんに旅行をして、三〇〇〇ドルのイリジウムの端末を買って通話料を払えるだけの収入のある層はおよそ四〇〇〇万人いる、という調査結果を引き合いに出した。同社の市場開発担当副社長クレイグ・ボンドは、市場のほんの一部、数にして六〇万人ほどの顧客がいれば収支が合い、一九九九年の末には「魔法の数字」に達するだろうと語った。年間収益は二〇〇五年までに四〇億ドルになるとのことだった。

市場もしばらくの間は、その話を受け入れた。一九九七年、イリジウムは新規株式公開（ＩＰＯ）を通じて二億四〇〇〇万ドルの新株、一一億ドルのハイイールド債を発行し、一〇億ドルの銀行の担保ローンをまかなうことができた。

そして一九九八年一一月一日、イリジウムは正式にサービスを開始。世界を駆け回るビジネスマンをターゲットに、四五カ国一六言語による一億四〇〇〇万ドルの大々的な広告キャンペーンを打った。ＣＥＯのスタイアノはある記者に、年末までの加入者が四万人に達するという予測は的外れではないだろうと語った。また翌一九九九年の第４四半期には、同事業の生み出す金が業務支出を上回るようになるとも予想した。だが結局のところ、スタイアノもイリジウムも、九九年の第４四半期まで生き延びられなかった。

真っ先に浮上した問題は、開発に一〇年間かけたイリジウムが、準備の整わないうちに発売を焦ったことだった。そのせいで二つの供給元、モトローラと京セラでの製造が遅れ、端末がなかなか手に入らなかった。ある業界アナリストは、サービス開始初日に端末を買ったのに、翌年一月まで実物を受け取れず、二月まで利用もできなかったという。販売と流通は各地域のパートナーに委ねられていたが、顧客の問い合わせに対応する態勢も不十分だった。派手な広告のおかげで問い合わせは推計一〇〇万件を超えたが、それだけで終わった。

いくつかのパートナー、たとえばイリジウムの三・五パーセントを保有するスプリントは、デュアルモードのサービスを売る計画を立てていた。これは、携帯電話が通じないときに最後の手段としてイリジウムを利用するというサービスだったが、イリジウムのサービスが始まっても、デュアルモードの端末は入手できなかった。

もうひとつの問題は、特にターゲットであるエリート・ビジネスマンにとって端末がまったく魅力的でないことだった。初期のモデルを見て、イリジウムのあるマーケティング担当重役は言った。「とにかく大きすぎる。客は恐れをなすだろう。この製品を前面に出したキャンペーンを張ろうものなら、われわれは負ける」

しかし最も根本的な問題は、たとえ端末やマーケティングや経営実行が良かったとしても、解決不可能なものだった。広告で謳われた「誰でも、どこでも、いつでも」という構想は魅力的だったが、実際に提供されたものとはほど遠かった。イリジウムは、モトローラが投資家たちに確約していた最先端の携帯などではなく、まだ携帯電話のサービスが及ばない縮小一途の市場の片隅で生きていくしかない哀れな存在だった。イリジウムの潜在的な顧客の大半は、どんどん拡大する携帯電話の通話圏にいたが、そこではイリジウムはほぼまったく役に立たなかったからだ。イリジウムに残された市場――携帯の信号が届かない辺鄙《へんぴ》な地域には、高い固定費と限られた通話性能しかないイリジウムの請求額を支払えるような裕福なユーザーはほとんどいなかった。マーケティングでは、休暇で遠い国に出かけるエリートたちだとか、冒険家や船乗りだとか、人里離れた建設現場で働く人々だとかをめぐる美しいシナリオが描かれていたが、現実にこうした人たちがいったい何人いて、どれだけ電話をかけるというのだろう?

結果は惨憺たるものだった。エド・スタイアノは、一九九八年末までに加入者は四万人になると予測したが、実際にはわずか数千人だった。収益はあってないようなものだった。一九九八年の第4四半期に、イリジウムは四億四〇〇〇万ドルの損失を計上した。イリジウムへの融資の契約条項には、一九九九年の第1四半期の終わりまでに五万人以上の顧客を獲得するとあったが、実際の数字は一万人をわずかに超えた程度だった。その四半期の収益一五〇万ドルは、営業コストにもとうてい及ばず、債権者への返済ができるはずもなかった。損失は五億五〇〇〇万ドルにのぼり、四月末にスタイアノは退任した。

債権者たちはイリジウムに債務返済の猶予を与え、融資条項を守らせようとした。そこで、スタイアノに代わってCEOに就任したジョン・リチャードソンは、イリジウムを石油やガス探査といった垂直市場へ移し、大幅な価格引き下げによって顧客を引き寄せようとしたが、サービスの開始からわずか九カ月後の八月、一五億ドル以上の債務不履行を起こして破産申請を行なった。

結局、一九九九年末までにイリジウムの顧客は六〇万人になるという見通しに対して、実際の契約者は二万人ほどだった。イリジウムの資産はついに競売にかけられ、二五〇〇万ドルで売却された。これは衛星を安全に破壊するのに必要なコストのおよそ半分の額だった。

モトローラは、仮にうまくいかなくてもあまり累が及ばないように、イリジウムとは契約業者という関係を保っていたが、それでも六〇億ドル以上の取引があった。結局、イリジウム関連の二五億ドルを損失処理し、破産申請の後も八年間、他のイリジウムの投資家や債権者からつきつけられる何十億ドルもの請求で争いつづけた。

現時点のモトローラの時価総額は、イリジウムの破産申請時の三分の一にも満たない。

新テクノロジー戦略に潜む4つの落とし穴

情勢の変化を見通せない

「今パックがあるところではなく、滑っていく先へ駆けつけろ」。殿堂入りしたアイスホッケーの名選手、ウェイン・グレツキーのアドバイスは、テクノロジーについて考えるうえでも有効だ。

イリジウムが構想された一九八七年当時、携帯電話はポケットではなくブリーフケースに入れて持ち運ぶのが普通で、扱いづらいうえ、つながり具合もひどかった。自動車から送受信するときには特製のアンテナが必要だったし、屋内で使うときは近くの窓を探さなくてはならなかった。要するに一〇年後のイリジウムのサービスと似た状態だったのだ。イリジウムも一九九七年ではなく一九八七年に始まっていれば、携帯電話に匹敵する程度のサービスを提供できていただろう（ただし当時でさえ、モトローラが喧伝していたような最先端テクノロジーだったかどうかは疑わしく、携帯電話なみの普及とコスト引き下げが可能だったかどうかも疑問だ）。

もちろん、イリジウムのエンジニアたちも健闘し、以前から確約してきた機能やコスト特性を実現した。しかし同社が市場に打って出るまでの一〇年間に、携帯電話のテクノロジーは幾何級数的に進歩した。アイスホッケーのパックは動いていたのだ。携帯業界は通話圏を拡張し、ネットワークからネットワークへのローミングをずっと簡単にする規格を採用していた。一九九八年の時点で、イリジウムの構想は立派でも、提供するサービスは胸を張れるものではなくなっていた。

フェデラル・エクスプレスも、ザップメールに関連するテクノロジー動向を読み誤ったために、巨額の損失を出した。

フレッド・スミスは一九七〇年代に、翌日配達のフェデックスを興した。なかでも書類の翌日配達は、一九八四年時点で全収益の三分の一、輸送量の半分を占めるようになっていたが、スミスは早い段階で、この事業がデジタル通信の成長に切り崩されるのは避けられないと気づいた。そこで座して死を待つのではなく、四年にわたって一億ドルを投じてザップメールを開始した。

ザップメールとはつぎのようなものだ。フェデックスの配達人が依頼主から紙の書類をピックアップし、近くのフェデックスの処理センターに届けると、届け先に近い別の処理センターにファクスで送られる。そして受信された書類を別の人が配達する。所要時間は二時間以内。コストは五ページ当たり三五ドルもかかる。顧客自ら書類をフェデックスの営業所まで持ちこめば、二五ドルで一時間以内に届くが、月に一〇通も二〇通も書類を送るような大口顧客なら、社内でファクス機をリースするだろう。

ファクス機は当時でも、とくに新しいものではなかった。そのころにはすでにITTが五年契約の社内ファクスサービスを提供していた。しかしフェデックスは、ザップメールこそ『ブルー・オーシャン戦略』で「バリュー・イノベーション」と言われるもの、すなわち価値と差別化とコストの革新的な結合であると考えた。特別に設計されたファクス機と、リースされた高品質の電話線からなる自社専用のファクスのネットワークを構築すれば、価値あるサービスをほどほどのコストで顧客に届けられる、そう考えたのだ。

多くの失敗例がそうであるように、ザップメールにも名案といえる側面はあった。フェデックスの目から見れば、ザップメールはまちがいなく「ウィン‐ウィンの」（双方が得をする）提案だった。利用客は緊急の用件のときに書類を翌日まで待たなくてすむ。またファクス機を手に入れるより、低コスト、高品質のサービスを受けられる。そもそも届け先が必ずしもファクス機を持っているという保証はない。

あるアナリストが評したように、フェデックスの視点ではこうなる。「ジェット燃料の代わりにトナーを使い、パイロットの給料の代わりにバイクの配達人の時給を払う。はるかに安価なこのネットワークによって、フェデックスは通常の配送料を割引して顧客をひきつけられる。コストが著しく下がるため、実際に荷物を動かすより利ざやもぐんと大きくなる。低価格、高い利幅、しかも顧客はたった二時間で書類を受け取れる。最高の話ではないか」

しかし、ザップメールは結果的に悲惨な失敗に終わった。アイスホッケーのパックが動かないという前提に基づいていたからだ。フェデックスの配送業の視点で見るかぎり、ザップメールはたしかに理に適っていたが、デジタル送信の動向という、より大きなコンテキストのなかで見れば、とても理に適っているとはいえなかった。

ザップメール開始の時点では、ファクス機は高価なうえにデータの伝送に問題も多かったが、その後どんどん性能もよくなり、値下がりした。ザップメールのターゲット顧客たちはじきに、ファクス機を買ったほうが安いことに気づいた。

まもなく、解像度が高まり、スピードもアップし、ファクス機相互の互換性も高くなった。一方ザップメールが使っていたのは規格外のファクス機だったから、フェデックスの機械をリースした大口の顧客は、フェデックスの機械にしかファクスできなかった。他の相手に送るには、フェデックスの配達人に頼るしかない。

業界規格のファクス機が急速に改良されたことで、フェデックスのネットワークはたちまち縮小した。ある概算によると、一九八六年に国内にあったファクス機五〇万台のうち、フェデックスのネットワークに属するものはわずか七〇〇〇台だった。同社はそのネットワーク構築に一億ドルかけたが、それ以上に大規模で強力なネットワークを築く必要はどの会社にもなかった。

ザップメール・チームの下級メンバーだったトビー・レッドショーに言わせれば、フェデックスは書類というプリズムを通して世界を見たために自縄自縛《じじょうじばく》に陥ってしまった。オリジナルとほぼ同じ書類を送れるファクスにこだわったが、いくら品質がよくても書類の価値が高まることはなかった。ファクスされたサインは法的に有効と認められないからだ。

今はアビバPLCの役員になっているレッドショーは、こうも言っている。フェデックスは二地点間の配達という従来の手法にこだわり、ファクス機の潜在的価値を理解してその市場に入る道を探ろうとはしなかった。「人―配達人―機械―機械―配達人―人という流れが、機械―機械の流れとはまったくちがった商品であり顧客体験であることを見通せなかった」のだ。

一九八四年のザップメール開始時、フェデックスはこのサービスが、自社の書類および緊急の手紙の配送の三〇パーセントに取って代わるだろうと予測した。そして四年後には売上にして一三億ドル、つまり予想収益全体の三分の一を稼ぎ出すだろう、と。だが実際には、ザップメールを続けた二年間に、フェデックスは三億一七〇〇万ドルの損失を出し、一九八六年には完全にサービスを停止した。その結果、さらに三億四〇〇〇万ドルを損失処理することになった。

市場の潜在需要を読みちがう

イリジウムの場合、経営陣や投資家たちは構想の素晴らしさに目がくらみ、実際に提供されるサービスの問題が見えなくなってしまった。有能で勤勉な多くの人たちが、どうしてそんなまちがいをしでかしたのか？　理由のひとつは、前述したように彼らがマーケティングと市場調査を混同したことにある。

ヘンリー・ゴールドブラットは、イリジウムのサービス開始からわずか数カ月後の一九九九年初めに、フォーチュン誌でイリジウムの魅力について書き、にもかかわらずなぜ顧客が少ないかを看破した。彼はあるとき、世界を飛びまわるテレビプロデューサーに、イリジウムはどこにいても電話やテキストの送受信ができると伝えた。すると、長旅に三本の携帯電話（どれも世界のある一カ所でしか使えない）を持っていくというそのプロデューサー氏は、こう答えたという。「電話一台ですべてすんで、それをどこへでも持っていけるのなら、私は世界一幸せな男になれるよ」。でもその電話が、煉瓦にフランスパンが生えたようなものだったとしたら？　「うーん……やっぱり今の手軽なノキアのほうがいいかな」

イリジウムの利用客の大半は、ボストン在住のベンチャーキャピタリスト、ハワード・アンダーソンのような人々だった。アンダーソンはイリジウムの端末に三五〇〇ドルをはたいたが、仕事では使わず、南アメリカ、オーストラリア、アフリカなど遠い国々への旅行に持参した。そして何十回も使おうとしたが、役に立ったのは一度きりだった。この電話機を持っていた二年のあいだにできた重要な通話は一回、つまり一通話に三五〇〇ドルプラス月々の使用料がかかったことになる。それでもアンダーソンはこう語った。「驚いたのは、一度でもちゃんと通じたということだよ」。結局その電話は、「最新テクノロジーは金食い虫だから注意するように」と自分を戒めるための記念碑になったという。

では、イリジウムの本当の潜在需要はどうだったのか？　長らくイリジウムを批判していた通信業界アナリスト、ハーシェル・ショステックによる評価はこうだ。「世界を股にかけるビジネスマンたちが途上国からかける国際通話の収益すべてがイリジウムに行ったとしても、イリジウムはその営業コストはおろか、資本コストすらまかなうことができないだろう」

どんな会社も、市場調査からは自分の知りたいことしか知ろうとしないし、それはずっと昔から変わらない。ウェスタン・ユニオンは競合する可能性のある電話事業について、一八七六年にこんな結論を出している。「この〝電話〟なるものは、通信の手段としては欠点が多すぎ、まともに考慮するに値しない」。IBMが事務機器の売上に依存していた時期の会長トマス・ワトソン・シニアは、一九四三年にこう語っている。「コンピュータの世界市場は五機というところじゃないだろうか」。ミニコンピュータの大手であるディジタル・イクイップメントの創業者ケン・オルセンは、一九七七年にこう言った。「誰かが家庭でコンピュータを持ちたいと思う理由が見当たらない」

しかしIBMは、一九八〇年代にはすっかり大型コンピュータの売上に頼るようになっていた。そして一九八一年に自社PCを投入する直前には、この製品が寿命を迎えるまでにPCの市場はほぼ二〇万機になっているだろうと予測した。現在HPとデルは、三日か四日でそれだけの数を売っている。

「レミング症候群」に陥ってしまう

一般に企業は、ライバルたちが自社と同じような戦略を進めていると知ると、根拠もなく安心してしまう傾向がある。他の会社も追いかけているなら、きっと成長市場があるにちがいないと考えるのだ。すると、「そもそもその市場への参入は理に適っているのか」と問うべきなのに、「誰が勝つか」が焦点になる。

この「レミング症候群」〔訳注：集団が考えもなく同じ行動をとること。レミング（ネズミ科）は数が増えすぎると集団で海に飛びこむ、という俗説があることからこの名がついた〕は、イリジウムのときにも起こった。他の合弁企業がモトローラに追随し、衛星による音声・データ通信の競争へとどんどん飛びこんでいったのだ。たとえば、インマルサットPLCが立ち上げたICOコミュニケーションズは、イリジウムに先行する衛星電話サービスだった。他にもローラルのつくったグローバルスター、TRWのつくったオデッセイといった合弁企業があった。ローラルもTRWも防衛産業の請負業者で、自らの軍事テクノロジーを商業利用しようとしてのことだった。

主にイリジウムへのモトローラの支援態勢を見て、この市場の潜在的可能性が裏づけられたと見たベンチャー各社は、さらによい技術戦略、パートナー戦略をもって衛星電話市場を攻略しようとした。たとえばICOは中高度の地球周回衛星を、イリジウムの六六機よりもはるかに少ない一二機だけ使うことで、コストを抑えようとした。オデッセイは国内限定のサービスにすることで煩雑さを避けようとした。グローバルスターはさらに少数の単純で低高度の地球周回衛星を使い、イリジウムのように衛星間で信号を切り替えるのでなく、地上の多数の中継装置に信号を送ることでコストを抑えようとした。

いずれにしても、こうしたライバル企業の関心は技術や運用のちがいにばかり向けられ、数十億ドルもかかる衛星通信そのものに本当に発展性があるのかという肝心の問題にはいかなかった。評論家たちが、この市場はこれだけ多くのベンチャーは支えきれないと言っていたため、どの会社も自分たちこそ先に市場に到達しようと躍起になった。イリジウムは一九九七年の設立趣意書で、ほかの衛星事業をライバルとして名指しし、それよりも早く市場に達することが戦略のカギであると述べている。

だが本当のライバルは、携帯電話だった。衛星電話各社は、携帯電話は途上国では市街地に限定されるだろうと決めこんでいたが、たちまち都市部を超えて普及し、衛星電話のものだったはずの市場をも食いつくした。結局、衛星電話会社はすべて営業を停止するか、倒産の憂き目にあった。

レミング症候群は実のところ、非常に多く見られる。一九八〇年代には、目ぼしい電子企業はみなPC市場に殺到した。ゼニス・エレクトロニクスのようなTVメーカー。ソニーのような日本の家電メーカー。ワング・ラボラトリーズのようなミニコンピュータのメーカー……。一九八四年には、PCが今後コモディティ化し、利ざやがごく小さくなることがはっきりしていたにもかかわらず、参入は続いた。

OSのサプライヤーであるマイクロソフトとCPUのサプライヤーであるインテルは、莫大な利益を得ようとしていた。しかしそれ以外の、一台のPCに何もかも組みこもうとした企業のなかで、マイクロソフトとインテルを上回るほどの技術的な躍進を遂げて巨額の金を手にしたのはIBM一社だった。アップル・コンピュータは例外で、同社が得たチャンスはIBMより小さかったが、それで十分だった。自社製コンピュータ内のテクノロジーすべてを掌握していたからだ。

他の一〇社ほどは、たがいに他社を押しのければ市場の支配権を得ることができると思いこみ、どの会社もなぜかアメリカ市場の二〇パーセントを占められると判断した。実際には、現在にいたるまで二〇パーセントを占める企業は現れていない。熾烈な競争を生き延びたわずかな会社にしても、やがてPC市場が黄金郷《エル・ドラド》でないことを思い知ることになった。市場は巨大でも利ざやはほんのわずかで、どんなミスも恐ろしく高くつくことを、あのデルでさえ学んだのだ。

一九九〇年代末には、これと同様の問題が電気通信業界を襲った。誰もがライバルを打ち負かして独占するべく、光ファイバーケーブルの地下埋設事業に飛びつき、数十億ドルを費やした。

焦って市場に打って出た人々は、ムーアの法則を忘れていた。コンピュータプロセッサは一年半から二年ごとに、値段は元のままでパワーが二倍になる。光ファイバーにデータを送るプロセッサもどんどん改良され、地下ケーブルが増えなくても、通信ネットワークの能力は一年半から二年で倍増するのだ。実際しばらくの間、通信用のプロセッサはムーアの法則よりはるかに速いペースで改良が進んだ。インターネットによって大量のデータが通信ネットワークにあふれ出したにもかかわらず、テクノロジーの発達のおかげで、増えた分がほぼすべてまかなえたのだ。

どの通信会社も光ファイバーへの投資で数十億ドルをムダに費やし、撤退した。一九九〇年代末～二〇〇〇年代初めに地下に埋設した光ケーブルを通信会社が活用しはじめたのは、つい最近になってからのことだ。

レミング症候群は二つの状況下で起こりやすい。

ひとつは、競合各社が市場やテクノロジーに対して強く不確実さを感じている場合。こういうとき各社は、競合他社、とりわけ評価の高い会社が自分たちの知らないことを知っているのではと恐れ、取り残されないようにあわててリーダーに追従する。そして先頭ランナーが破滅への道をたどると、一緒に崖から飛び降り、悲劇となる。イリジウムのときはさまざまなベンチャーが、モトローラが実入りのいい新市場を独り占めするのではないかと恐れ、このパターンに陥ってしまった。

もうひとつのパターンは、比較的力の似通ったライバルたちが、相手を優位に立たせまいとして、たがいに真似をしあうというものだ。この集団行動がおたがいに害を及ぼしあい、あれだけ多くの通信会社が光ファイバーに過剰投資をしてしまった。そのため市場は完全に飽和状態になり、需要が追いつく数年前に多額の損失を出すことになった。

途中で引き返せなくなる

新しくて大胆な戦略は、それを始めるより潰すほうが難しい。いったん戦略が開始されると、エゴや信用、金が危険にさらされるために、止めるに止められなくなるのだ。いったん止めれば明らかな失敗とみなされるが、進めつづけるかぎり希望は残る——たとえ色褪せていく一方の希望だとしても。

特にテクノロジー関連の戦略では、企画から実施まで長い時間や高い固定費がかかるぶん、失敗するまで止められない。

たとえば、設計という観点から見れば、イリジウムは一か八かの計画だった。描かれていた市場は、実質的に全世界だった。そのため、システムがテストされて一人目の加入者が無事に電話をかけられるようになるまでに、インフラや市場、経営への膨大な投資を必要とした。数多いパートナーたちを連係させるのにも大変な時間を要した。サービス開始前に一〇〇カ国の通信業者と交渉し、二五六の事業協定を結ぶための時間と費用は言うまでもない。

結果として、少なくとも社内的には、イリジウムが立ち止まって自省し、このベンチャー事業をあきらめようと考えられる余地はどこにもなかった。イリジウムとモトローラは、何十億ドルもの金が使い果たされてシステムがムダになるまで、ついに根本的な問題に向きあおうとしなかった。

こういう例は他にもある。ウェブバン・グループは、食料雑貨店業界に革命を起こすべく、オンラインで注文をとって、商品を顧客の家まで届けるというサービスを一九九九年四月に開始した。

時間のない消費者が店まで行く手間ひまを省く、という触れこみだった。会社としても、大都市全域に商品配送の流通センターを置くことで、複数の店舗を構えるコストを節約できる。一九九〇年代末のIT企業ブームもあって、ウェブバンはほぼ一〇億ドルの資金を集めた。

シリコンバレーの格言に、新規事業の開設で最悪なのは、金が集まりすぎることだ、というものがある。その言葉どおり、資金をたっぷり得たウェブバンは、二六の都市に倉庫のネットワークを造ったものの、規模の経済はほとんど実現できず、悲惨な結果に終わった。まず少しの施設を造り、調査して欠陥を修正し、得られた知識を将来の施設に活かしていくのが賢いやり方だっただろう。ところがウェブバンは、欠陥だらけの最初の設計で、どの都市にも同じものを造った。施設を改良する教訓が得られたときにはあとの祭りだった。

たとえば、すべての倉庫内に食肉処理場を造ったが、加工ずみの肉を毎日配達するほうが効率的だと、あとになって気づいた。また、果物用と野菜用の作業場を分けて造っていたが、これも一緒にしたほうがいいとわかった。人が入れる加湿室は、次第に使われなくなった。カリフォルニア州オークランドにある巨大な流通センターでは、構造変更で倉庫の三〇～四〇パーセントのスペースが未使用のままになっていた。

また多数の倉庫が同時に造られたため、各地域の人口統計や買い物パターンにうまく適応できなかった。こうした重大な誤りは、営業上の深刻な問題をもたらした。ある従業員の話では、ウェブバンは一カ月もたたないうちに大混乱を来し、一七〇〇件の注文で遅配や欠品、未配達といった事態を招いた。

そしてサービス開始から二年と少したった二〇〇一年七月、同社は七億ドルの損失を出した末に営業を停止した。再建の努力もむなしく、資産は清算された。あるアナリストが言ったように、「ウェブバンはイリジウムと同様のインフラへの投資を行ない、そのビジネスモデルの基本的な実現可能性を検証もしないまま、八億ドル以上の金を溶かしてしまった」のだ。

失敗しないために、あなたがチェックすべきこと

テクノロジー事業は非常に複雑なので、常に問題がついてまわる。実現には予想以上の時間とリソースがかかるとわかってはいても、実際には、さらにそれ以上の時間とリソースがかかるのだ。だから、テクノロジー関連では、吟味が不十分なために行きづまるのが目に見えている戦略は、決して採用してはいけない。

誤った新テクノロジー戦略に乗ってしまうのを避けるには、まずあなた自身が、正しいコンテキストと適切な時間枠のなかで複数の選択肢を評価できるようにしなければならない。たとえばイリジウムは、開発にかかった一〇年という時間に、衛星の平均寿命の五年を加え、少なくとも一五年にわたってライバルたちから自社を差別化する必要があった。ライバルには、衛星電話サービスだけでなく、従来の地上電話、携帯電話、インターネットなども含まれていた。

「性能の軌跡」にも注目しなくてはならない。これはクリステンセンが、「現状を破壊する」テク

ノロジーをテーマに書いた著作で論じている概念だ。彼は、長い時間枠で代替テクノロジーの相対的な位置付けを評価するための枠組みを提供している。性能の軌跡とは、ある製品の性能がどのように向上してきたか、また今後どのように向上すると考えられるかを捉えるものだ。クリステンセンによれば、ほぼすべての業界に性能の軌跡がある。掘削機械の場合、一分当たり何立方メートルの土を掘れるかという数字は、年々向上していく。ディスクドライブの場合は、記憶容量が向上する。移動電話の場合は、一分当たりのコストか端末の大きさだろうか。

ところが、自分たちのテクノロジーがある時点では優位だとしても、代替テクノロジーがあきらかにそれを上回る軌跡に乗っていることは見落とされることがきわめて多い。イリジウムの場合がまさにそうだった。イリジウムの衛星電話は、いくつもの制約があるせいで比較的平坦な軌跡を描いていたのに対し、携帯電話は、ネットワークの大幅な拡大と向上で急激な右肩上がりの軌跡を描いていた。

デジタルテクノロジーには、ムーアの法則など、将来を見積もるうえでの原則がある。そのひとつ、メトカーフの法則は、ネットワークの価値はそのユーザー数の二乗に比例するというものだ。n人のネットワークで可能になる会話の数は、おおよそn^2だからだ。ある分野で一〇〇〇人からなるネットワークと一万人からなるネットワークがあれば、ほぼまちがいなく一万人のネットワークが勝つ。ネットワークの価値の差が一〇倍ではなく一〇〇倍になるからだ。

フェデックスはザップメールの計画を推し進めたとき、ムーアの法則もメトカーフの法則も忘れていた。人間が配達するほうが電子的な配達より有利だと決めこんでいたが、ムーアの法則によれば、電子的な配達はどんどん安価になり品質も向上するのに対し、配達人のほうは何も変わらない。

フェデックスはまた、ファクス機の一般のネットワークが専有のネットワークをどれだけのペースで上回るかについても読みを誤った。同社はファクス機七〇〇〇台という大きなネットワークを築いたが、ザップメール開始からわずか二年後、社会に普及したファクス機は約五〇万台にまで達していた。この二つのネットワークの相互通信が不可能だとしたら、メトカーフの法則に従えば、一般のネットワークはフェデックスのネットワークの五〇〇〇倍の価値をもつことになる。一巻の終わりだ。

もうひとつ、やはり強力な原則にリードの法則がある。MITのデビッド・リード教授が考案したこの法則は、メトカーフの法則を拡張したものだ。彼のいう「グループ形成ネットワーク」（グループの自由な形式や再編成が可能なネットワーク）では、新しいメンバーが増えることでネットワークの有益性ははるかに早く（加入者をnとすれば2のn乗に比例して）増大するという。

リードは一九九八年にこの法則を用いて、インターネットの新規事業すべてのなかで、イーベイが最も大きな耐久性をもつだろうと予測した。イーベイは大勢の人たちに自動車やアンティーク、ファッション用品など、各々の関心に基づいた小グループをつくらせることで、グループ形成ネットワークの価値拡張力を活用していた。マイスペースやフェイスブックなどのグループ形成ネットワークがこれほど盛んになった理由も、リードの法則によって説明できる。

だが、コミュニティに頼る事業戦略は、より大きく強固な別のコミュニティから人々を引き離すときには苦戦する。イーベイでさえ、海外市場に参入しようとしたとき、この問題にぶつかった。海外ではすでに、ライバル会社が確固としたオンライン・オークションのサイトを築いており、イーベイのブランドネームや技術上のノウハウをもってしても、リードの法則を乗り越えることはできなかった。

そうした事情を前提として、会社が自問しなくてはならない問題がいくつかある。

あなたの会社がその市場に参入する時点で、競争相手はどのような状態だろう？　六カ月後では？　一年後では？　あなたの会社の性能の軌跡は、ライバルの軌跡と比べてどうか？　あなたの会社のプロジェクトはムーアの法則を組みこんでいるか？　またそれは自社とライバル社の両方についてか？　つまり、あなたの会社が離陸できずにいるあいだに、ライバル社がムーアの法則に乗ってはいないか？　あなたの会社はメトカーフの法則と、ネットワークの相対的な価値を受け入れているか？　リードの法則は関連しているか？　もしそうだとすれば、あなたは大きなネットワークに関して正しい側にいるか？

誤った道を進まないためのもうひとつの重要な側面は、潜在的な可能性をもつ製品に顧客の目で注目するということだ。

クライスラーを例にとってみよう。アメリカの自動車メーカーは一九七六年以降、コンバーティブルを製造していなかったが、一九八〇年、ＣＥＯのリー・アイアコッカは、アメリカの消費者は手頃な値段のコンバーティブルを買う準備ができていると感じ、市場調査を行なった。三〇〇〇台の市場しかないという結果だったが、彼はその数字を受け入れず、特殊な車体工場でクライスラー・Kカーをコンバーティブルに改造させたうえ、フロリダ州ボカ・ラトン周辺で自ら乗り回した。その街中での試乗で熱狂的な反応が得られ、彼はたしかに市場は見込めると判断した。コンバーティブルは製造され、当たりをとった。販売台数は調査の八倍の二万四〇〇〇台だった。

そこで自問はこうなる。顧客は本当のところはどう考えているのか？　もしもイリジウムが、アイアコッカのようなテスト走行を通じてこの質問の答えを出していれば、あれだけの時間と労力をムダにせずにすんだかもしれない。

顧客の考えをつかむには、かなりの苦労がいる。イリジウムがやったような誘導尋問を避けなければならないのはもちろんだが、顧客自身が、自分が何を求めているかを知らなかったり、なんらかの理由で言おうとしない場合もある。

ここで調査の方法をこと細かに述べる余裕はないが、現在多くの会社では、ただ消費者に質問をするだけでは、彼らの不満や欲求は見きわめられないと考えている。P&G、ボルボ、A・B・エレクトロラックスといった会社は、消費者の暮らしのなかにまで踏みこむやり方を組織的に実践している。たとえば電機メーカーのエレクトロラックスは、消費者に何がほしいかを聞くかわりに、実際に消費者の家を訪れて、家電をどのように使っているかを見るやり方に切り替えた。「私たちは消費者に、何を求めているかを尋ねたりはしません」。同社の消費者イノベーションの責任者、ヨハン・ヒアトンソンは言う。「私たちは文化人類学を実践します。消費者を研究するのです」レミング症候群を避けるには、市場の基本をたえず自分に問いなおし、競争相手がやっているから自分もしたいという誘惑に屈しないことだ。その問いかけは、「わが社は市場でライバル会社を打ち負かせるか?」ではなく、「市場はたしかにあるのか?」でなくてはならない。実はあなたのライバルたちも、あなた以上に知らない場合が多いのだ。

途中で止められない状況を避けるには、こう問いかけるといい。「なにもかも一度にやらねばならないのか? それとも一度に少しずつ試し、学びながら進んでいけるのか?」。一部には、徹底してやるべき戦略もある。だが多くの場合、ウェブバンの例でもわかるように、一度に少しずつ進むのが望ましい。

新しいテクノロジーに立脚した戦略に従うべきではない、などと言うつもりはない。むしろ逆だ。新テクノロジーを活用することで、すばらしく収益性の高い事業を生み出せる。実際に私たちはずっと、どのように新しいテクノロジーを活用すればライバルに一歩先んじられるかをアドバイスしてきた。飛躍的な発展のチャンスが見つかったら、大企業のCEOやトップ管理職がそれを追いかけるのは理に適っている。

しかし急いでチャンスを追うあまり、誤ったテクノロジー戦略に乗ってしまうことは、ぜひとも避けなければならない。

第7章 統合がもたらす難題を軽視する

業界が成熟するにつれ、統合《コンソリデーション》が行なわれて企業の数が減っていくのは自然の摂理だ。ある会社は栄え、ある会社は消える。製造が効率的になればなるほど生産能力が過剰になり、収益性が圧迫される。しかも会社が合わされば、双方が最良の結果、つまりベストな人材、ベストな製造設備、ベストな業務プロセスを確保できる、という公算もある。

いざ合併というとき、ほとんどの会社は売る側でなく、買う側になりたがる。買う側は記憶に残る。売る側は吸収され、忘れ去られる。買う側の経営陣は支配権を広げられるし、おそらくずっと高い報酬も手に入る。

コンサルティング会社A・T・カーニーも、ある記事でこう述べている。業界が統合の段階に達したら、各企業は「岐路にさしかかったということだ。栄光への道を歩み続けるか、剣をまじえて死ぬかの岐路に」。

しかし、業界が統合に向かうからといって、必ずしも買う側になるべきだとはいえない。私たちがこれまで見てきた失敗例からいえば、ときにはどっしり構えて、相手に統合の主導権を握らせたほうがいいこともある。思いきりよく売ってしまい、業界の状況が悪化する前になるべく多くの金を手にしたほうがいい場合もあるのだ。

業界やあなたの会社の状況にもよるが、統合の手段として会社を買うのは、悪い社員を倍にする可能性もある。コンサルタントで著述家のゲイリー・ハメルはずばり言う。「酔っ払いを二人合わせたところで、まっとうな一人の人間にはならない」

ハーバード・ビジネススクールの後援で一年にわたって続けられ、二〇〇一年のハーバード・ビジネス・レビューに発表されたある調査によれば、M&A全般の失敗率が高いなかでも、統合の名目の下に行なわれた買収の失敗率は飛びぬけている。ジョゼフ・バワーズは「合併で起こりうるまずい事態がすべて起こる」と書いている。

彼によると、統合は大企業が関係することが多く、それぞれの会社には社風や文化が強力に確立されているため、融合が困難になる。「こうした合併の後では何年たっても、買い手側の管理職が買われた側の従業員を下に見るのが普通である」。また、これが「きわめて勝ち負けのはっきりした状況」であることも失敗の理由になるという。買い手側はたいてい、管理職は元の職務を維持し、工場は操業を続けられる。だから負けた側は、変化を拒むことで勝った側の仕事をやりづらくさせようとし、最良の人材は辞めていく。勝った側も負けた側も、誰もが大変な時間を費やして自らの影響力を失うまいと努める。

バウアーによれば、最良の業務プロセスを選び取るというのはたしかに名案だが、あまりに不確定要素が多いので、どれが最良なのかを見きわめるのは難しい。ひとつのプロセスにこだわると悲惨な結果を招く。業務プロセスは会社の根幹そのものなので、変化があれば少なくとも一時は生産性が著しく低下しかねない。

さらに、合併した会社がその経験を将来に生かせる可能性も低い。業界自体が若ければ、いくつもの買収が連続するなかで、教訓をつぎの機会に生かすこともあるだろうが、業界が成熟し、買収が統合の規模になる段階では、合併は一度きりになることが多いからだ。

一般に、統合には利点があると言われるが、同記事によると、アメリカの最大手銀行一〇行の資産額は、合併を経て、銀行全体の一九・五パーセント（一九九六年）から五一・五パーセント（二〇〇六年）にまで増えたものの、それによって銀行がより効率的になったわけではなかった。同様にエコノミスト誌の二〇〇〇年の記事によれば、航空業界では数十年にわたって合併とコスト削減が行なわれてきたにもかかわらず、一九九五年の業界全体を見ると、収益性の悪さはこれまでとまったく変わらなかった。

バワーズは、どの企業も自社と買収しようとする相手をよく観察すべきだと言う。「業務プロセスと価値観が似ていなければ、一歩退いて考えなおすべきだ」

ケーススタディ　独自性を維持できなかったディスカウント店

一九五〇年代後半、ミルトンとアービングのギルマン兄弟は、コネティカット州サウスウィンザーの小さな農場を抜け出すアイデアを思いついた。このあたりの農村には小さく雑然としたよろず屋しかない。もし大きくて品揃えのいい店ができれば、人々がどっと押し寄せるだろう。遠くからも客を集められれば値段も下げられる。兄弟はそんな店を開こうと決めた。

二人が腰をすえたのは、マサチューセッツ州に入ってすぐの小さな町、サウスブリッジだった。周辺に大型店がまったくなく、閉鎖されていた古い織物工場のスペースを安く手に入れられたからだ。彼らは両親から譲りうけた農場の権利証書を元に一万三〇〇〇ドルの融資をとりつけると、中古の家具を揃えて工場の一角に内装をほどこし、男女の衣料品や台所用品を並べた。

開店は一九五八年一月。たちまち成功を収めた。明るい照明に照らされた整然とした空間で、ブランド名の通った商品を買えるのは、人々にとって願ってもないことだった。特に好評だったのは、商品の値段が他店より二五〜三五パーセントも安いことだった。

兄弟は徹底して節約したので、古い「エイムズ織物工場」の看板もそのままだった。そこからこの店はエイムズと呼ばれるようになった。

やがて、イェール大学で学び、初期のメインフレーム・コンピュータの会社に勤めていたハーバート・ギルマンが、兄弟の商売に加わった。のちに兄弟と友人になったウォルマートの創業者サム・ウォルトンは、ハーバートのことを「驚くほどのひらめきに満ちた商人」と評している。ハーバートは金物や家庭用品なども商品に加え、品揃えを充実させた。

ギルマン兄弟は、バーモント州とニューヨーク州北部の元織物工場に五つの店をつぎつぎとオープンした。そして試行錯誤しながらも、自分たちの考えの正しさを立証した。たとえば、五〇キロ以内に二つの店をもつのは、たがいの売上を食いあうので避けるべきだと言われていたが、それより近い距離でオープンしてみると、たがいを補強しあう一方で広告などのコストを省けることがわかった。また、客の好みに合わせるためのディスプレイに金がかかるとはいえ、大きな町でもちゃんと利益をあげることもわかった。

一九七〇年には二〇店舗あまりを経営し、年間収益は五〇〇〇万ドルに達していた。ときには経営不振に陥った他のディスカウント店も買い、エイムズの店舗に仕立てなおした。一九七〇年代末にプライムレートが二二パーセントに引き上げられ、経済を圧迫したが、エイムズは一九八一年までに一一五店舗に増やし、メイン州からメリーランド州までをカバーした。そして着実に利益をあげ、飛躍的な成長を続けた。

一九八五年、エイムズはかつてない大きな企業取得を行なった。ディスカウントのチェーン店、G・C・マーフィーを一億九五〇〇万ドルで買収したのだ。これによって同社の規模は倍増し、年商は一七億ドルに、店舗は新たに一四の州に広がった。

だが、合併はスムーズにはいかなかった。エイムズの社内文化はつねに、会計などの効率的な事務処理システムよりも商品を重視したが、規模が二倍になったことでシステムが破綻した。一九八六年にはシステムの不調のせいで、春夏用の衣料の入荷がシーズン終盤になり、結局ほとんど売れないまま大幅な値引きを強いられた。

翌年には二〇〇〇万ドル相当の商品が消えた。理由は不明だった。やがて会計システムが多くの品目にまちがった価格をつけたり見失ったりしていたことがわかった。

加えて、不満を抱いたG・C・マーフィーの従業員が異常な量の「減少《シュリンケージ》」、つまり窃盗を行なっていた。商品がG・C・マーフィーの店舗へ運ばれる途中で、従業員たちがトラックに乗りこんで箱を切り開き、品物を奪ったのだ。箱が店に着いたときに中身をチェックする体制が機能していなかったために、どの箱も満杯であるように記録されていた。

「規模が一晩で二倍になったとき、わが社の会計システムに綻びが生じた」。一九八一年に引退した兄たちの後を継いで会長兼CEOとなったハーバート・ギルマンは、そう語っている。「マーフィーを吸収したことで、小さな問題が大きな問題になったのかもしれない」

エイムズはまた、負債の返済にも苦しめられた。G・C・マーフィーの買収後、負債総額はエイムズの市場価値の八〇パーセントを占めていた。

統合の事後処理に苦しむうちに、エイムズの規模は著しく縮小し、一三〇店舗が閉められるか売られるかした。初心に帰ろう、とギルマンは考えた——実質本位のディスカウント業者に戻るのだ、と。

ギルマンによれば、多くの会社は「初心から次第に離れていく。……売上を伸ばすために、一部のディスカウント店が過剰な宣伝をし、ライバルがその真似をする。そしてディスプレイや備品、照明、店の場所などに凝りはじめ、そうしたコストをまかなうために、価格はどんどん上がっていく。ほどなく、ディスカウント店と他の小売店の差が縮まり、そして予想された結果に至る。多くのディスカウント店はもはや独自性を失い、存在理由がなくなるのだ」

その後、エイムズの経営は順調さを取り戻し、ギルマンは一九八八年一月、会長とCEOから引退した。最後の会見で、彼は倒産したライバルたちに触れ、エイムズが拡張に歯止めをかける決定を下したことが「わが社が生き残り、他社は生き残れなかった理由である」と述べた。そして、同社の今後五年間の見込みについてこう語った。「(エイムズは) 少なくとも二倍の規模になるだろう。顧客は変化し、われわれも一緒に変化しなくてはならない。……しかし変わらないことがひとつある。顧客はいい買い物を求めつづけるし、エイムズは生産性を上げてコストを切り詰め、できるだけ安い価格で提供しつづけるということだ。それこそ私たちが三〇年間やろうとしてきたことであり、それは今後もずっと変わらない」

しかし、問題が起ころうとしていた。後任者たちがほどなくつぎの買収、それもはるかに大がかりな買収を行なう決定を下したのだ。業界が成熟するにつれ、超効率的なウォルマートに対抗していけるだけの規模が必要になるという判断だった。後任者たちはまた、いずれは全国的な存在になるという考えのもと、西へと拡張しつづける必要も感じていた。

一九八八年末、エイムズはゼイヤーのディスカウント部門を八億ドルで買い入れた。これで規模はふたたび二倍になり、店舗は七三六、年商は五三億九〇〇〇万ドルに伸びた。展開はフロリダ州、イリノイ州、オハイオ州にまで広がった。好都合なことに、ゼイヤーの店舗はほとんどが都市部にあり、農村地域を中心とするエイムズの店舗を補完してくれそうだった。

もちろん、ハーバート・ギルマンは激怒した。会長とCEOの職は退いたものの、取締役にはとどまっていた。この買収はシンプルなディスカウント店という使命から遠ざかるものだ。ギルマンは抗議のために取締役を辞した。もうひとりの取締役ジョン・ガイスも辞職した。

新CEOのピーター・ホリスは、それでも拡張を推し進めた。ホリスはゼイヤーに三〇年間勤続し、上級副社長にまで登りつめた人物だった。その後、別のディスカウント・チェーンに転職し、さらにエイムズに加わった。そしていま、ゼイヤーを経営する立場になったのだ。

エイムズが金を払い過ぎたのは明らかだった。ゼイヤーはほぼ全店で利益があがっていなかった。会計システムは混乱し、在庫総額は過大評価され、商品は時代遅れだった。エイムズは数カ月以内にゼイヤーの七五店舗を閉めた。そして過剰な支払い額に耐えかねたのか、その件に関して会長を訴えるという奇妙な行動に出た。彼が会社より自分の利益を優先し、エイムズに何億ドルという過剰な支払いを強いる判断を下したというのである。

会長のジェイムズ・ハーモンは、ブラウン大学を卒業した後、ウォートン・スクールでMBAを取得した人物で、二〇年にわたってエイムズの取締役会に名を連ねていた。そしてこれが問題なのだが、エイムズとゼイヤーの両方にこの取引を勧めた投資銀行ウェルトハイム・シュローダーの会長でもあった。

訴訟の内容によると、ハーモンはエイムズに対し、ゼイヤーに実際よりもはるかに高い価値があると信じこませた――それはウェルトハイム・シュローダーの評価額より数億ドルも上だった。また、ハーモンは取締役会でガイスとギルマンが発言できる機会を制限し、取引が承認されるよう尽力した。このときギルマンはすでにがんに冒されていた（一九九〇年にこの世を去った）。また、ハーモンはギルマンとガイスに最後に投票させ、このふたりの意向が他の取締役たちの判断をゆるがさないようにした。

さらに訴状によると、別の投資銀行がデュー・ディリジェンスを行なったとき、ハーモンはそのための時間を一日しか与えず、自社のアナリストたちにゼイヤーの人間と話をさせまいとしたという。ハーモンとウェルトハイム・シュローダーはこの告発内容を否定したものの、結局、同行は業務で得た手数料を返還するという形で、エイムズに一九〇〇万ドルを支払った。

エイムズは、合併後のチェーンをなんとか機能させるべく、ゼイヤーの二四時間営業を廃止し、時間を短縮することでコスト削減を図った。また、自社商品（ゼイヤーの手ごろだがファッショナブルな商品に変えて、ベーシックなブランド品）を揃えることで在庫品目を簡略化し、仕入れ力をさらに強化しようとした。またゼイヤーが定期的にセールを行なって客を呼びこみ、値引き商品も常時置いていたのに対し、エイムズは大幅な値引きはやめて全体を低価格に抑え、顧客がそれに適応してくれることを期待した。さらにゼイヤーのクレジットカードを廃止し、ゼイヤーが行なっていた大量の広告もとりやめた。

一九八九年二月には、利益のあがっている大都市圏の六一店舗に関してゼイヤーの名前を残すと発表した。ゼイヤーには長い歴史があり、顧客はその名前に愛着をもっているというのが理由だった——だが、一〇月になってまた名前を変更した。顧客はみなその変更に憤り、離れていった。

現金を手にするために、エイムズは一九八九年にG・C・マーフィーの資産を売却したが、受け取れたのはわずか七七〇〇万ドル、購入時のおよそ四〇パーセントだった。

ゼイヤーの店舗での売上不振と、買収時の高額の負債の返済とがあいまって、エイムズはついに商品を仕入れる金にも事欠くようになった。仕入れ業者は発送を停止し、銀行はこれ以上の融資を拒んだ。一九九〇年四月、エイムズは破産を申請した。

同社の取締役会は、スティーブン・ピストナーを新CEOに迎えた。ピストナーはターゲットの前CEOで、企業再生の専門家でもあり、この業界では重要人物だった。彼はエイムズの店舗の半分近くを閉店させたが、これには商品を清算し、運転資金を得るという理由もあった。さらに二万二五〇〇人の従業員をレイオフした。また、離れていった客を引き戻すために、一部品目の大幅な値引きにも踏み切った。従業員たちもこの計画を大々的に支えた。

しかしこの戦略はうまくいかなかった。「彼が重視するのはとにかく量、量、量だった。そして売れば売るほど損失は大きくなった」。あるトップ管理職はそう言った。客は大幅に値引きされた品物ばかりを買い、他には何も買わずに出ていった。一九九二年、ピストナーは退任した。

その年の末、エイムズは再建した。営業できたのは三〇九店舗で、ゼイヤーを買収する前よりも少なかった。

暫定のCEOをはさんだ後、一九九四年に企業再生の専門家ジョゼフ・エトーがCEOに指名されると、彼は牽引力を発揮しはじめ、エイムズの元の顧客、つまり収入的に中流の下の層を重視する方針を復活させた。また、55ゴールド・プログラムを設け、五五歳以上の客は毎週火曜日に全商品を一〇パーセント引きで買えるようにして、新たに年配の顧客層を獲得した。エイムズはふたたび黒字に転じた。

一九九七年、ジェリー・ウィルズはスマート・マネー誌に「ウォルマートからエイムズを見て」という記事を寄せ、エイムズを誉めそやしている。

「ウォルマートの容赦ない〝毎日が低価格〟戦略が、こうした（ディスカウント店の）虐殺をもたらしたのは明らかだ。しかし（ウォルマートも）まったくの無敵というわけではない。……エイムズの店舗はウォルマートよりも小さく、女性客をより重視している。……高齢者もエイムズのターゲットである。……だだっ広いウォルマートの店では得られない、気軽でより目的の明確な買い物体験を提供しようというコンセプトなのだ。……エトーはまた、独自の仕入れ方式によってコストを抑えている。彼のチェーンはウォルマートよりも小規模で、地域的に偏っているため、他の小売店の見切り品や余剰品を安く買い入れることもできる。つまり、倉庫の保管料に近い値段で商品を買い、在庫コストを節約できるのだ。……これまでのところはうまくいっている。小売店の利ざやはおそろしくわずかだというのに、エイムズの昨年の営業利益はほぼ倍増の四六二〇万ドル、売上は二一億六〇〇〇万ドルに達した。アナリストたちは、今年もその数字は二〇パーセント増、一株当たり利益は一五パーセント増になると予測している」

なかなかの経営方針だった。しかし、それも長くは続かなかった。

エイムズはまたしても、業界の統合に対抗するために、規模の拡張が必要だと判断したのだ。一九九九年、エトーは、一五五店舗を擁しながら経営不振にあえいでいたヒルズ・ストアズを三億三〇〇〇万ドルで買収した。これによって、エイムズの規模は一・五倍になり、ニューヨーク、オハイオ、ペンシルベニアの店舗を強化、インディアナ、ケンタッキー、テネシーにも店舗を広げることになった。

証券アナリストたちは当初、この買収を高く評価した。各メディアは、ゼイヤーのときの失敗はまだ記憶に新しいが、今回はバランスシートが健全だし、パートナーの統合も容易で、拡張計画にも無理がないと伝えた。一九九九年のエイムズの株価は、ほぼ五〇ドルに達した。だが二〇〇〇年後半になると、株価は四四セントまで下がり、二〇〇一年には六セントにまで落ちた。

G・C・マーフィーやゼイヤーと同様に、ヒルズの店舗も予想以上の問題を抱えていることがわかったが、エイムズはすでに勝ち目のない戦いを始めてしまっていた。ヒルズの買収以前には、特定の地域にしぼって考えぬかれた戦略でウォルマートに対抗していたのに、より広い地域と幅広い品揃えに移行したせいで、全体に無理が生じた。さらに小売市場の沈滞も追い討ちをかけた。

加えて、エイムズのシステムがまたしても、大きな規模に対処するにはもろすぎることを露呈した。同社は申請があれば誰にでもクレジットカードを発行していた。ときには、自社への支払いを滞らせている客にも新しいカードを発行した。

こうして、エイムズは旧ヒルズの店舗をつぎつぎ閉鎖していき、二〇〇一年に営業中の店舗数はヒルズの買収以前とほぼ同じになった。それでも窮地から抜け出すことはできなかった。まもなくふたたび店を閉めはじめ、在庫品をばらばらに処分して当座の現金を稼いだ。多くの店の敷地も売却して二五〇〇万ドルを得た。だがそれでも足りなかった。二〇〇二年、同社は清算を行なうと発表した。残っていた三二七店も閉店し、最後の従業員二万一五〇〇万人がレイオフされた。

統合戦略に潜む4つの落とし穴

問題ごと買い入れる

統合につきものの問題についてはすでに他の章で述べた。ここでは、その問題が統合という流れのなかでどのように現れてくるかを実例で見ておこう。

エイムズはなぜかいつも、買収した店舗の多くがキズモノであることを見落としていたが、問題も一緒に買い入れるという意味では、ダイムラークライスラーも同じだった。

ありある生産能力をもつ自動車メーカー、ダイムラー・ベンツは、一九九八年にクライスラーを三八〇億ドルで買収し、二社を合わせることで年間コストを三〇億ドル削減できると期待した。仕入れ力を高め、いくつかの工場を閉鎖し、倍になった製造施設をより効率的に使用すれば、大幅削減が可能だと考えたのだ。クライスラーの抱える問題は無視していた。アメリカの自動車メーカーはどこもそうだが、クライスラーも労働契約の下に操業していた。そこには社会保障費や年金手当なども含まれる。そうした手当がコストとして自動車一台に上乗せされる額は、トヨタより二〇〇〇ドルも高かった。クライスラーはまた、賃金も主なライバル会社をはるかに上回っていた。ダイムラーに買収される直前には、いくつかの新型モデルが好成績をあげていたものの、長期的に見ればシェアを落としていた。

この問題がダイムラーに与えた打撃は大きかった。アメリカの各自動車メーカーが労働契約の下から抜け出し、国内市場での競争力を高めようと苦闘していた時期にあって、ダイムラーのコストは依然高く、さらに評判の低いクライスラーの製品が導入されたこともあって売上は低下した。

また、本書の1章で明らかにしたようなシナジー効果の失敗もあった。たとえば、技術移転の計画は頓挫した。メルセデスのエリート技師たちは、クライスラーの庶民的な技師グループと技術を共有することを渋った。それどころか経営陣も、技術移転を望まなかった。メルセデスのブランド力が弱まるのではないかと心配になったのだ。フォードで起こったことも念頭にあった。フォードは一九八九年にジャガーPLCを買収し、多くの部品を二社の製造ラインで共有したと喧伝したが、結果的にジャガーはその名声を失い、売上を落としていた。

こうして、ダイムラーの試みは最悪の結果を招いた。思い描いていた利益は得られず、合併の根拠を並べたてるあいだ都合よく無視していた問題すべてに悩まされることになったのだ。そして結局、投資会社サーベラスに六億五〇〇〇万ドルを支払ってクライスラーを手放した。無事に手放せただけでも、ダイムラーはまだ幸運だったかもしれない。現時点で、クライスラーの状況はさらに著しく悪化している。


インペリアル・シュガーも、一連の問題をまとめて買い入れてしまった。同社は一九八八年にホリー・シュガーを買収したのを皮切りに、九六年から九八年まで毎年精力的に食品会社を買収した。規模の拡大が効率性をもたらし、厳しい価格競争にさらされる日用品市場で優位に立てると期待してのことだ。しかしその皮算用は実現しなかった。

インペリアルは国内産の砂糖を一ポンドにつき二二・五セントで仕入れていた。そして一ポンド当たり四セントを営業コストとして費やし、二七セントで売った。こんな数字ではごくわずかな利益しかあがらない。市場の変化が逆風となり、規模の拡大は解決すべき問題を複雑にするだけに終わった。

アメリカ国内における甘味料の一人当たり消費量は、年間一二四ポンドで安定していたが、そこに砂糖が占める割合は急激に下がりつつあった。たとえば一九七三年から八三年の間で、一人当たり年間消費量は一〇七ポンドから七一ポンドに下がった。さらに悪いことに、さまざまな貿易協定によって外国産の砂糖がどっと押し寄せるようになった。砂糖の国際価格は、アメリカ国内のおよそ半分だった。

結局、規模の拡大のおかげで年間二〇億ドル近くを売り上げるようになったにもかかわらず、インペリアルは二〇〇一年一月に破産申請を行なった。破産から立ち上がったのは同年八月。その後一年半を費やして店舗や人員を整理した。はるかに小規模になったが、最近は利益もあがるようになった。成長を目指すよりも、現金を株主に返還することを目標にし、この三年間の特別配当は合計でおよそ八〇〇〇万ドルに上っている。

規模の不経済に直面する

エイムズが苦い経験を通じて一度ならず学んだのは、ある規模の企業でうまく機能しているシステムでも、その規模が著しく拡大すると破綻しかねないということだ。

USエアウェイズも同じ問題を抱えることになった。一九七八年の規制緩和以降、八〇年代半ばの時点で黒字を続けていた航空会社は、USエア、サウスウェスト航空、ピードモント・アビエーションの三社だけだった。USエアは一九八六年、統合の名目の下に、パシフィック・サウスウェスト航空を四億ドルで買収して西部に拡張した後、八七年にはライバル社のピードモントを一六億ドルで買収し、もともとのコア市場だった東部よりも、西部で強力かつ効率的な存在となった。

こうして一年少しのあいだに規模をほぼ三倍に広げたとき、同社の情報システムは負担に対処しきれなくなった。コンピュータシステムは給料日になるとダウンし、秘書たちが総出で給料支払小切手をタイプした。古めかしいスケジューリングシステムも限界にきていた。たいていの航空会社では、乗員が搭乗予定の便を休みたい場合は自分で代わりを見つけるシステムだが、USエアは会社が手配していた。その結果、六〇〇〇人のパイロットのスケジューリングがフライト前日の午後四時まで終わらないという事態が起こった。さらに航空会社三つ分を合わせたルート網は小さなハブやスポークが入り乱れ、スケジューリングの複雑さに拍車をかけた。

全米経済研究所の会議報告書によれば、USエアにはこの新しい規模に対処できるだけの構造が欠けていた。全国規模の航空会社はどこも、マーケティングおよび価格決定、統括経営、情報テクノロジーなどを扱う大きな部門を擁していた。しかしUSエアの部門は貧弱で、合併以前の地域航空会社の頃と同じままだった。

加えて同社の硬直したピラミッド構造が、各階層での意思決定の制約となった。こうした問題は、中規模の、管理職の層があまり多くない組織なら許容できることもあるが、すっかり複雑な組織になってしまったUSエアでは悪影響が増幅された。

また、このピラミッド構造は別の問題も生み出した。形式張らない文化をもつパシフィック・サウスウェストの人々は、USエアの文化の下ではいらいらさせられた。ピードモントの従業員の多くは、USエアのCEOエド・コロドニーが、自己紹介でこう発言したときのことを、怒りをもって振り返る。「南部の温かいホスピタリティが、北部のクールな効率性に取って代わられるでしょう」

USエアは、あらゆる業務に標準プロセスを採り入れさせたが、そうしたプロセスの多くは、別のやり方に慣れていたピードモントとパシフィック・サウスウェストでは生産性の低下を招いた。ピードモントの元従業員たちの手荷物の取り扱いは著しく遅くなった。かつて平均を上回っていた同社の定時性は、大手航空会社一三社のうち一二番目に転落した。

拡大したUSエアのもうひとつの問題は、賃金だった。同社の賃金は、パシフィック・サウスウエストとピードモントの従業員よりも高かったので、給与体系の合理化のために、取得した二社の賃金も上げなくてはならないと考えたのだ。

連続する負の不経済要因が、USエアの経営を打ちのめした。全米経済研究所の計算によれば、一九八四年から八六年にかけて、後にUSエアを構成する航空会社三社の利益は五億二二〇〇万ドルだった。だが、その後ひとつの企業体となった一九八九年から九四年にかけて、三〇億ドル以上の損失を出した（一九八七〜八八年は移行期ということで未計算）。航空業界の重要な尺度である旅客マイル当たりの平均コストは、合併前の九・一セントから一〇・五セントに上昇した。合併前のUSエアとピードモントの営業利益は、業界平均よりも六〜七パーセント高かったが、合併後は業界平均を二・六パーセント下回った。規模の経済どころの話ではなかった。

顧客を失う

エイムズの場合もそうだったが、顧客は企業が考えるほど忠実ではない。たとえば、元々がゼイヤーの店舗でも、営業時間や価格設定や品揃えがすべて変わってしまえば、その店に通いつづける保証はない。わかりきった話なのに、企業側は顧客に選択肢があるという事実を見落としてしまう。

食品小売りのアルバートソンズも、一九九一年にアメリカン・ストアズを一一七億ドルで買収したとき、同じまちがいを犯した。

同社が取得したブランドのなかに、南北カリフォルニアでは名高い、強力なブランドと顧客を擁するラッキーというチェーンがあった。しかしアルバートソンズは、ラッキーの名もアルバートソンズに変更し、多くの品物が値引きになることで人気の高かったストアカード・プログラムを廃止した。また、ラッキーが地元の嗜好を満足させようとマーケティングに精を出していたのに対し、アルバートソンズは余分なサービスを省いた。さらに、広く認知されていたラッキーの「低価格のリーダー」という方針も止めた。

客の多くはラッキーがなくなったことをインターネット上で嘆き、他の店に流れた。アルバートソンズは二〇〇〇年代初めになってやっと、ラッキーの名前を復活させ、ストアカードも再導入したが、時すでに遅かった。

急速な成長を遂げつつあるウォルマートの脅威を無視したことも災いし、アルバートソンズはアメリカン・ストアズの買収関連で四億ドルを損失処理した。そして二〇〇六年には非公開投資会社と二つの食料品チェーンに身売りし、三つに分割された。価格は一七四億ドルで、アルバートソンズの実際の損失は数十億ドルにのぼった。

テクノロジー企業にも同様の失敗例がある。

通信業界の巨大企業ルーセント・テクノロジーズは、二〇〇六年末にアルカテルSAを一三〇億ドルで買収した。もともと両社は、顧客をしっかりとつかまえていた。顧客は他社の機器を導入しようとすると、余分なコストを強いられることになったからだ。新しい装置を使うには、社員がそのための訓練を受けるという負担がかかる。また、それまでの装置と新しい装置をともに維持しなくてはならないので、サポートとメンテナンスの費用も高くつく。さらに、異なるメーカーの機器同士はたいてい互換性がないので情報を完全には共有できないという問題もあった。

それでもライバル会社たちは、ルーセントとアルカテルの合併を機に、両社の顧客へ攻勢をかけた。合併した会社はライバルたちをかわしたものの、その勝利には厖大なコストが伴った。アルカテル・ルーセントは価格戦争にまきこまれ、収益性はがた落ちになった。同社は合併後に四〇億ドル以上を損失処理した。時価総額は六〇パーセントも落ちこんだ。

自分たちにふさわしい選択肢を追求しない

エイムズは、地域の小売業者として順調な経営を続けていたのに、あるときから、ウォルマートと肩を並べる超効率的な全国規模の小売業者にならなくてはと思いこんでしまった。私たちの見るかぎり、それまでのポジションをしっかり維持すれば、ウォルマートから身を守りつつ利益を得ていられただろう。だが、その線は真剣に検討しなかった。まして自社を売却することなどまったく考えなかったが、実際にはむしろ売却したほうが、はるかに利益はあがっただろう。

ホスピタル・コーポレイション・オブ・アメリカ（ＨＣＡ）は、業界の統合を進めるため、一九九四年に一〇二億五〇〇〇万ドルでライバル会社のコロンビア・ヘルスケアを買収した。その後も、開業中の病院を買収して閉鎖し、自分たちの病院が高い料金を維持できるようにする狙いで、買収と閉鎖の戦略を続けた。だが、残った他の病院は料金を引き下げて対抗した。また、ＨＣＡの効率的な経営を研究して取り入れ、同社の長所を弱めた。そのうち、ＨＣＡが買収した病院をつぎつぎ閉鎖するのを見て、全国の病院が身売りを拒否しはじめた。そのためＨＣＡは、戦略上必要な数の病院を減らすことはとうていできなくなった。

戦略が失敗に終わったＨＣＡは、メディケアやメディケードなど政府機関のサービスに、組織的に請求を上乗せするようになった。ついに民間や刑事上の捜査が大々的に行なわれ、同社は一七億ドルの罰金と調停金を支払った。

ＨＣＡはコロンビアと合併するより、統合を志す別の相手に自社を売却するか、そうした企業が病院を減らすのを待つか、現状を維持したほうがよかったのだ。結局、ＨＣＡは方針を変え、二〇〇六年に二一〇億ドルで非公開投資会社に身売りした。

失敗しないために、あなたがチェックすべきこと

統合の期が熟した業界では、どの会社にもプレッシャーがかかっている。激しい競争は収益性を抑える方向に働くので、会社はなんとかそれを解消する道を探ろうとする。そこで統合戦略に出たあげく、キズモノの会社を買ってしまうのだ。

誤った統合戦略を避けるには、取得する相手が抱えていそうな問題をあらかじめリストアップすることが不可欠だ。ダイムラー・ベンツの場合なら、社会保障や退職者年金など引き継がねばならないコストの他、自動車市場全体を覆う厳しい状況、たとえばクライスラーの販売特約店が（他の自動車メーカー同様）多すぎるとか、クライスラーの市場シェアが次第に落ちこんでいる、といったことを認識すべきだった。事前に問題が確認できれば、統合やらシナジーといった戦略の名の下にすべてを片づけてしまうのではない議論ができるし、ある程度なら定量化も可能になる。

一般に、統合の対象は隠れた問題を抱えていることが多い。エイムズのような一日限りのものではなく、独立したデュー・ディリジェンスを徹底的に実施することが最も望ましい。

数年先まで視野に入れることも重要だ。たいていは企業を断片的に観察して、今後何年も同じ業績をあげつづけると想定する。むしろ、統合の結果効率性が上がって業績が向上するとみなすことが多い。だが実際には、業界全体の収益性が低落傾向にあり、取得した企業も衰えていく見込みが

高い。慎重に進めようと思うなら、相手企業の衰えゆくシナリオも考えるべきだ。

同様に、規模の不経済、つまり規模拡大に伴うリスクについても検討するべきだろう。規模が大きくなったら、どのシステムがダウンしそうか？　その修復にはどれだけの金額と時間がかかるか？　その間にどれだけの収入が失われるか？　どういった関連事業が害をこうむるか？　新たな規模に対処できないのはどの部署か？　他にどんなまずいことが起こりうるか？……

規模の経済の実現を妨げる要因への注意も怠ってはならない。社員が新しい組織で有利な立場を得ようと画策するとき、どれだけのものが失われるか？　業務プロセスを標準化して効率性を求めようとしたら、どれだけの邪魔が出てくるか？　変化に抵抗するのは誰か？　業務プロセスはどこまで効率化できるか？

経済効率の意識を高めるために変革管理チームを導入するというのをよく耳にするが、私たちが調べた統合例を見るかぎり、そうしたチームは必ずしも効率的ではない。

また、顧客が離れていきそうな理由もすべて考えておくべきだ。これは多くの統合戦略で非常に重要なポイントだ。企業は往々にして、「規模が拡大張すれば顧客にも恩恵があるはずだ。なにしろ事業が安定し、扱う範囲が増え、顧客サービスもよくなるのだから」とひとり決めする。だが実際のところ、統合は多くの場合、価格決定力を増したいという意向に突き動かされている。言い換えれば、価格を上げたがっているということだ。それでどうして顧客の恩恵などと言えるのだろう？

顧客は、自分たちからさらに搾り取うとする動きがあれば離れる。つまりはライバルのところへ行く。あるいは、航空会社の合併のときのように、列車に乗るか、車で行くか、テレビ会議のシステムを使うか、あるいはもう旅行をやめて家にいるということになる。

とにかく、顧客がずっと忠実でいるなどと思いこまないことだ。顧客を離さないための努力はするべきだが、合併を決断する前に、離れていきそうな顧客がどのくらいいるかは具体的な数字にしておくこと。顧客たちが離れていかないよう手段を講じるのにかかるコストも数値化するべきだ。考えられる収益の損失分やコストの増加分を考慮して初めて、その合併が名案であるかどうかを正当に評価できるようになる。

業界全体が統合に向かっているときでも、買収が正解だと思いこむのでなく、売る、もしくは何もしない、という可能性も検討するのが賢明だ。このプロセスは4章で説明したマイケル・ポーターの枠組みから始めるといい。

たとえば鉄鋼業界のように、まだ利益を生み出せるコスト構造を保ち、しかもあなたが市場のリーダーとなりうるのなら、そのときはぜひとも（ただし注意深く）業界の統合を進めていくべきだろう。だが、たとえ業界のコスト構造がよくても、あなたの会社がリーダーになれそうにないのなら、採算の悪い事業からばらばらに売っていき、規模を縮小しながらできるだけ多くの現金を得るように努めるべきだ。さらに、もしあなたが写真業界のような低迷する業界のリーダーなら、利益のあがるニッチに進出しつつ、残りの事業を処分していくべきだろう。

そして、もしあなたが二重苦に直面しているなら、つまり低迷する業界にいて、そのリーダーでもないなら、一目散に逃げ出すようにとポーターは言っている。できるだけ早く売るべし。

ときには、業界の統合に加わらない会社が漁夫の利を得ることもある。ディスクドライブ業界のリーダーであるシーゲイト・テクノロジーLLCが、二〇〇五年に業界第三位のマックストアを一九億ドルで買収した。シーゲイトはマックストアというブランドは残したが、そのテクノロジーや社員はほとんど残さなかった。そしてすべての製造施設をシーゲイトの工場に移転させた。この合併を成功とみなしているCFOのチャールズ・ポープによれば、同社はマックストアの市場シェアの半分を失ったものの、保持した市場シェアに加えて、業界全体での価格決定力を高めたことで、合併以前よりも状況は好転した。

しかし本当に得をしたのは、ディスクドライブの第二位のメーカー、ウェスタン・デジタルだった。同社はシーゲイトが失ったマックストアのシェアの大半を手にした。ディスクドライブ全般の価格が上がったことからも恩恵を得た。そのために一九億ドルの金を払う必要もなかった。まさに、濡れ手に粟だった。

第Ⅰ部のまとめ

失敗に共通するポイント

ここまで、あまりに多くの情報を並べすぎたかもしれない。「こんなに失敗例ばかりだといやになる」という声が聞こえてきそうだ。また、一部の情報は重複しているように感じられるだろう。実際、そのとおりなのだ。シナジー効果を求める戦略失敗の理由は、隣接市場参入の戦略失敗の理由と重なる場合がある。隣接市場参入の戦略と統合戦略についても同様だ。

そこで、つぎの二つのポイントをはっきりさせておきたい。ひとつは、失敗の恐れがある大胆な戦略はすべて避けるべきか、ということ。もうひとつは、問題の重複だ。

ひとつめに関しては、成長を求める積極的戦略が必ず失敗するなどと言うつもりはない。ちゃんと成功している例はいくらもあるし、「脅威を無視して何もせずにいること」が危険な戦略のひとつだということもすでに述べた。

それでも、私たちがこれほど失敗例を取り上げてきたのは、そうした例が無視されることがあまりに多いからだ。誰もが健全な成長企業の話や、どうすればそうした会社を上回れるかといった話ばかり知りたがる。そのなかで華々しい成功譚の裏の影の部分に注意を向けてもらうために、企業社会で起こっている失敗の幅広さと深さを示す証拠をなるべく多く示したというわけだ。続く第II部では、あなた自身の会社を検証するための方法を説明しているので、ぜひそれらを活用し、失敗のリストに加わらないようにしていただきたい。

つぎに「問題の重複」に関して。失敗の原因を子細に見ていくと、ほかの原因よりも多く見られるものがある。特に多く見られる問題をまとめれば、以下のようになる。

●規模の拡大に伴う複雑な状況を過小評価する

多くの会社が最初につぎのような、シンプルでいかにも筋の通った理屈を口にする――「わが社は事業を行なううえで一定額の固定費用をかけている。だから規模を拡大すれば、同じだけのコストで収益を増やせるだろう。つまり事業全体に占める共通経費の割合が減り、そのぶん効率はよくなる」。しかし、規模が二倍になったときに、まったく同じことを二倍多くできるようになるとは限らない。これまでとはちがった市場、ちがった顧客、ちがった販売網などを扱う可能性もある。自動車メーカーやコンピュータメーカーはよく、いくつかの製造ラインで部品を共有し、それぞれに「最適化」すると言うが、どれかの部品を少しでもへたにいじろうものなら、部品を共有することから得られていた利益をすべて失いかねない。

●規模の拡大によって増す仕入れ力、価格決定力を過大評価する

これはパワーポイントのスライドではもっともらしく見える主張だが、きびしく分析するともちこたえられなくなる。客観的な視点を欠いているためだ。規模を二倍もしくは三倍にすれば、社内では大変な達成感があるだろうが、外の世界では注目すらされないかもしれない。会社が業界の小さな一部にとどまっているかぎり、仕入れ力や価格決定力などの力は大して得られない。

●顧客をつなぎとめる力を過大評価する

人はたしかに習慣の生き物だ。とりたてて変える理由がなければ、たぶんいつもと同じ場所で買い物をする。いくつかのブランド、製品に対しては忠誠を守りもする。しかし多くの小売業者が思い知らされてきたように、顧客は変化が好きではない。あなたは大したことをしていないと思っていても、もし店の入口に新しい店名を掲げ、価格設定の戦略を変更すれば、隣の店に行ってしまう恐れは十分にある。

●言葉に頼る

あなたの社がエイボンのように「ケアの文化」をもっていたとしても、化粧品の販売員が医療施設の経営を行なう足しにはならない。キャッチフレーズに頼るような戦略には疑いをもつこと。

●あらゆる選択肢を考慮しようとしない

私たちはみんな、成長への重圧にさらされている。記憶されるのは生き残った者たちだと知っているから、成長することで生き残ろうとする——たとえ良心が、その成長戦略は金のムダだからやめろと命じていたとしても。さらに厳しい状況なら、ときには事業を売ることも考えるべきだ。そうすることで、無理にしがみつけば事業の価値を失ってしまうような場合でも、高い評価額を受け取ることができる。

●企業取得に金を払いすぎる

今さら言うまでもないだろう。企業が他社を買収するときに、必要以上に高い金を出しがちだということは、すでにたっぷり伝えたとおりだ。

ではこれから、第I部の議論を掘り下げ、対処法を提示しよう。これで、あなたが成功するチャンスは大きく高まるはずだ。

第II部 成功率を確実に高める知恵

第8章 人はなぜ悪い戦略を選んでしまうのか

なぜこれほど多くの会社が、戦略が実行に移される前の時点で、すでに失敗を決定づけられているのだろうか？

短い答えはこうだ。「計画を立てたり意思決定をするとき、人間は不合理になる」

何十年にもわたる心理学的調査から、人間は複雑な決定、たとえば戦略の策定などに判断を下すとき、大きな障害に直面することがわかっている。

人類学的な研究でも、この点は明らかにされている。ドナルド・E・ブラウンは著書『ヒューマン・ユニヴァーサルズ』（新曜社）で、人間の文化間の差異ではなく、共通点に注目した。そしてこうした共通点は人間であることの一部なのだとブラウンは考えた。たとえば口頭言語は普遍的だが、文字は普遍的ではない。基本的な推論は普遍的だが、数学に使われるような抽象的論理は普遍的ではない。残念なことに、ブラウンが見つけた二〇〇以上におよぶ普遍的な特性のなかには、複雑な決定を妨げる多くの心理学的特性も含まれていた。要するに、人間は悪い戦略を思いついてしまうようにできているのだ。

この本を読むような、意識の高い経営者や管理職たちは、自分たちが直面する限界を認識している。だから人一倍、強い警戒心をもち、深い分析を行なおうとする。ただし問題は、それだけでは十分でないということだ。第I部で見てきたように、油断のない、分析力のある経営者たちでも、明らかに欠陥のある戦略を思いついてしまう。

だからもっと注意するように、などとは言わない。意思決定者が、人間には誤りを犯す傾向が深く根づいているという現実を受け入れ、そうした傾向に対抗できる系統立ったメカニズムを採り入れるよう提案したいのだ。

冒頭の問いかけに、長く答えればこうなる。

戦略を策定する人間はあらゆる関連情報を集めねばならない。そしてその情報を客観的に処理する必要がある。可能な戦略は幅広く検討しなくてはならない。ネガティブなものもポジティブなものも、あらゆる可能性を考慮して、徹底的に評価することだ。自分自身、自社、それに他社の経験から学んだスキルを研ぎ澄ませるのだ。

構想段階で生じる大きな誤りを避けるには、マイケル・ポーターの「五つの力」分析など、戦略設定への厳格な手法をきちんと守ればいい。ところが実際には、厳格な手法をとるのはきわめて難しいことがわかっている。理由は、以下に挙げる人間の本来的な傾向のためだ。

●人はすべての情報を評価するずっと前から、ひとつの答えに狙いを定めている。
●人は元来、抽象概念を扱うのが得意でなく、多種類の情報に対して客観的になることが難しい。
●人はある答えに向かいはじめると、その答えの正しさを確認しようとし、自分がまちがっているという可能性を受け入れにくくなる。
●人はグループの希望に従おうとする。特にそのリーダーが強い人間であれば、反論を唱えず、ただ受け入れる。
●人は誤りからじゅうぶんに学ぶことがない。おおむね自信過剰で、自分の失敗を正当化する精巧な防御メカニズムをもっている。企業戦略を任されるような頭の切れる人たちほど、過ちを認めず、ミスから学ばない傾向がある。

乗り越えるべきハードルは多い。五つの問題をそれぞれ見ていこう。

じゅうぶん検討する前に結論を出してしまう

人はすべての情報を検討しないうちに結論に達してしまいがちだ。人に対する第一印象と同じように、考えに対しても第一印象をもつ。予断を控えるように訓練されている人でも、いつのまにか情報を評価し、かなり早い段階で一時的な結論を出す。その結論に反する追加情報を吟味はしていても、等しく重視し、検討するわけではない。第一印象と同様に、結論も覆すのは難しいのだ。たとえば、情報機関のアナリストたちを調べてみると、広範な訓練を受けているにもかかわらず、いつもごく早いうちに結論を出し、その結論に「事実を当てはめていく」傾向があった。臨床心理学者を対象にした調査でも、早めに診断を下し、追加情報があっても診断を変えないとわかった。

人は見聞きする情報すべてを考慮しようとはしない。その理由のひとつは、心理学で言う「利用可能性バイアス」にある。私たちは利用しやすい、つまり最近見聞きしたり印象が強かったりして思い出しやすい情報や考えから思い出す傾向がある。

アーヴィング・ジャニスは、古典的著書 ***Groupthink***（集団思考）のなかで、一九五〇〜六〇年代にアメリカが最初にベトナムに関わったのは、利用可能性バイアスのためだったと書いている。アメリカの大統領や将軍たちは、第二次世界大戦前の宥和《ゆうわ》政策がヒトラーの前に無力だったこと、朝鮮戦争での介入が成功したことを鮮明に記憶していた。だから、共産主義を封じるためには武力介入が必要だと容易に結論づけた。

ベトナム戦争を戦った将軍や政治家だけではない。私たちみんながこのバイアスを生じ、ときに悲惨な結果を招く。モトローラのロバート・ガルビンがイリジウムのプロジェクトを進めて大失敗に終わったのも、モトローラが以前に大きなエンジニアリング・プロジェクトで収めた成功が、彼にとっては非常に利用可能性が高かったからだ。

利用可能性バイアスがもうひとつ意味するのは、私たちは統計の情報よりもむしろ、ストーリーとアナロジーに反応するということだ。本来は未加工のデータのほうが、現実のより正確な像を教えてくれるのだが、ランダムな事実はなかなか記憶に残らない。その事実をひとつのストーリーにつくりあげるか、あるいはすでに知っている別の状況との類似があると判断したとき、「利用可能」なものとなるのだ。

ストーリーやアナロジーは、適切に利用され、ありのままに認識されるかぎり、必ずしも悪いものではない。たとえばウォルト・ディズニーの経営陣は、取締役たちに大きなプロジェクトへの投資を納得させるにはストーリーが必要であることを心得ている。

ディズニー・イマジニアリングの幹部ジョー・ローディは、自然に近い環境に野生動物を放した遊園地を造りたいと考え、パワーポイントによるプレゼンなど、企画を通す際にはつきものの面倒な手続きをひと通りこなしたが、手ごたえは今ひとつだった。そこでローディは一計を案じた。最終会議で、当時のCEOマイケル・アイズナーが「生きた動物を見てスリルを感じるというのが、まだぴんとこないな」と言うと、彼は会議室の入口まで歩いていき、ドアを開けた。入ってきたのはベンガルトラだった。ごく細い綱でつながれ、若い女性ひとりに抑えられた状態で。アイズナーは即座に〝スリル〟を理解した。アニマルキングダムは一九九九年に開園し、大成功を収めた。今も大勢の人たちが、生身のエキゾチックな野生動物を見るスリルを味わっている。

ただし、ストーリーには問題もある。よくできた話は、あらゆる議論の両面を支持しうるということだ。「善は急げ」に対して「急がば回れ」、「類は友を呼ぶ」に対して「磁石の両極は引きあう」

といった具合に。また、複数の事実をひどく小ぎれいなパッケージにまとめたり、現実にはない因果関係を結びつけたりできるという点で、ストーリーはときに危険でもある。

アナロジーも、私たちを欺くことがある。ガルビンが痛い経験を通じて学んだように、類似はあくまで類似であって決して同じではない。イリジウムは多くの点で以前のプロジェクトと類似していたが、それだけでは十分ではなかった（イリジウムは今では、新しいテクノロジーの可能性をいかに評価しないいかを旨とする人たちにとって、じつに好都合な類似例となっている）。

ブラウンは『ヒューマン・ユニヴァーサルズ』で、普遍的なものの例として神話を挙げている。つまり、統計よりもストーリーを使おうとする傾向は、私たち人間に深く根ざしたものなのだ。だから、神話の力を利用するのはいいが、自分もその力に操作されてしまわない注意が必要だ。

心理面での弱点に足をひっぱられる

現実の複雑な関係やデータを処理するとき、私たちの頭はありとあらゆるいたずらを仕掛けてくる。そのひとつが「アンカリング（係留）」だ。たとえば、誰かにあるものの数値を見積もるように言ったとき、無作為に選んだ数を言い添えると、それが見積もりの数字に大きな影響を及ぼす。

特に戦略策定の場面では、アンカリングが問題になる。私たちは無意識のうちに、スプレッドシートなどの書類を基にものを考える傾向がある――その書類の前提となる考えには疑問を抱きにくいのだ。

何かを予測するときにアンカリングが働くと、あるトレンドが変わることなく推移しつづけると思いこみやすい。これは、テクノロジーの進歩を予測するときに特に問題になる。何かの分野で利益が爆発的に増えると、人はその変化のペースがいつまでも持続すると考える。その結果、たとえばインターネットの短期的な効果を過大評価する。街の店舗は無用になるといった話が広まったのは、その例だ。一方で、生活の快適な部分は大きな変化なく続いていくと思いこむので、たとえば携帯電話の長期的な影響は過小評価しがちだ。二〇年前に誰が、携帯の打ちすぎで腱鞘炎《けんしょうえん》になる人が出るなどと想像しただろう。

もうひとつ、心理学者が「生存バイアス」と呼ぶものもある。私たちは生き残ったもの、つまり起こったことは憶えているが、起こらなかったことは憶えていない。

当たり前じゃないか？　しかし、起こらなかったことは憶えていないというのは、私たちの考え方に関わる大きな問題だ。信心深い人々は毎年、奇跡の癒しを求めてルルドに詣でる。天文学者でテレビパーソナリティでもあるカール・セーガンの調査によって、歩いて聖地まで行った人たちの病気の治癒率は、何もしなかった人たちよりいくぶん低いことがわかった。それでも、ルルド詣の勢いは殺《そ》がれない。マリアに祈って生き延びた人たちのことは語られるが、マリアに祈って死んだ人たちのことは語られないからだ。

同様に、私たちはビジネスの場面でリスクをとるように唆《そそのか》される。社運を賭ける決断をして財を成した人たちの話は活字になるが、社運を賭けて敗れた人の話は残らないからだ。人々はスタンリーの『となりの億万長者』（早川書房）を読み、ひとつか二つの資産に集中的に投資して、自分も大金を手にしようと考える。最悪の会社にたっぷり投資して貯金を残らず失った人の話は読まない。「ハウスマネー効果」と呼ばれるものもある。人は自分の持ち金よりも、「ハウスマネー」〔訳注：カジノの金という意味。いわゆる「あぶく銭」〕を使うときのほうがリスクをとりやすいという意味だ。たとえば、何人かに三〇ドルを渡してから、九ドル賭けてコイントスをやるかと訊ねる。するとおよそ七五パーセントがイエスと答える。別のグループにも同じことを訊ねるが、今度は質問を変える。「あなたたちには二つの選択肢がある。三〇ドル受け取るか、コイントスをしてその結果次第で二一ドルもしくは三九ドルを受け取るかだ」と言うのだ。「ハウスマネー」を受け取る前に選択しなければならないこのグループでは、賭けをしたのは四三パーセントだった。

　ここで現実を認めよう。ほとんどの企業が扱っているのは、シリコンバレーの連中がＯＰＭと呼ぶものだ。ＯＰＭとは「他人の金《アザー・ピープルズ・マネー》」の略で、発音は「阿片《オピウム》」に似ている。経営者はおおむね自分たちに与えられた義務を尊重するし、過度にリスクをとれば職を失いかねないことを知っているが、それでも自分自身の金を賭けるときより大胆になる傾向があるのはまちがいない。

　ナシーム・ニコラス・タレブは、著書『まぐれ』（ダイヤモンド社）のなかで「プラトン化」という造語を使い、人がさまざまな問題を見落としてしまう理由を説明している。この言葉はプラトンと、理想にまつわる彼の説明を指すものだ。理想はわれわれの思考を堕落させる、とタレブは言う。私たちは三角っぽい形のものを見ると、頭のなかでそれを三角形として処理する。そして理想に合致しないデータは無視する。

これは多くの印象を処理するにはたしかに効率的だが、そこから「小さな問題を見ない」という弊害が生じ、やがて軋轢を生み出し、目標の達成を遠ざける。テクノロジー業界には、ありふれた理由から挫折してしまった壮大な計画があふれている。たとえば6章で紹介したウェブバンは、バンが街中で駐車できるスペースが少ないことを考慮に入れていなかった。食料品をエレベーターで運んだり、場合によってはアパートの階段を上り下りする時間と労力も計算していなかった。暑い日にアイスクリームを注文した客が不在だった場合、どんなトラブルになるかにも注意を払わなかった。外で仕事をもつ人は、夕方の決まった時間に配達してほしがることにも気づいていなかった。ちょっとしたことがすべて無視されていたのだ。一つひとつは、食料品販売の世界を改革するという彼らの計画を狂わせるほど重大なものではない。しかし利ざやの薄い事業では、こうした配慮のなさが積み重なった結果、何億ドルもの金をムダにした。

心理学者は、私たちの思考には型があるために、新しい考えを処理する際には問題が生じるとも言う。脳のニューロンを信号が移動していくうちに、パターンに沿った型のようなものができあがるらしい。だから特定の物事は、つねに同じように知覚される。

ジャニスは、この思考の型によって、アメリカのベトナム介入が説明できると述べている。アメリカ人は、第二次大戦後のソ連の行動から、「共産主義国」は拡張主義的であるという考えを抱くようになった。北ベトナムは共産主義政権だったため、アメリカの高官たちは、彼らの主目的がただ祖国を統一することだけだとは想像できなかった。ソ連や中国と連携して東南アジア全体を共産主義化しようとしていると、信じて疑わなかったのだ。

こうした思考の型は、それがあるとわかっただけで避けられるものではない。

認知の研究によると、私たちは物がどのくらい離れているかを、その物がどう見えるかによってある程度判断している。だから物が見えやすい日や見えにくい日によって、見当がはずれる。晴れた日には実際よりも近くにあるように感じ、靄《もや》のかかった日には実際より遠くにあるように感じるのだ。こうした判断の誤りは、その日の天候がわかっていても防げない。

距離を正確に判断することが死活問題であるパイロットは、特殊な訓練を受けて知覚を矯正するという。しかし普通は難しい。これと同じように、思考の型を矯正するのもやはり難しく、特別な訓練やツールが必要になる。

人は、自分は正しいと思いたがる

かつて、大学の心理学の講義で「認知的不協和」なる概念を学んだことがある。これは、矛盾する情報を抱えたときに感じる不快感のことだ。人は、たとえばどの自動車を買うかを決める前にたくさんの資料を読む。ここまではいい。だが、実は買った後も資料を読みつづける。ただし、あとで読むのは自分の判断の正しさを裏づけてくれるものだけ、失敗を示唆するものは退ける。つまり正しい選択をしたと自分に納得させることで、不協和を避けようとするのだ。

意思決定の場面でも同じようなことが起こる。心理学者が「確証バイアス」と呼ぶものの一種だ。人はいったん結論を出すと、その判断の正しさを支持する情報を探し、否定する情報は無視する。

Ｐ・Ｃ・ウェイソンは、単純な実験を行なった。ある数列がどういう規則から生まれたものかを当てさせるというものだ。被験者には、あらかじめ「2、4、6」はその規則に当てはまると伝えるが、彼らはさらなるヒントを得るために、「これこれの数はその法則に当てはまるか」と訊ねることができる。何度訊いてもかまわない。ところが、あるグループの実験では、正解を出したのは二九人中六人だけ、別の実験では、五一人中五一人全員がまちがえた。

なぜか？　被験者は、こういう規則だろうと当たりをつけると、その正しさを裏づける数のことしか訊ねないからだ。「次第に大きくなっていく連続する偶数」が規則だと考えた人は、「8、10、12」は当てはまるかと訊ねる。また、「次第に大きくなっていく偶数」だと考えた人は、「10、22、30」は当てはまるかと訊ねる。正しい答えは、ただの「大きくなっていく数」なのだが、自分が予想した規則と矛盾する数について訊ねようとしなかったため、正解者はごくわずかだった。この場合、もし被験者が、「次第に大きくなっていく連続する偶数」が答えかどうか確かめたければ、連続しない数列、または大きくなっていく奇数の数列や小さくなっていく偶数の数列についても訊ねる必要がある。自分が正しいと思う数ばかり訊ねても、正しい結論にはたどり着けない。だが、確証バイアスが、正しくないと思うことを訊ねるのを邪魔するのだ。

確証バイアスはきわめて強固なため、その選択はばかげていると世界中がわかっていても、当人は自分のまちがいを認めようとしないことが多い。古典的な例をあげるなら、ソニーUSAの前社長ミッキー・シュルホフが、買収したコロンビア・ピクチャーズ関連の損失処理を行なった後の発言だ。その件について問われたとき、シュルホフはこう問い返した。「ソニーがコロンビア・ピクチャーズを買収したのが失敗だったなどと、どうして言えるのか？」。まあ、それはあなたが三二億ドルという、コロンビアの買収総額とほぼ同じ額の損失を出したからでしょう。

自然科学の世界でさえも、確証バイアスの例はたえず現れる。トマス・クーンの『科学革命の構造』（みすず書房）を読めば、科学者も日常的に不都合な事実を無視しているということがわかる。イアン・ミトロフの *The Subjective Side of Science*（科学の主観的側面）には、月の起源に関する理論をつくりあげた科学者たちが、アポロ11号の持ち帰った月の石によってその理論が覆されたときに、あくまで抵抗したいきさつがくわしく描かれている。彼らは新しい証拠を回避しようとして、自分たちの理論のほうをあれこれいじりまわした。

著名な物理学者マックス・プランクはこう言っている。科学者は自分の名誉が傷つくときでさえ、そのバイアスを手放そうとしない。ただゆっくりと死んでいき、奇妙なバイアスとは無縁に育ってきた若い科学者に場所を空け渡すだけだと（もちろん若い科学者にも彼らなりのバイアスがあり、いずれそれが誤りだと証明されても、やはり手放そうとはしないだろう）。

チャールズ・ペローの興味深い著作 *Normal Accidents*（ノーマルな事故）には、確証バイアスが原因となった災難の例が数多く載っている。たとえば、スネーク川に造られたダムの話。そのダムには建設前から問題が指摘されていたが無視され、完成後に漏水が発見された後も問題は軽く扱われた。そして一九七六年六月五日、ダムは決壊し、一一人の死者と一〇億ドルを超える損害を出した。

ドナルド・ブラウンは、確証バイアスは私たち人間のなかにもともと組みこまれていると言っている。「心の地図《メンタルマップ》」は普遍的なもので、私たちは新しい情報を受け取るたび、自分の頭のなかに存在する地図にそれを当てはめようとする。新しい情報を利用して、すでにできあがっているものを疑おうとはしないのだ。

グループやリーダーに同調する

Normal Accidents には、この同調行動が原因で起こる、ある奇妙な航海上の現象が取り上げられている。お役所が婉曲な用語で「衝突針路外衝突」と呼んでいるものだが、早い話、そのまま進めば危険のない船の針路を船長がわざわざ変更したあげく、他の船と衝突してしまうケースだ。

アルコールがらみでも過労のせいでもない。船長はただ、自分の船と相手の船の相対的な動きを見誤ったのだ。この本に出てくる二六件の衝突例のうち、一九ないし二四件は、船長が土壇場の針路変更をしなければ起こらなかったと考えられる。甲板にいた他の乗組員たちは状況を正しく察知していたが、彼らは、船長はすべてわかっていると思いこむか、船長に逆らうのを恐れたために口を出さず、手遅れになってしまった。ペローはこう書いている。「船長が船を座礁させたり、他の船に衝突させたりするあいだ、甲板部士官がただ呆然と見ているのは珍しいことではない」

一九五五年にソロモン・アッシュは、こうした同調行動を見事に例証する実験結果を発表した。その実験では、ひとりの被験者が、まったく面識のない七人ないし九人のグループに入れられた。被験者には知らされていないが、ほかの全員は実験の協力者である。そこへ実験者がやってきて、これから視覚判断の心理学テストを受けてもらうと告げる。そして線が一本描いてあるカードを掲げ、つぎに長さのちがう三本の線が描かれたカードを見せ、「二枚目のカードの線のうち、一枚目の線と長さが同じものはどれか」とひとりずつ順番に訊いていく。被験者が答えるのは最後だ。線の長さの差は歴然としていて、最初の三回は全員が正しい答えを言う。だがその後は、被験者以外の全員がわざとまちがった答えを言う。ときどき正解をまじえながら。

その結果、一二八回の実験のうち、被験者がまわりの人の答えに同調した確率は三七パーセントだった。多くの被験者は戸惑っているようだったし、他のみんなのほうがまちがっていると思う気持ちを顔に出す被験者もいたが、それでも同調した。

もっと興味深いのは、周囲とはちがう声をあげる人間が自分以外にもひとりいると、被験者が正解を言うケースがぐんと増えたことだ。他にひとりだけ正解を言う人がいると、被験者が多数派に合わせるケースは一七パーセントに減った――まだ高いが、かなりましだ。

アッシュは書いている。「われわれの社会では、同調行動へ向かう傾向は非常に強く、ほどほどに知的で悪気のない若者たちが、進んで白を黒と言うようになることがわかった。これは重大な問題だ。われわれの教育法や、行動の基準となる価値観に、疑問を投げかける」

アッシュの足跡を追って、スタンリー・ミルグラムは、権威をもつ人物の影響力を調べる悪名高い実験を行なった。時は一九六一年、第二次大戦中にヒトラーの高官だったアドルフ・アイヒマンに対する裁判が行なわれたばかりの頃だ。ミルグラムは、なぜあれほど多くのドイツ人が残虐行為に同調してしまったのかと考え、アメリカ人も権威者に対して同じように反応するかどうかを調べることにした。そして募集に応じた参加者に四ドル五〇セントの謝礼を払い、「フィードバックがいかに学習能力を高めるかを調べる」という触れこみで実験を行なった。

被験者はひとりずつ、この実験の本当の狙いを知っている役者とペアを組まされる。そして被験者は「教師」役を務め、実験者から与えられた一連の単語を、仕切りの向こう側の(役者が務める)「生徒」に教えようとする。「生徒」は教えられた単語を書き出していくが、もしミスをすると、被験者自らがダイヤルを回して「生徒」に電気ショックを与えるように指示される。被験者も、開始前に四五ボルトの電流に触れて、自分の与えるショックを体感させられる。テストが続くあいだ、ダイヤルに接続されているのは、実は電気ショックを受けたような演技をして録音された声だ。実際に「生徒」がショックを与えられることはない。

やがて「生徒」が筋書きどおりにミスをしはじめ、実験者が「教師」にショックを与えるよう指示する。ミスが続くと、実験者は「教師」に電圧を上げるように言い、どんどんショックを強くしていく。「教師」にはうめき声や叫び声、抗議の声が聞こえてくる。電圧がさらに上がると、「生徒」は仕切り壁を叩いて、心臓発作を起こしそうだと言う。すると「教師」たちは実験者に、このまま続けていいのかと訴える。立ち上がって歩き回る者もいる。実験を中止できるなら受け取った金は返すと申し出る者もいる。それでも実験者は続けるように命じ、「教師」は言われたとおりにする。実際に、ダイヤルの数値が三〇〇ボルトになるまで、誰ひとりやめなかった。そして六五パーセントが、実験の始めに命の危険があると言われた四五〇ボルトまでショックを与えつづけた。

こうした実験から、私たちの精神は、周囲の人に合わせるように、とりわけ権威のある人物の意思に同調するように働くことがわかる。アッシュの実験では、簡単なテストで答えは明らかだったし、被験者はグループの他のメンバーとはまったく初対面だったのに、驚くほど高い割合でグループに同調した。これがもしビジネスの会議なら、周囲の圧力はどれほど大きいだろう。議題は複雑だし、答えは明らかでなく、しかもグループは社会的、経済的なきずなで縛られているのだ。

もう一度ブラウンの『ヒューマン・ユニヴァーサルズ』を引き合いに出せば、同調に向かう傾向は私たちの内に組みこまれている。彼は、あらゆる文化に「内集団/外集団」「社会化」「地位」が見られることを発見した。「内集団/外集団」は、人は自分に近いと感じる人たちと集団をつくり、外部の人たちを避けるということを示す。「社会化」と「地位」は、人が他の人たちとの相互作用や集団内の地位も重視することを示している。ビジネスの視点で見ると、こうした三つの普遍性が示唆するのは、いつもは賢明で決断力に富む幹部でさえ、同僚や上司との関係や立場を重視するあまり、グループの希望に同調してしまいかねないということだ。たとえ戦略の欠陥が見えていても、幹部は反対意見を表明しないかもしれないのだ。

ブラウンも、あらゆる文化はリーダーを崇《あが》めると言っている。この高い尊重の意識は、会社には明らかに都合がいい。兵隊が将軍に従わなければ、会社はあまり迅速に動けなくなる。しかしリーダーへの信頼は同調行動にもつながる。悪いアイデアにも疑問が呈されないままになりかねない。ピーター・ドラッカーはかつて、強いリーダーを求めすぎてはいけないと警告した。彼はこう記している。「二〇世紀で最も強力な三人のリーダーは、ヒトラー、スターリン、毛沢東だった」

自分の能力を過信する

私たちはもともと自分の能力を過信しがちで、それがまちがっていることを教えられても抵抗する。このことも、繰り返し行なわれた簡単な実験で証明されている。

その実験では、大勢の人たちに、「国内のマンホールの蓋の数」とか、「国会図書館の物理学の本の収蔵数」など、なんらかのモノの数を予想してもらう。そのうえで、正解が九八パーセントの確率で含まれると思う範囲の数字を答えてもらう。すると、最初の実験では、答えとして出された範囲のうち、正解が含まれなかったのは二パーセントどころか四五パーセントにのぼり、全体を通しても一五〜三〇パーセントがはずれていた（ちなみに最初の実験の被験者はハーバード・ビジネススクールの学生だった）。

他の調査によれば、専門家は自分の専門分野においてすばらしく有能というわけではなく、しかもその自覚がない。

ジェームズ・スロウィッキーは『「みんなの意見」は案外正しい』（角川文庫）にこう書いている。

「さまざまな分野、たとえば優良株の選定、家畜の判定、臨床心理学などで、専門家同士の意見が一致するケースは五〇パーセントに満たない。つまり専門家同士でも、二回に一回は意見が分かれるということだ。……また専門家は、自分の判断を、社会科学の用語でいえば〝基準に合わせて調整する〟のが驚くほどへただ。判断がうまく調整されているとは、自分の判断がどの程度の割合で正しいかという感覚をもっていることであるが、この能力は専門家も通常の人とほとんど変わらない。自分が正しいという可能性をつねに大きく見積もってしまうのだ」

それどころか、さまざまな研究で、専門家はむしろ一般人よりも自信過剰になりやすいことが示されている。なにしろ、専門家なのだから。

ビジネスの世界でも、この自信過剰はあらゆるところで見られる。たとえば、ベインのある調査によると、自社の製品が他社の製品より優れていると考える会社は八〇パーセントにのぼった――ただしそのことに同意する客はたった八パーセントだった。

『ヒューマン・ユニヴァーサルズ』によれば、「思考の客観性の過大評価」はすべての社会に現れる。私たち人間は、自分で思うほど合理的ではない。また、どんな文化でも、〝リスクをとること〟は大胆で賞嘆すべきこととみなされる。ポーカーでも負けを見越して手を伏せてしまうより、どんどんブラフをかけて相手に降りさせるほうがずっと楽しい。よくないリスクから人を遠ざけることは難しいのだ。

またブラウンの研究からは、「自己イメージ」や「心理的な防衛メカニズム」も普遍的なものであることがわかった。つまり、人は自分を高く評価するべきでないときでも高く評価し、問題が生じても自ら責任を負って失敗から学ぼうとはせず、運の悪さのせいにするということだ。

ビジネスの世界では、経営者は何かうまくいかないことがあればビジネス環境のせいにする。うまくいけば、自分の手柄にする。

根拠のあるなしにかかわらず、何かを自分の手柄にしようとする傾向は、タレブの言う「講釈の誤り」によって強められる。これは、なんらかの出来事の説明をつけるために、存在しないストーリーをつくりあげようとする傾向のことだ。「われわれは成功した。それはつまり、われわれに才能があったからだろう？」というわけだ。

人間は過去に関してもストーリーをつくりあげる――事実とは矛盾しても、自己評価を正当化するストーリーを、だ。たとえば、企業買収のおよそ七〇パーセントが買収側の企業の価値を損なうことは広く知られているが、調査によれば、ほぼ四分の三の経営者が、自分たちの関わった買収は成功だったと答えている。

経営者のこうした答えは、たしかに本心からのものだ。私たちはみな、自分や自分のやったことを高く評価するようにできている。失敗の可能性を深く考えることはしないし、失敗から学ぶこともない。

第9章

企業が戦略ミスを犯す本当の理由

理屈の上では、企業は個人の失敗を認め、人間の欠点から学び、それらを克服することになっている。多くの人たちが決定に関わり、あらゆる知識や経験を持ち寄ることで、ひとりの人物によって誤った方向に導かれないようにする。すべての情報が検討され、戦略が客観的に評価されるようにデュー・ディリジェンスも行なわれる。ビジネススクールや経営者訓練課程は、企業の複雑な問題を整理するための枠組みを教えてくれる――。

それでも、私たちが見た失敗例は、企業で働いたことのある人なら誰でも知っているように、企業組織は個人の意思決定を助けるだけでなく、損ないもすることを示している。結局のところ、企業も社会的な組織である。それも、金がからんでいるだけに、多くの組織よりも複雑だ。言い換えるなら、組織の構造や規律によって誤りを取り除けることはあっても、完璧というにはほど遠い。それどころか、ときには自ら問題を取りこむこともある。

組織の複雑さはつぎの四つの部分に現れてくる。①CEOという立場の特性。②上層部の人間関係のダイナミクス。③組織の構造。④戦略決定に用いるツール。以下、順に見ていこう。

CEOが自分の個人的動機に左右される

ある人物がCEOに任ぜられるのは、たいてい二〇年か三〇年のあいだ会社にしがみついてきた後のことになる。他の社員を出し抜き、苦しくつらい最後の競争を生き延び、ようやくトップにたどり着いた。今こそ輝くときだ。少しばかり楽しみを得られるときだ。

その楽しみは通常、二つの形をとって現れる。金と名声だ。

金自体が悪いわけではない。大学バスケットボールの選手がNBAで一億ドルの契約を手にできるのなら、CEOが大金をつかんでなぜ悪い？　問題は、CEOは金の魅力に押されると極端な方向に走り、過度にリスクをとったり過度に用心深くなったりしがちだということだ。

過度にリスクをとろうとするのは、CEOにはホームランを狙う動機があるからかもしれない。新しい市場に打って出て大躍進を果たしたり、業界を刷新するといった成功を収められれば、すばらしいオプションを山ほど手にできる。その後は引退して、自家用機で飛びまわるか、慈善家として自分の名前を冠した財団をつくる。たとえ失敗しても、オプションの価値がマイナスになることはない。CEO個人の失敗の度合いは、投資家の場合と比べて問題にならないほど小さいのだ。

たとえば6章で紹介したイリジウムのCEOには、事業がほどほどの成功を収めるだけでも大金持ちになれるオプションがあったが、もし途中で止めればゼロになっただろう。

たとえホームランを狙わなくても、企業の規模を拡大するためなら何でもする。一般に企業が大きくなるほどCEOの報酬は高くなるからだ。それがしばしば、企業取得に向かわせる。事業を売却したほうがよさそうな成熟した業界でも、だ。買収合併ではたいてい、買収側の経営チームのメンバーが同じ職にとどまり、買われた側は地位を失うので、管理職は売る側でなく買う側になろうとする。

逆に、過度に用心深くなるのは、CEOが長期にわたって今の地位を保とうと決めたときだ。CEOは最高位に登りつめると、最初の大きなオプションの塊を手にし、このまま波風立てずに過ごすだけで株価を年間五パーセントから一〇パーセント上げられると考える。一〇年いたらオプションは行使価格の二倍になり、もはや磐石の地位を保っていられる。

CEOにはまた、厳しい選択を先延ばしにする動機もある。引退が近づいてきた頃に、市場に大きな脅威が迫っているとわかれば、何もせずにただ自分のボーナスをかき集め、工場の閉鎖やレイオフ、そこから生じる損失の処理などはすべて後任にまかせてしまえばいい。

自分の名声を残したいという気持ちが、CEOの決定をゆがめることもある。CEOは普通、凡庸な管理役を務めて後任に仕事を譲るために、苦労してその地位まで登りつめたわけではない。CEOはたいてい行動の人だ。自分なりのビジョンをもってそれを追求しようとする。目指すのはルー・ガースナーであって、フランク・ケアリーではない（ケアリーは一九七〇年代から八〇年代初めにかけて見事にＩＢＭの経営をこなしたが、ガースナーのように劇的な変革を行なう必要はなかった）。

この原稿に目を通してくれたＣＥＯや元ＣＥＯたちも言っていたが、これはじつに大きな問題で、他の何にもましてＣＥＯの判断を曇らせかねないものだ。大きな変化の時期でなければ、偉大なＣＥＯになるのは難しい。自分の任期がその変化の時期に当たらなければ、どうなるか。大規模な企業取得や大胆なベンチャー事業を通じて変化をつくりだしたいという誘惑に駆られる。大胆な変革はうまくいくこともある。が、うまくいかないこともある。

ＣＥＯがみんなマントラのように「株主の利益率を最大にする」と唱えているこの時代には、多くのＣＥＯがまず株価から逆算するようにして働いている。株価をどんどん上げている企業は、最高の人材をひきつけ、最大の企業取得を行ない、最小のコストで資本を調達できる。だから自分たちに「必要な」株の上昇率を定め、どれだけの成長率があればそうした上昇を実現できるかを定める。それからその成長率を生み出すための戦略を策定する――たとえそれが可能とはいえないとしてもだ。企業はよく、収入の二桁成長を確約するが、一〇〇〇社を対象にした最近のマッキンゼーの調査では、五年連続でそれだけの成長を実現した会社は一五パーセントにすぎなかった。一〇年間連続だと、一パーセント以下となる。

さらにあの四半期ごとの、証券アナリストたちとの厄介な電話会議がある。ＣＥＯが個室でじっくりものを考えたいときに、若い知ったかぶりのＭＢＡ取得者たちがてんでにぶつけてくる質問に答えなくてはならない。収益が絶好調とはいいがたいのに、すぐに収入を倍増させられる戦略があると確約できなければ、うるさい吊るし上げ（そして降格）が起こる。コストを削減するという決定のどれだけ多くが、こうした電話会議から数日以内に下されていることか。

ヘッジファンドがその圧力に拍車をかける。信用危機のせいで軍資金が減ったとはいえ、ファンドは何千億ドルもの金をかき集めて、規模とは関係なくあらゆる企業が買収の対象になると宣言している。どこかの会社がへまをすれば襲いかかって買収し、経営陣の首をすげ替える。マクドナルドのようにおおむね経営の順調な会社でさえ、その攻撃をかわすのに二〇〇六年と二〇〇七年の大半を費やした。ヘッジファンドが持ちかけてくる戦略は、短期的には株価を押し上げても（だからファンドが売却して利益を得られるのだ）、長期的には問題を引き起こす。そのことはときとして経営陣もよくわかっているのだが、なかなか抵抗できない。あるCEOに言わせれば、「本当に合理的な戦略よりも、合理的に見える戦略に従うほうが安全なときもある」。

しかも最近のCEOたちはみな、強いリーダーでなくてはならないと言われる。見た目や振る舞いだけではなく、なんらかの展望をもっていて、常に正しい、という意味だ。しかしCEOが正しいビジョンをもつのは難しい。弱みがあるように見られるのを恐れて部下に多くの助言を求めようとしないし、同じ理由で社外取締役たちともあまり話をしないからだ。友人たちにアイデアをぶつけて反応を聞くにしても、守秘義務という限界がある。CEOが投資銀行家などの顧問役を雇うこともあるが、そうした連中は自分なりの計画を携えてやってくる。投資銀行家は取引をすることで金を受け取るのだし、その取引の良し悪しにかかわらず儲けることができるのだから。

急いで断っておくが、私たちはCEOが買収されやすいとか、金づるや評判ばかり求めているとか、圧力や批判に耐えられないほど弱いなどと言っているわけではない。私たちはCEOが好きだ。嘘ではない。大勢の現CEOや元CEOの友人がいる。

ただ、私たちは現実的にものを見ている。人は正しいことをしようとするときでさえ、少なくとも一部は個人的な利害関係に突き動かされている。

取締役会は、理屈の上ではCEOに歯止めをかけるとされているが、そのための道具としてはかなりなまくらだ。CEOが取締役会に情報を知らせるのはたしかだが、たとえ大きな構想の件でも、常に取締役会の承認を求めるとは限らない。

シカゴ大学ビジネススクールの教授で、数社の取締役も務めていたマービン・ゾニスが、ある保険会社のCEOについて書いている。そのCEOは自社保険の加入者をさらに増やす方法として、人材派遣会社を何社も買おうと決めた。ゾニスや他の取締役たちは反対した。会社の誰も、人材派遣について何も知らなかったからだ。だがCEOは、とにかく計画を進めると言い張った。取締役会は彼を解雇する覚悟ができておらず、当初は黙認していた。結局は解雇に踏み切ったが、ここでの問題は、取締役会は筋の悪い買収を阻止する顧問役としての役割を担うはずなのに、それが否定されたことだった。取締役会の機能が、スイッチのオンとオフ、つまりCEOと一蓮托生でいくかいかないかの切り替えだけに限られてしまったのだ。

上下関係や仲間意識が災いする

経営陣はしばしば、言葉でそう伝えるかどうかは別として、「反論されたくない」という意思表示をする。また、企業の文化や経営チーム内の仲間意識が災いして、効果的な反論が行なわれない場合もある。

自分の一族の名を冠した自転車メーカーのCEOエド・シュウィンは、反論されるのはごめんだという気持ちを露骨に表した。一九八〇年代に同社のチームがマウンテンバイクの可能性を探っていたとき、シュウィンは、あんなものは一時の流行だとして、大規模な投資に反対した。アメリカ随一の自転車メーカーであるシュウィンが、なぜ変わらなくてはならないのか？

しかしある上級管理職がその反論に疑問を抱き、自分の立場を声高に主張した。シュウィンは会議を切り上げ、二週間後に改めて会議を招集すると言い渡した。一同が再び集まったとき、例の上級管理職は解雇されていた。それでも声をあげて反論する人などいるだろうか？

そこまで横暴でなくても、トップの人間を怒らせはしないか、自分がまちがっているのではないかと恐れる気持ちから、反対意見が口に出されないことは多い。

サムスンのある重役によると、一九九七年に会長が自動車事業に参入しようと計画したときには、取締役会全員が疑問を抱いた。韓国の市場はすでに飽和状態にあったからだ。国内メーカーが一年に二四〇万台を量産しているのに、消費者の購入台数は一六〇万台にすぎなかった。しかし相手は会長だし、しかも創業者の息子だ。誰もあえて反論しようとはしなかった。そして、サムスンは年間二四万台以上の生産能力をもつベンチャー事業に五〇億ドルを注ぎこんだ。だが売れたのはたった五万台で、しかもほとんどが社員相手だった。一九九九年初め、そのベンチャー事業は管財人の管理下に置かれた。翌年には事業の七〇パーセントが五億六〇〇〇万ドルで売却された。

悪い知らせについて話すことがはばかられるという文化の会社もある。たとえば、ガースナー以前のＩＢＭは、重役が企業内の問題について話すことが社風として禁じられていた。解決策について話すことしかできなかったのだ。解決策が必要なら、その前提として問題があるのは明らかなのに、ＩＢＭの方針は会話の質を重大な形で変えてしまい、ときにそれは大きな代償を伴った。

ＯＳ／２がいい例だ。今となっては思い出すのも難しいが、これは一九八〇年代末から九〇年代初めにかけて、マイクロソフトのウィンドウズの寡占状態を崩そうとＩＢＭが開発したＯＳだ。ＩＢＭは知り得るかぎりの手段を尽くしてこのＯＳを売りこんだが、市場は拒んだ。一九九〇年五月にマイクロソフトがウィンドウズの改良版を出したとき、ＩＢＭは敗れ、戦いは終わった。しかし経営陣はそれを認められなかった。そしてＯＳ／２を復活させる手段、改良する方法を議論しつづけた。「ＯＳ／２はさっさと忘れてつぎに移ろう」とは誰も言えなかった。その結果、二〇〇五年にようやく見切りをつけるまでに、二〇億ドルもの金を失った。

一九九三年にガースナーがＣＥＯとして登場してからでさえ、悪い知らせに向きあうのは難しかった。ＩＢＭのＰＣ事業は赤字が続いていた。ＰＣはすでに、ラップトップのようなわずかなニッチを別にして、ほぼコモディティ化していた。多くのアナリストが、ＩＢＭは社風からしてもこの事業で利益をあげることはできない、売却するべきだと論じた。しかしガースナーと経営陣は、あくまで問題を解決できると思い定め、年間数億ドルの損失を計上してもその意志を変えず、一九九八年には一〇億ドルという赤字を出した。二〇〇五年になってようやく、解決策がないことを悟り、事業をレノボに売却したのだった。

チームワークを重視する現在の風潮も、問題を生み出すことがある。たしかに強いチームは、条件がよいときには、すばらしく効率的に機能する。しかしその絆は、悪い知らせを伝えることを難しくしかねない。チームは多くの点で互いに似通ったメンバーで構成される傾向があり、みんな友人同士になる。友人には、自分がしくじったとは言いたくないものだ。

ジレットの前ＣＥＯジェームズ・キルツは、著書の『大事なことだけ、ちゃんとやれ！』（日本経済新聞出版社）のなかで、二〇〇一年に彼が引き継いだジレットがいかに悲惨な状態にあったかを記している。同社は市場シェアを失っていた。売上も利益も頭打ちだった。一五の四半期にわたって収益予測を下回っていた。株価は低迷していた。それでもほとんど批判の声はなく、経営陣の三分の二が最高水準の額の報酬を受け取っていた。

多くの会社が、軋轢を生み出すよりはと思い、重要なフィードバックをまったくせずにすませてしまう。フランツ・ライザーはある調査を行ない、彼が「弾道行動」と呼ぶものを発見した――会社は大砲を発射するように威勢よくプロジェクトを始めるが、その玉がどこに落ちるかはまるで関知しない。ロバート・E・ミッテルスタッド・ジュニアは著書 *Will Your Next Mistake Be Fatal?*（つぎに犯したミスは命取りになる？）に、長年にわたって五〇〇人の経営者を調べたが、なんらかの形で過去に下した決定を見直したことがある人は一〇人にも満たなかったと書いている。

フィードバックが提供されるときでさえ、オブラートに包まれることが多い。筆者チュンカ・ムイは以前、ある会社の事後審査に参加した。その会社のスプレッドシート上の誤りが原因で、コンサルティングチームがあるプロジェクトの黒字を一〇〇倍に見積もっていた。その見積もりは当然、会社の経営陣に伝えられたものの、報告の仕方は不十分だった。コンサルティング会社の上級パートナーと依頼してきた会社の経営陣の一部は、事後審査の段階で初めてはっきりと事実を知った。

チュンカは二日かけて関係者から話を聞き、Eメールのやりとりを確認し、報告書を書いた――だがそれは跡形もなく消えてしまった。報告書の作成を委託してきたコンサルティング会社のCEOは、ただ肩をすくめてこう言った。関係者たちはおそらく、責任の所在を明らかにするより、なかったことにしたほうがいいと判断したのだろう、と。

アーヴィング・ジャニスの著書 *Groupthink* によると、まとまりの強いチームは、反対意見を抑てしまう仲間関係を生み出す以外に、以下のような特徴がある。

●ライバルを人間扱いせず、無能な相手だと考える（ベインの調査によれば、八〇パーセントの会社は、自社のサービスはライバルよりも優れていると考えている）。
●考慮する代替案の数を制限する。
●メンバーが個人で考えたときよりも、はるかに強い自信を示す（「たがいに意見を尊重しあうグループが全員一致の見解に達すると、メンバーの誰もがその見解にまちがいはないと考える傾向がある」とジャニスは書いている）。
●「心の衛兵《マインドガード》」をつくりだし、反対意見を叩きのめす（ジャニスはアメリカ政府による惨憺たる戦略策定の例を引いている。ボビー・ケネディは大失敗に終わったピッグス湾侵攻事件に自ら参画した。兄のケネディ大統領は当初、アメリカの関与が秘匿できるのならという条件つきでキューバへの侵攻を承認した。そのためには、島に潜入させる亡命キューバ人たちは秘密裏に訓練する必要がある。攻撃に米軍の装備も使えない。計画が失敗したときにはキューバ人たちが捕虜になるのも避けねばならなかった。ところが、計画が進められるにつれ、そうした条件は一切消えてなくなった。訓練はごく公然と行なわれ、多くの新聞が記事にした。攻撃のときには米軍のマークのついた飛行機がキューバを空爆した。攻撃地点が変更されていたため、キューバ人兵士たちは高台に逃げられなかった。それでも聡明かつ不屈なボビー・ケネディは、この侵攻作戦に入れこむあまり、誰かが大統領に近づいて「この計画は失敗だ。アメリカは世界中で物笑いの種になるだろう」と進言しようとするのを阻みつづけた）。

ジャニスはまた、こうした集団思考の問題は、認識しているだけでは避けるのは難しいと付け加えている。彼によれば、ボビー・ケネディは自分のミスから学び、あらゆる代案を公表させ、重要な決定を下す前には反対意見をうながした。その結果、ピッグス湾で失敗したときと同じグループが、その後のキューバ・ミサイル危機を見事に乗り切ったのだ。

組織内で妥協が起こる

悪い知らせを控え、友好的な関係を保とうとする傾向は、企業ではつぎのような形をとる。CEO（および、あらゆるレベルの管理職）がある計画の欠陥を見つけようと思ったら、信頼する相談相手何人かにその案を見せて回るかもしれない。だがそうした相手はみんな、部下ではなくても、おそらく彼を敬愛している。たとえ異論があっても、それを隠そうとする見込みが高い。彼らはきっとこう言うだろう。「すごく気に入りました。それもいい、あれもいい、この別のところもいい。X、Y、Zについては考えたほうがいいかもしれませんが、全体的にはとてもいいと思います」。顧問役たちの本音はこうだ。「おやおや、これは困ったことになるぞ。Xだと身の破滅だ。Yでも、Zでもだ」。だがCEOの耳に届く言葉はこうだ。「いや、じつにお見事です」。そのCEOは、あえて反論を求めた自分の強さを自画自賛しさえするだろう。

世の妻帯者は苦い経験とともに、こんな地雷のような質問のかわし方を学んでいるだろう。「この服だと、あたし、太って見えない？」。しかし奥様方も馬鹿ではない。夫が答えるまでにどれだけ間があいたか、声のトーン、その他もろもろで、本当のところを推測する。同様に、われわれは社内での議論を複雑にするような人間関係のダイナミクスにはある程度慣れているので、多少なりともそれを斟酌《しんしゃく》することができる。本当に社内の意思決定を複雑にしているのは、組織の構造だ。

さまざまな部署にさまざまな優先順位があるので、統一された世界観をつくりだすことは難しい。CEOはたしかに上から下へ戦略を押しつけようとするが、彼らも社内の同意を必要とする。製造部門がそんなものはつくれないと言っているのに、派手な新製品を売りにいけとマーケティング部門に言うのは無理な話だ。

数多いばらばらの党派から同意を得なければならない場合、結果としてもたらされるのは、ときに「満足化」と呼ばれるものだ。企業のトップレベルで政治的な妥協が行なわれると、結果としてひどい戦略が生まれることもある。

たとえばPC事業の初期のころ、IBMのメインフレーム事業部門は、自社のPC事業部門に、インテルのチップを使わせまいとした。メインフレームの売上が食われることを恐れたのだ。その結果、導入から数カ月たってからならPC事業はチップを使ってもいいという妥協が行なわれた。もちろん愚かな判断だった。コンパックなどライバルたちはすぐにインテルのチップを使い、テクノロジーのリーダーと目されるようになった。そしてまもなく、IBMのPC事業はひどい赤字に陥った。

また「満足化」の一環として交渉が進められれば、ある段階まで達した戦略を見直すことは難しくなる。いったん大きな支持がとりつけられると、後戻りしてやり直す苦労をするより、その戦略に賭ける。たとえ誤りを示すようなことが起こっても、たいていは無視される。実際に機能するかどうかはまったくの別問題、重要なのはまとまりを保ちつづけることにある。

官僚制のピラミッドは、重要な情報を漉《こ》し取り、伝言ゲームを生んでしまう。最初に言ったことが中継されて伝えられるたびにゆがめられ、届いたときにはまったくちがうものになっている。フォードで言えば、もしピントの燃料タンクに緩衝《かんしょう》装置を取り付けるべきだと推奨するエンジニアがいたとしても、経営委員会が自動車の最終スペックを認める段階までくる頃には、その意見はコストを理由に消えてしまっただろう。衝突後炎上する可能性があったそのピントはのちに、「四人乗りバーベキュー」として知られるようになった。フォードは多くの訴訟を抱え、ピントはフォーブス誌の「史上最悪の自動車五〇」にランクインした。

組織の歴史も、戦略が機能するかどうかに大きな影響を及ぼす。たとえばシスコには取得した企業を効果的に統合してきた歴史がある。だから買収ゲームに初めて臨む会社より、企業取得に基づく戦略がうまく機能する見込みは高い。だが、ストラテジストはしばしばこの点を見落とし、市場でのチャンスのみに基づいて構想する。組織もよくこの点を見落とす。そしてコンサルタントが「企業取得エンジン」と呼ぶものをすぐにつくれるとか、もっと努力すれば大きなミスを避けられる、と思いこんでしまう。

予測が恣意的になる

私たちが八年間パートナーを務めたダイヤモンド・マネジメント・アンド・テクノロジー・コンサルタンツでは、パートナー会議での売上予測はしばしば大笑いをもって受けとめられた。CEOが、予測した人間に向かって「きみは史上最大の食わせ者だ」などとからかったりもした。口調こそ軽くても、そこでは真剣な追いつ追われつのゲームが行なわれていた。どんな会社のどんな将来予測でも同じだ。将来予測の担当者たちは、売上や収入に関してはできるだけハードルを低く設定して、その数字を上回ったときにヒーロー視されるようにしたがる。

この追いつ追われつのゲームを終わらせるのはまず不可能である。企業は認めたがらなくても、計画立案の方法はふつう、恣意的な操作の入る余地が大きい。

総じていえば、やれることは大して多くない。本が一万部売れるか一〇〇万部売れるかは、出版して反応を見るまでわからない。多少の調査をして、経験に基づいた予想はできても、やはり的は外れる。それも大きく。しかし事業は数字やスプレッドシートの集積の上にできているものだから、予測を立てないわけにはいかない。たとえ誰もが疑わしいと思っていてもだ。

ほとんどのビジネスの場では、最悪のシナリオと最良のシナリオを駆使することで、意思決定者たちを特定の事業計画に向けて誘導することができる。ある計画を推薦する者はデータを慎重に選び、あまり恐ろしすぎない程度の最悪の計画と、きわめて明るい見通しを示す最良の計画とを提示する。すると意思決定者たちは、心のどこかで操作されているとわかっていても、往々にしてその計画を承認する。

だが、計画を説明する時点で、アナリストたちは概して、その前提となる条件の確率を認識していない。たとえばある計画が、三つの事柄が起こるという前提だとしよう。その三つの事柄がいかにも起こりそうなものであれば受け入れられるかもしれないが、起こる確率がそれぞれ七〇パーセントだとすれば、三つすべてが起こるのは三回に一回だけなのだ。たとえ前提のひとつひとつが九五パーセントの確率で正しいとしても、そうした前提が一〇あるとしたら、すべて起こる確率は六〇パーセント以下になる。にもかかわらず、誰も全体の確率を計算で割り出そうとはしない。

また、「考えうるかぎり最悪」とされるシナリオも、実際は「どちらかといえば悪い」程度のことが多い。肝の据わった企業は本当の意味での最悪のシナリオを準備しているかもしれないが、世のアナリストは、一見確率の低いシナリオの破局的な影響のことなどめったに考えようとはしない。ある川がおおむね穏やかで深さは平均一メートルだと聞いた人が、場所によっては危険な急流に変わり、深さ四メートルになることを考慮しないようなものだ。そうして市場が牙をむいたとき、企業は無防備なまま取り残される。

さらにどの企業も、リスクを分散していると思っていても、実はそうなっていない場合が多い。ただ同じ想定の下に、複数の賭けをしているだけなのだ。本書のために私たちが調査したいくつかの企業の失敗は、リスクを誤解することから生じていた。たとえばコアとなる小売業に金融サービス事業（クレジットカードなどの顧客への貸付）を加えただけでリスクを分散できる、と。しかし金融サービス事業と小売業は、実際には同じひとつの賭けである。もし顧客の信用リスクが高ければカードは発行できず、彼らはそこでの買い物をしない。また、もし顧客が別のクレジットを使えるようになれば、どこか別の小売店を大いに利用するだろう。事業の一方の側が傾けば、もう一方の側も傾くのだ。

クレイトン・クリステンセンらがハーバード・ビジネス・レビューに寄せた記事によれば、正味現在価値といったまっとうな金融指標も分析の結果をゆがめかねない。正味現在価値とは、ある企業が将来的にどれだけの収入を得るかを割り出し、今現在ある程度の額を投資するに足るかどうかを割り出すもので、理に適った指標だが、問題が二つある。

ひとつめは、計算の最も重要な部分、すなわちその企業の五〜一〇年後の収入がどうなるかが、最も不確かな部分でもあるということだ。最初の数年は比較的予想しやすいかもしれないが、その先は当然あやふやになる。さらに油断がならないふたつめの点は、将来の収入の現在価値を正確な数字で見せることで、その数字の本来のあやふやさが覆い隠されてしまうことだ。実際の話、分析には操作の入りこむ余地がいくらでもある。ある案をよく見せようと思えば、五〜一〇年後までの都合のいい数字を採用すればいいし、悪く見せたければ貧弱な数字を採ればいいのだから。

もちろん、私たちは企業の構造はどうしようもないなどと言っているわけではない。まちがいから学び、再発を防ぐプロセスを制度化している組織もある。軍は事後検討を行ない、戦闘でうまくいったこと、いかなかったことを学習し、調整を行なう。病院は患者の死亡後に再検討を行ない、ミスがあったかどうか、今後回避できるかどうかを考える。航空会社や国の交通輸送担当者は、飛行機事故の後には綿密な調査を行なう。

ただ私たちがここで言いたいのは、ミスから学ぶのは難しいということだ。実際、軍や病院、航空会社のように生死のかかった状況に関わるものでなければ、ミスから学ぼうとする組織すらごく少ない。

失敗から学ぶことにかけては航空会社がベストであるという事実に関して、興味深いことを記しておこう。軍の部隊の指揮官がミスを犯せば、兵隊は死ぬ。指揮官はおそらく死なない。医師がミスを犯せば、患者は死ぬ。医師は死なない。航空会社のパイロットが最悪のミスを犯すか、計器が狂うかすれば、本人も乗員もろとも死ぬ。つまりパイロットは、全員がミスを避けるように徹底させる動機がきわめて大きいということだ。

私たちが失敗から学ぶためには、しかるべき動機がなくてはならない。

第10章 異論のないところに成果なし

GMの伝説的な創業者、アルフレッド・P・スローンはかつて、社の最高委員会の会議でこう言った。「諸君、この決定については、われわれみんなが全面的に賛成であると受け取っていいかね?」。テーブルについた全員がうなずいた。「では」スローンは続けた。「この件は次回の会議まで延期しようじゃないか。それまで待てば反対意見が出てくるだろうし、この決定の意味がもう少しよくわかるようになるかもしれない」

私たちの調査によれば、あまりに多くの会社が全員一致の賛同を経てことを進めている。しかし本来は、多少の反対意見があるほうが望ましい。

この章では、ビジネスの過程において反論のレベルを上げる九つの方法を説明する。これらの方法は、どの企業でも利用できる知識や洞察を引き出すために考えられたものだ。こうした安全装置《セーフガード》をうまく使うことができれば、対話をうながし、戦略策定にあたって考慮すべき重要な疑問を提起するのに大いに役立つだろう。ただしどの方法にも限界はあるし、時間がたつと無効になるものもあるので、その後に、企業がとる戦略の妥当性をテストするための方法についても説明する。

これらの方法はすべて、どんな組織内の戦略的決定にも、ある程度応用がきく。マーケティングチームを再編するのにも、販売員向けの報奨を変更するのにも、ある製品が新しい顧客層にアピールするよう魅力の幅を広げるのにも、役に立つ。

実はカトリック教会も、何世紀にもわたって自らの誤りを修正する工夫をしてきた。そこで私たちはこの方式を「悪魔の代弁者《デビルズ・アドボケート》」と呼んでいる。教会は伝統的に、ある人物を聖人として認めるとき、その前に「悪魔の代弁者」を指名した。その人の役割は、わざと懐疑的な見方をとること。他の調査官と連携はするものの、あらゆる証拠や思いこみを批判的に評価し、その候補者を聖人として認めるべきでないという理由を論理的に述べていくのだ（この制度は四〇〇年間続けられた後、ヨハネ・パウロ二世によって一九八三年に廃止された。それ以降、五〇〇名が聖人の列に加えられた。これは二〇世紀初めと比べて二〇倍のペースだ）。

これをビジネスに当てはめるなら、悪魔の代弁者とは、クエーカー・オーツの前CEOビル・スミスバーグの言うように、「〝ノー〟と言う側に立って議論する」役割を示す。まさしくそういう役割を誰かに務めさせられなかったせいで、スミスバーグはCEOの職を失った。スナップル買収の失敗から数年後、彼はこう振り返っている。「新しいブランドを投入するとあって、誰もが興奮しすぎていた。〝ノー〟の立場から反論する人間が、ひとりか二人いてしかるべきだった」

意見の相違は、すばらしい成果を生み出しうる。

ＩＢＭはトム・ワトソン・ジュニアの指揮の下、意見の相違を活用して、過去に例を見ないほどの輝かしい成功を生み出した。

ワトソンが父親から舵取りを引き継いだ一九五六年当時、ＩＢＭはきわめて中央集権的な組織だった。そこで、権限を分散化する一環としてワトソンは「チェック＆バランス制度」なるものを考案し、これは後にＩＢＭ独特のシステムとして有名になった。常務たちは問題を速やかに解決する権限を与えられたが、それは専門家のスタッフが彼らの決定に異議をはさみ、その異議が解消された場合のみという条件つきだった。ワトソンはフォーチュン誌にこう書いている。「スタッフの同意がないかぎり、最終決断は下されない――そのスタッフがサインをすれば、決定を下した常務と同等の職業的責任を負うことになる。常務とスタッフの意見が一致を見なければ、案件は経営チームに差し戻しとなるが、彼らは決定が下されなかったことを前向きに受け入れる」

ワトソンはこの論議のシステムによって、何もしないことと、思慮なき決定との間の有効なバランスを見出した。彼はこう説明している。「問題が起きたときの最悪の対応は、ただじっと座っていることだ、という経営一般のルールがある。私もまったく同感だ。解決しろ、急いで解決しろ、たとえ正しかろうとまちがっていようと。もし解決策がまちがっていれば、いずれしっぺ返しがやってくるから、そのときに正しく解決すればいい。じっと座って何もせずにいれば、すぐにリスクを冒さずにすむ。その意味ではたしかに快適な代案だが、企業経営の上ではまさしく致命的だ」

ワトソンは、迅速な決定を強調している。経営者は往々にして反対意見があると速やかに動けなくなると感じ、それを抑えこもうとする。意見の相違を受け入れれば動きがストップしかねないという声もある。コンサルティング・デザイン会社IDEOのトム・ケリーは、『イノベーションの達人!』(早川書房)にこう書いた。「毎日すばらしいアイデアやコンセプトや計画の芽が、悪魔の代弁者によって摘み取られている」。だがワトソンも示すとおり、意見の相違はうまく活用しさえすれば、事業を減速させることなく、アイデアを研ぎ澄ませてくれる。IBMやその他の例にかんがみ、優れた経営管理の専門家たちも意見の相違の有用性を評価している。

ピーター・ドラッカーは『経営者の条件』(ダイヤモンド社)にこう記した。「経営者が行なわねばならないような決定は、歓呼の声によって磨かれるものではない。対立する見解、別の視点をもつ者との対話、異なる判断をつき合わせての選択などを通じて初めて磨かれるのだ。意思決定の第一の原則は、意見の相違がなければ決定を行なわない、である」。意見の相違を公にすることが、組織内の特定の利益グループや先入観から意思決定者を守る、とドラッカーは言う。「組織のなかでは誰もが特別な嘆願者であり、しばしば善意から、自分の好む決定を得ようとする」。さらに重要なのは、意見の相違のみが人々の想像力をかきたて、代案を引き出せるという点だ。「代案のない決定は、いくら慎重に考え抜いたものでも、必死なギャンブラーの賭けにすぎない」

「水平思考」の創始者エドワード・デ・ボーノは、自ら「黒い帽子」思考と呼ぶものを提唱している。これは、ある案とそこから得られるとされる恩恵の説明があったときに適用される思考で、そこでは、不適切な点、経験や正しいとされる知識と食いちがっている点、機能しない可能性のあること、考えられるリスク、計画自体の欠陥などが指摘される。

チャールズ・シェンクの『戦略決定の本質』（文眞堂）によれば、実地調査や研究所での調査結果の多くが、悪魔の代弁者の有効性を裏づけている。悪魔の代弁者は、データ分析、問題の理解、解決策の質などを向上させる。複雑であまり整理されていない問題に取り組むときにはとりわけ効果的だ。いろいろな想定の質を高め、検討すべき戦略的代案の数を増やし、意思決定者があいまいな情報に基づいて行なう予測の質を高める。

ここでの問題は、悪魔の代弁者が決定の質を高めるかどうかではない。どうすれば悪魔の代弁者を採り入れられるかだ。ある経営者は私たちにこう警告した。「悪魔の代弁者は正しいこともあるだろうが、会社という組織のなかでは、抗体に追い詰められ、駆逐されるだろう。彼らが議論に勝つということは、他の誰かが負けるということだからね」

そうした抗体のことを念頭に置きつつ、私たちが発見したのが、以下の九つの方法だ。

①悪魔の代弁者に認可を与える。
②経営の「型」を崩す。
③まず、「決め方」を決める。
④広く歴史に学ぶ。

⑤自分の金を賭ける。
⑥最悪の事態を考える。
⑦警報システムをつくる。
⑧上への伝達メカニズムを用意しておく。
⑨「第二のチャンス」会議を開く。

忘れないでいただきたいのは、これらは戦略の策定方法の代わりにはならないということだ。戦略策定のためのさまざまな方法については、すでに多くの本に書かれている。それぞれの方法の支持者たちは、その方法を組織的に、意図されたとおりに活用すれば、これまで私たちが論じてきたミスの多くは避けられると主張する。たしかにそうかもしれないが、しかし調査結果や経験が示しているとおり、たとえ最良の方法論であっても、意思決定における弱さや罠とは、決して無縁ではないのだ。

いずれにしても、この九つの方法は、既存の方法論と協調して効果を発揮する。今現在どんな戦略策定プロセスが進行していても、その上に重ねて機能する安全装置なのだ。

悪魔の代弁者に認可を与える

私たちの経験では、ほとんどの組織で、誰かしらが非公式に悪魔の代弁者の役割を務めている。

会話のなかで、出されたアイデアに悲観的な見方をとって厳しい質問をするような人のことだ。また誠実なグループなら、誰かを指名して、問題の複数の側面を掘り下げる役割を割り振ることもある。いずれも役に立つ存在だ。

かつて、キューバでのミサイル危機の時期、ケネディ大統領は弟のボビーにその役割を担わせた。このときボビーは核兵器によるホロコーストを食いとめるのに大きな役割を果たした。ピッグス湾事件のときは、大統領の「心の衛兵《マインドガード》」として、その思考をかき乱すような情報から兄を守っていたボビーだが、キューバ・ミサイル危機の時期には、あらゆる人間の考えに容赦なく論駁《ろんばく》した。たとえばカーティス・ルメイ将軍は、ソ連の報復を考慮に入れることなく、キューバのミサイル基地を爆撃するよう提案した。ピッグス湾の侵攻計画では、民間人のリーダーたちが専門家である軍の意見を聞き入れたが、キューバのミサイル危機のときはちがった。ボビーはルメイの提案に反論し、顧問団にソ連の立場に身をおいて考えるよう指示した。顧問団は、アメリカがミサイル基地を爆撃した場合、ソ連は体面を保つために報復に出ざるをえなくなると判断した。

リーダーは自ら悪魔の代弁者を養成し、公的には彼らを励まし、私的には守らなくてはならない。IBMのワトソンは、自分の悪魔の代弁者たちに愛情のこもったあだ名をつけ（隊列を成して飛ばないという意味で、「ワイルド・ダックス」と呼んだ）、ことあるごとに、自分に盾ついてくる「うるさくて癇《かん》にさわる連中」が大好きだと公言していた。ギャビン・ロールはエクソンのCEOだったとき、「健全な不敬」という方針を奨励していた。ジャック・ウェルチ指揮下のGEも、衝突と議論で知られていた。ウェルチの下で上級副社長を務めたフランク・ドイルはこう言った。「あるときジャックに言ったんだ、ここではただの会話とみなされるものも、よそでは暴力沙汰だと思われますよってね」

直接的な方法のひとつは、ケネディ大統領が公に悪魔の代弁者の役割を務める責任と権威を弟に与えたように、誰かをこの任に指名することだ。これには二つのやり方がある。ひとつは、ひとりの人間にこの役割をまかせるもので、本人は時間がたつほど効率的なやり方を学んでいく。もうひとつは、たとえば懸案の問題の性質によって、グループ内で役割を交代していくというものだ。そうすればひとりの人物が「いつも反対してばかりのやつ」という烙印《らくいん》を押されずにすむ。私たちとしては、恐ろしい「抗体」ができるのを防ぐために、後者を推したい。

もっと望ましいのは、ＩＢＭのワトソンがやったように、会社に悪魔の代弁者が自然と生まれるような組織なり文化なりを築くことだ。そうした特徴の核心となるのが、権力に向かって事実をつきつけることの認可である。組織内の誰でも、上位の人間に対して深い懸念を口にできるということだ。そうなるためには、一般の社員たちに、これは口先だけでなく本気の認可だとわからせる意欲と手際が必要になる。

ときにはそれが笑いを交えて行なわれるということを、私たちの元同僚メル・バーグスタインが示している。一〇人のチームにも一〇〇〇人のチームにもそうした率直さの文化を育んできた彼は、よく「うわさ話コンテスト」なるものを行なっていた。「全員参加」の会議で、みんなに面白いうわさ話を話すようながし、最高のうわさ話に賞品を出すのだ。そんな遊びのような刺激と、どんな疑問もあけすけに口にする習慣をたえず積み上げることで、バーグスタインは自ら考えて疑問をもつことが当然だという文化を育んでいった。

彼はさらに、組織の誰もが好きなように問題を提起できる「門戸開放政策」もとった。うわさ話コンテストや門戸開放政策は、従業員たちが権力に向かって事実を伝えるための保証となった。また、あらゆる層の管理職に対して、社員の疑問を真剣に受けとめるようにという力強いメッセージを送ることにもなった。

しかし、悪魔の代弁者を非公式に求めるやり方は、とりわけこの本で取り上げてきた戦略のように失うものが大きい状況では限界がある。成り行きにまかせていては、悪魔の代弁者は現れないかもしれない。誰かを指名したとしても、非公式な疑問提出だけでは、大局的な見解や洞察に満ちた意見は望めないだろう。それに、たったひとりで全員に対峙するのはフェアとはいえない。たとえリソースや責任や権威を与えられたところで、彼が相対するのは、あり余るリソースと熱意を備え、ときには救いがたい楽観主義に冒された組織なのだ。そしてその全員が自分たちの論破すべき相手を、失敗したときに責めるべき相手を知っている。

また、非公式な悪魔の代弁者は必然的に、いつ疑問を提起するか、誰に異議を申し立てるかを選ぶことになる。自らリスクを冒している以上、自己検閲が入って当然だ。それに、大きな失敗を生む戦略はたいてい会社のトップレベルで決まるので、その領域には悪魔の代弁者がとりわけ必要であるにもかかわらず、彼らは足を踏み入れたがらない。

さらに、非公式な悪魔の代弁者は、本当に必要な議論を避けるのに利用されることもある。たとえば私たちの見たある会社では、大規模な企業買収の最中に、CEOがトップ管理職たちを招集し、どんどん反対意見を出してほしいと告げた。どんな反論にも耳を傾けるし、最後は票決にかけると彼は確約した。だがひとつ条件をつけた——いったん票決が終われば、参加者は全員その結果を公に支持しなくてはならず、もしそれができないなら辞職を申し出なくてはならない。

そのCEOは、ほとんどコメントをはさまず、つぎつぎ反論に耳を傾けた。そして最後に、あらためて買収への支持を強く打ち出した。それから公開の票決を行なったが、結果は当然のように、彼の立場が支持されることになった。買収への懸念はほとんど口にされず、反論は効果的に握りつぶされた（この企業買収は結局、さんざん混乱と出費を生んだあげく崩壊し、取得された企業の大部分は買入価格の一〇パーセント以下で売却された）。

証券会社チャールズ・シュワブのCEOデビッド・ポトラックは、インターネット・バブルが弾けてシュワブの株式取引の額が急落したとき、悪魔の代弁者を求めるような先見の明が自分にあればよかったと発言している。

シュワブで長らく成功を積み上げてきたポトラックは、いち早くインターネット利用に踏み切ったことで、従来のブローカーではありえなかった低手数料の取引を実現し、絶対的なスターとなった（おかげで一時期、シュワブの時価総額はメリル・リンチをはるかに上回った）。だが取引の額が急落したとき、ポトラックは、自分の戦略を客観的に見ることができなくなっていた。自ら侵すべからざる「正統性」を帯びてしまったのだという。彼はさまざまなところでコスト削減を図ったが、それも限界があり、また遅々として進まなかった。やがて取締役会は、ポトラックにはできなかった客観的な見解をとった——彼を会社から退場させたのだ。それ以来、多くのCEOに悪魔の代弁者を勧めている、とポトラックは言う。

経営の「型」を崩す

私たちはこれまで、多くの経営会議に同席してきた。どの会議もそれぞれにちがっているが、共通点もある。リーダーはいつも同じ椅子に座り、他の人たちはリーダーに対していつも同じ位置になるように座る。議題はつねに同じフォーマットに則ったもので、たいてい入念に根回しされている。議論は業務上の案件でも戦略上の案件でも、慣れ親しんだ作法に従い、ほとんどの出席者はリーダーが設定する境界線を越えまいと注意を払う。こうしたプロセスの型のせいで、思考までが型にはめられることになる。

本当は、重要な問題が持ち上がったら慣れ親しんだ役割や作法をすべてかなぐり捨て、あらゆる見方が表に出てくるようにしなくてはならない。さもないと会議のメンバーは、ジャニスが *Group-think* で説明しているような以下の罠に陥りやすくなる。

●代案の評価が不徹底になる。
●目標の評価が不徹底になる。
●採択に傾いた案のリスクが検証されない。
●いったん却下された代案が再評価されない。
●情報の調査が不十分になる。
●情報を処理する際の選択にバイアスがかかる。
●緊急時対策を打ち出せない。

ルー・ガースナーが一九九三年にＩＢＭのＣＥＯに就任したとき、最初にやったのはちょっとした改革だったが、それは会社を思考の型から救い出すのに大いに役立った。彼はＯＨＰ（オーバーヘッドプロジェクター）を禁止したのだ。

ＩＢＭが長年のうちに衰え、ワトソンがつくった組織が形骸化するうちに、同社は異常なほどＯＨＰに頼るようになっていた。一九七〇年代のあるＣＥＯなど、ＯＨＰを自分のマホガニーの机につくりつけていたほどだ。大きな会議では、メインのＯＨＰが十数台、予備に一〇台、予備の予備にまた一〇台用意されるという有様だった。ガースナーがＯＨＰを禁止すると言い出したとき、経営チームは初め冗談だと思った。ＯＨＰなしのＩＢＭなどとても考えられないと。しかしガースナーは譲らなかった。結果として経営チーム相手に、以前とはちがって筋書きのない、徹底した対話ができるようになった。

ガースナーにならって、会議にスプレッドシートを持ちこまないようにするのもいいだろう。経営会議で、全員が自分のパソコン画面に関連のスプレッドシートを広げるのを一度ならず見たことがある。こういった状況では、会話が、パソコン上にあるものやそこに組みこまれた前提に固定されやすくなる。出席者は会話をより大きな可能性へと広げていくことなく、決定が予算におよぼす影響や、とりわけ自分たちにどんな影響があるかといったことばかり気にかけるようになる。

他にもいろいろなやり方があるが、ときにはスイッチを切るだけでじゅうぶんだ。筆者チュンカはある会議に出たとき、自分の前のプレゼンテーションを聞いている経営陣の一団を観察した。彼らは発表者を無言で迎え、おざなりな質問を二つ三つするだけだった。ずらりと並んだ五〇人以上の上級管理職たちは、新しいスライドが映ると目を上げるだけで、プレゼンターと視線を合わせようともしない。しかし無礼なのではない。マルチタスクの世界へようこそ。彼らはみな数々の通信装置で武装している。携帯電話はマナーモードにしてあるが、全員がEメール、インスタントメッセージ、ブラックベリーなどで外部の人間とひんぱんに連絡をとっている。出席者同士もコンピュータを介して裏でつながり、すさまじいペースで会話が交わされている。しかしオープンな対話による相互作用はまったくなかった。

この日、会社の未来を語りあう一日がかりの会議に臨み、発表の準備をしていたチュンカはふと、自分のパソコンの電源プラグが差しこんである同じコンセントに、会議室のワイヤレスネットワーク全体の電源がつながっているのに気づいた。そしてどうしたか。いちばん格上のクライアントの了承を得て、現場の技術サポート員にあらかじめ知らせたうえで（彼は真っ青になったが）、電源コードを抜き、何食わぬ顔で発表を始めたのだ。あちこちで出席者がコードを調べ、隣のスクリーンに目をやり、技術サポート員に怒りの視線を投げた。しかしチュンカの目論見どおり、マルチタスクの霧が少しずつ晴れるにつれて、みんな会話に加わりはじめた。やがて会話は熱をおび、この会社の未来について、誰の記憶にもないほど活発な議論がかわされた。

ピッグス湾とキューバのミサイル危機の対照的な経緯は、いかにしてグループのダイナミクスを変え、コミュニケーションを向上させるかを示す好例だ。ピッグス湾の失敗後、ケネディ大統領はときおり、さまざまな代案が初めて議論される会議の場に出てこないことがあった。あるとき、ボビー・ケネディはこうコメントした。「この部屋では、大統領との本当の意味で対等なやりとりが少なかったように感じます。大統領が自分の見解や好みを示すことで、他の人がただ同調するだけになるという危険がありました」。そうした事態を打開するために、ケネディ大統領はときどき、会議全体を率直で自由な議論の場として提供するようにしたのだ。決まった議題はなかった。通常の作法や手順も、このときは停止された。

大統領はまた、関与の規則も変更した。ボビーを悪魔の代弁者に指名しただけでなく、会議室の全員が、もし何か気になることがあれば、たとえ自分の専門分野でなくても遠慮なく口にするようにと決めたのだ。専門家の意見に従う傾向は、戦略に明らかな欠陥があっても口をつぐんでしまう言い訳になるので、これは重要だ。イリジウムの場合、コア市場である出張中のビジネスマンが電話を使う都市部で衛星電話がうまくつながらないことに、多くの人間が気づいていた。しかし技術者ばかりの会議でそうした懸念を口にすることは、技術畑でない人間にははばかられた。リーダーが専門外の人々からの質問を募ろうとしていれば、話はちがっていたかもしれない。

まず、「決め方」を決める

私たちは過去に何度となく、つぎのようなパターンが展開するのを見てきた。CEOもしくは他の重役が、誰も気づいていない戦略上の問題があるのに気づく。問題とはたとえば、会社に対する顧客の評価が下がっていることかもしれないし、新興のライバルたちに効果的な対応ができず、長く影響が生じていることかもしれない。あるいは、投資家が短期的な問題に過剰反応してコスト削減を迫り、会社の長期的な生存が脅かされていることかもしれない。

忍び寄る問題を強く意識したCEOは、取締役会や他の経営陣、ひいては組織全体に、問題の重要性を納得させると同時に、自分に解決策があることも示さねばならない。そこで信頼する副官たちにプランを作成させたうえで、問題の定義と解決策をまとめて提起する。たいていは、組織をうまく説得して自分の戦略を進めることになる。だが、その戦略は必ずしも成功するとはかぎらない。

なぜか？　適切な戦略を立てるプロセスが、組織を動かして問題に向き合わせることと絡みあっているためだ。行動のための合意を得たいという気持ちと、すぐになんらかの行動方針を示さねばならないという状況とが混同されるのだ。

提案された戦略を魅力的に見せるために巧妙なシナリオがつくられ、見積もりの数字が操作される。代案はおざなりに検討されるだけで、ただ却下されるために出されることも多い。正しい行動方針を曇らせるような要素はすべて邪魔物とみなされる。こうした状況全体が、最終的な行動方針の精査や構想を骨抜きにしてしまう。

この危険を防ぐひとつの方法は、何か決めることが出てくる前にそれを、「どのように」決めるのかを決めておくことだ。たとえば、「今後何かしら問題が起こったら、対策をとりはじめる前に問題そのものをくわしく提示する」という合意をあらかじめとりつける。また新しい戦略が必要になる前に、そうした戦略を選ぶ基準も取り決めておく。この二つのステップは別々に行なわねばならないと明言しておくことで、「問題は何か」という疑問がはっきりするまで、「何をするか」という疑問を先延ばしにできるようになる。

いったん問題の性質がつきとめられれば、ビジネスのチャンスを検討する方法はいくつもある。たとえば、アンドリュー・キャンベルとロバート・パークは共著書『成長への賭け』（ファーストプレス）のなかで、企業の多角化戦略を検討する際の四つの基準を、質問の形で提起している。

●差別化

その戦略は、新しい市場に参入するコストとリスクを正当化するに足るものか？　つまりライバル会社に比べて利益率が少なくとも三〇パーセントは上になるか？

●プロフィット・プール

売上の面から市場の大きさを見るのではなく、新しい市場のプロフィット・プール［訳注：バリューチェーン上のすべての事業で得た利益の総和］全体を見よう。そこにはあなたが手にできるだけの利益があるか？　それとも競争とコモディティ化によって、参入しても収益性が損なわれてしまうか？

●リーダーシップ

あなたの新しい事業のリーダーたちと、あなたの既存の事業のスポンサーたちは、ライバル会社よりも優れているか？　同等か？　それとも劣っているか？

●既存ビジネスへの影響

新しい事業は既存の事業にポジティブな影響を及ぼすか？　ネガティブな影響を及ぼすか？

著者たちはこうした判定基準を「信号機《トラフィック・ライト》」と呼んでいる。ポジティブな反応は青信号、弱い反応は黄信号、ネガティブな反応は赤信号となる。キャンベルとパークによれば、青信号がひとつあれば考慮する価値は十分にあるが、赤信号がひとつでもあれば、その計画はストップしたほうがいい。

これに対して、私たちの同僚ジョージ・デイは、ハーバード・ビジネス・レビュー誌の記事で、つぎの六つの質問の回答を深く掘り下げ、評価を下すという方法を提案している。①市場は本当にあるのか？ ②製品は本物か？ ③製品に競争力はあるか？ ④わが社に競争力はあるか？ ⑤製品はほどほどのリスクの範囲内で利益をあげられるか？ ⑥製品の発売は戦略的に理に適っているか？

開発チームはこうした質問に答えながら、さらにそれを補完する、深くつっこんだ一連の質問に向き合っていく。最初の五つの問いの答えにひとつでも明確なノーがあれば、当然ながら、そのプロジェクトはたいていご破算になる。⑤までのふるい分けテストに合格したプロジェクトだけが、六つめの質問を考えることができるのだ。

もちろん、こうした基準を前もって採り入れても、戦略が絶対に成功するとはいえない。これまで話してきた不合理な傾向や組織の問題のせいで、適用の仕方に難があるかもしれないからだ。それでも私たちの経験からいえば、明確な基準をもてば協議のための土台ができ、それがしばしば欠陥戦略の根拠となるシナジー効果、隣接市場、統合といった大ざっぱなコンセプトに歯止めをかけるのに役立つ。

熟慮をうながすもうひとつの方法は、決定を、将来の審査と報酬に結びつけることだ。たとえばメディア企業のクリアチャンネルは、現場のマネジャーに対して、彼らが支援した企業取得がもたらすと予測されるキャッシュフローに責任を負うよう求めている。具体的には報酬と、各部門でのキャッシュフロー予測の実現（企業取得の結果も含む）とを明確に結びつけることで行なわれる。

企業取得チームへの報酬も、その取得が会社全体の業績に実際に果たす貢献と結びつけられる。過去三年間の企業取得すべてについて年一度の審査が行なわれ、実際の業績を事前の予測に照らして、取引に関わった人々への報酬が検討されるのだ。クリアチャンネルのCEOランドール・メイズが言うように、現場のマネジャーと企業取得チームが行なう取引は、「いつまでも当人たちと結びついている」。

広く歴史に学ぶ

歴史を振り返ることはときに危険だ。「ああ、それなら前にもやったことがありますよ」という言葉は、CEOが戦略構想を明かしたときに返ってくる反応のなかで、特に腹立たしいものだ。この決まり文句は、無関心と蔑《さげす》み、そしてそんな提案は考慮にも値しないし支持の余地がないという意味合いを伝えている。たとえば、以前私たちと仕事をしたあるクライアントは、計画のずさんなジョイントベンチャーで大失敗を経験した。それからほぼ一〇年間、パートナーシップやジョイントベンチャーの話が出るたびに、経営陣はその可能性を議論することもなく、すぐに却下していた。

しかし、歴史はもっとポジティブに活用されるべきものだ。社内の歴史であれ、外部から学んだ教訓であれ、歴史を有効活用することで戦略は磨かれていく。

歴史の活用には二つの重要な要素がある。ひとつめは、「これから何をするか？」に集中する前に「どうしてここに至ったのか？」をよりよく理解し、急いで行動に移ろうとする傾向を未然に食いとめることだ。決定を下す前に、複雑な背景も含めて歴史を検討するのではなく、決定を正当化する過去のデータだけを並べる例があまりにも多い。

私たちの友人のアラン・ケイはよく、「コンテキストにはIQ八〇ぶんの価値がある」と言う。しばしばPCの父と評され、ゼロックス、アップル、ディズニーなどでの仕事を通じて魅力的なイノベーションを生み出してきたケイにとって、状況を包括する流れを示す「コンテキスト」という概念はたしかに有効だった。

私たちとケイ、そしてピーター・ドラッカーとで昼食をともにしたとき、ケイがドラッカーに、あなたのコンテキストはPCの発明に「たいへんな影響」を及ぼしたと言った。ドラッカーは、それは初耳だと驚いていたが、ケイによれば、自分は知識労働者に関するドラッカーの初期の著作を読んで大きな感銘をうけ、そのコンセプトを活用してPCなどの電子ツールを開発することに決めたのだという。

また、ハーバード大学教授のリチャード・ニュースタットとアーネスト・メイは、共著書『ハーバード流歴史活用法』（三嶺書房）のなかで、経営者が歴史をふまえて戦略的決定のコンテキストをよりよく理解する方法を説明している。彼らは公共政策の決定における「問題の歴史的経緯《イシュー・ヒストリー》」の重要性を語っているのだが、私たちの見るところ、これは企業戦略の上でも重要だ。

状況分析は時の流れのなかでスナップ写真を撮るようなものだが、歴史的経緯を見れば、時間を現在から過去に向けてたどり、トレンドや出来事、特に現在の状況に関連する重要な変化を把握できる。関連する重要な人物や組織の歴史を追い、その動機づけや潜在的な問題を把握することにもなる。歴史をふまえるとは、特定の視点に立って大ざっぱな輪郭を描くのではなく、できるだけ豊かなストーリーを得ようとすることなのだ。

たとえばニュースタットとメイは、こんなエピソードを伝えている。一九七〇年代末にSALTII（第二次戦略兵器制限協定）の批准をめぐってアメリカ上院で議論が沸騰していた時期、キューバにソ連軍の一個旅団が確認された。協定反対派はその事実に飛びつき、ソ連の脅威を示すものだと論じたてた。カーター大統領は協定賛成派だったが不意をつかれ、ソ連の軍備拡張に強い対応をすると確約した。そのソ連の旅団は一九六〇年代初めからキューバに駐留していて、前政権もそれを把握していたことが明らかにされて危機は去ったが、協定はすでに失効していた。もしカーター政権が歴史的経緯を理解していれば、旅団の存在は問題にはならなかっただろう。

歴史を精査する手法は、この本で取り上げた数多くの失敗例でも有効に働いたはずだ。たとえばユナムは、プロビデントとの合併で持ちこまれた事業部門に、以前参入しようとして失敗した過去があった。あの経験にはどんな論点があっただろう？　個人加入者と団体加入者への抱き合わせ販売ができるという認識からは、どんな教訓を引き出すべきだっただろう？　合併で生まれた重複する商品に対しては、どんな試みがなされていたか？

レブコのLBOも、歴史的なコンテキストをもっと理解していれば避けられた失敗例だ。あのLBOでは、取引直前のレブコの業績低迷は一時的にすぎないという前提に立ち、買収側もレブコの数字が以前と同じに回復する（あるいは上回る）と予測していた。もし、レブコや主要ライバル会社の歴史をたどっていれば、この前提の問題点が明らかになっていただろう。

歴史を精査することは、その組織に関してさまざまな知識をもつ情報源を利用するチャンスにもなる。「ああ、それなら前にやったことがありますよ」という態度の人物や、引退した社員や他社に移った人なども そこに含まれるが、話を聞くのはこうした相手だけに限ってはいけない。私たちのクライアントだったある会社では、組織に関する最も深い記憶をもっていたのは、経営陣の協議を鳥瞰《ちょうかん》する機会の多い財務アナリストなどのスタッフだった。

外部からの視点も重要だ。ジャーナリストや業界アナリストは、かつての戦略や業界のトレンドに対する有意義な洞察をもっている。もちろんなかには下心のある人間もいるかもしれないが、大切なのは、幅広いインプットを得るということだ。

ここで大事なのは、あくまで歴史の出来事を精査することである。現在や未来の選択に安易に当てはめようとしてはいけない。歴史を正しく理解したうえで、現在とりうる戦略について、その歴史が何を語っているかを考えるのだ。

組織の歴史を提示することは、新しい経営陣や企業取得を考えている会社にとっては特に有益だ。こうしたケースでは、組織の文化やＤＮＡの概念は、まだよく理解されていない。みんなその存在は知っているし、それが重要なこともわかっている。組織に何かしらの傾向があり、うまくやれることとやれないことがあることもわかっている。しかしその理由や、そうした傾向を超えて組織をどう操るべきかを説明してくれる強力な理論がない。そんなとき、組織のこれまでの道のりを理解することがいっそう重要になるのだ。それが何よりも雄弁に、今後どこへ向かうか、そして向かわないかを物語ってくれる。

ウォーレン・バフェットは「組織の強制力」について、こう語っている。「組織の強制力が作用しはじめると、合理的な行動がしばしば影をひそめる。……ニュートンの運動の第一法則（慣性の法則）に支配されたように、現時点での方向性に変化が生じることを組織が拒もうとするのだ」

歴史を効果的に活用するための第二のカギは、以前の成功だけでなく失敗からも学ぶことにある。進んでリスクをとろうとする経営者は多くても、新たな道をゼロから切り拓こうとする経営者はめったにいない。そこで、いくつかの戦略が検討されるとき、CEOは決まってこうたずねる。「これは以前に誰かやったことがあるのか？」。この質問の裏に隠れているのは、「そして成功したのか？」だ。

成功から学ぶのはたやすい。企業ストラテジストや経営コンサルタント、ビジネス書の著者たちが、成功例やインスピレーションを得る最良の実践例をいくらでも教えてくれる。しかし私たちが本書を通じて述べてきたように、今後活用できる本物の歴史を望むのなら、失敗にも目を向けなくてはならない。失敗例を「最悪の実践例」の教訓として捉えるのだ。

より深い学びを得る直接的な方法は、良い例と悪い例の両方を求めることだ。以前に誰かがやったことがあるかを訊ねるときは、はっきりこう付け加えよう。「成功例と失敗例の両方を教えてほしい」

さらに、成功例でも失敗例でも、その類似点と相違点の両方を訊ねることだ。類似点と相違点をともに理解すれば、一見似ていても本質的には異なる過去の例にひきずられずにすむ。それはまた、現時点ではあまりよく理解されていない問題や懸念、十分に検討されていない将来の選択肢のリスクや副作用を明確にする。私たちの経験では、経営者の多くは類似点には喜んで注目するが、相違点にはあまり目をくれようとしない。

自分の金を賭ける

ピーター・ワイデンによれば、ケネディ大統領からピッグス湾侵攻作戦が成功する見込みを訊かれた統合参謀本部は、見込みは「かなりある」と応えた。ケネディはそれをポジティブな評価と受け取った。実際には、「三対一で不利」という意味だったが、このことは当時、決して表沙汰にならなかった。悲しいかな、こういう話は決して珍しくない。統合参謀本部はなんらかの理由で、量的な答えではなく質的な回答を行なった。「かなりある」とは、ペンタゴンではよく使われる言い回しだったのだろう。しかしケネディは、その意図された意味を汲み取らなかった。

こうした混乱を一掃するための直接的な方法なら、私たちの友人ゴードン・ベルに訊けばいい。ゴードンはコンピュータ業界の草分け的存在で、ディジタル・イクイップメントで最初のミニコンピュータを開発し、四〇〇〇人のエンジニアを統括した。ディジタルを離れた後は、全米科学財団のコンピュータ科学研究所の所長を務め、インターネットの商業化に力を尽くした。さらにその後は、新規事業の個人投資家として活動した。

ゴードンはすばらしく率直な人物で、ディジタルにいた頃は、こんな物言いをすることで有名だった。「コンピュータの最も信頼できる部品は、きみが取り外した部品だ」。投資家となってからもその率直さを活かして、テクノロジーや経営の予測家が確固たる信念をもっているかどうかを見きわめる、じつに簡単な方法を編み出した。たとえば、あるCEOが企業の業績についての予測を発表するとき、ゴードンはその数字に狙いを定め、彼にこう水を向ける。「きみと私とで賭けをするかい？　賭け金は一〇〇〇ドルだ。私はきみがこの数字を達成できないほうに賭ける」。CEOが唾を飲みこめば、彼が心のなかでは疑いを抱いているとわかる。ゴードンは過去に少なくとも一度、賭けを受けようとしなかったCEOに見切りをつけて解任している。

何十億ドルもの会社の金をまかされれば、もちろん経営陣もいろいろな問題を真剣に受けとめる。それでも、自分自身の金を賭けるとなると、さらに二の足を踏むのだ。

もっと平たく言えば、個人的な賭けの対象として予測をみれば、複雑だった事柄がごく明確になるということだ。この賭けにオッズをもちこめば、みんな、より正確に予測しようとするだろう。先の例でも、ケネディ大統領への返答は「かなりある」から「確率は三分の一」に変わったはずだ。賭けという観点をもてば、時間的な見積もりも明確になる。たとえば、私たちのクライアントだったある大手貿易会社の経営陣は、おおむねこんな前提を共有していた。「情報から得られる収益は、その情報がネット上の公のソースから手に入るようになるにつれ、次第に失われていく」。この前提はじつに広く受け入れられていて、誰もそれ以上具体的なことは考えていなかった。

そこで私たちは全員に、収益があるレベルを下回るまでにどれくらいの時間がかかると思っているかを書いてもらった。すると、六カ月から六年までの幅があった。このように、前提を俎上《そじょう》にのせることは、よりすぐれた戦略を生み出す議論へとつながる。

賭けは一対一とはかぎらない。ときにはある種の大規模な賭けも役に立つ。俗に予測市場と呼ばれるものだ。これまで見てきたように、専門家はただまちがうだけでなく、自分たちの誤った考えをおそろしく強硬に言い立てることも多い。ある専門家はかつて、自分のモットーをこう表現した。「ときには正しく、ときにはまちがうが、決して疑いはもたない」

専門家の意見を無視すべきだと言っているわけではないが、安全装置として、情報の収集と予測をする正式なメカニズムをほかにももつべきだろう。

こんな実験がある。大きな瓶にゼリービーンズをいっぱい入れて、何個入っているか当ててもらったところ、大方の予想どおり、答えは大きく散らばった。だが、それらの答えすべてを平均した値は、どの答えよりも正解に近づいた。これはジェームズ・スロウィッキーが『「みんなの意見」は案外正しい』で「群衆の知恵」(＝「集合知」)と呼んだ効果だ。さまざまな答えを寄せ集めれば、個々の人間のまちがいは相殺され、グループ全体の意識が正しい答えに近づいていく。

群衆の知恵は、あらゆる予測や見積もりに応用できる。売上予測を見てみよう。たいていの予測はごまかしや誤差だらけだ。予測には複数の人間や部署が絡んでくるし、関連グループは自分たちに都合のいいように組織を騙そうとする。こうした駆け引きがずさんな見積もりをもたらし、組織がリソースの配分を誤ったり在庫の管理をしくじったりする原因にもなる。

そこで代案としての予測市場が出番となる。予測市場とは、予想を組織内外のより大きな関係者のグループに向かってオープンにすることによって、群衆の知恵を利用しようとするものである。従来の予測者を超えた多くの人たち、たとえば第一線に立つ販売員や、顧客サービスの担当者、それに顧客自身も含めたさまざまな視点をひとつの予測にまとめあげようというわけだ。

予測市場は通常、株式市場と同じように組織され、参加者はそこで株にあたる契約を売り買いする。利益の配分は将来起こるなんらかの出来事に左右される。たとえば、ある新製品が決まった期日までに発売されれば一ドル支払うという契約があるとしよう。自分はこの件に見識があると思っている人たちが契約を売買すると、売買価格にはそれが実現する確率が反映される。つまり、もしその価格が二〇セントだったとすれば、「群衆」はそれが実現する可能性を二〇パーセントと見積もっているということだ。多くの例が示すように、予測市場は適切に組織されれば、従来の予測方法よりずっと正確であることが多い。たとえば、ある予測市場が行なったＨＰのプリンタの売上予測は、同社の従来の予測プロセスよりも正確だった。

スロウィッキーは、賢明な「群衆」であるための四つの条件を挙げている。①意見の多様性。つまりそれぞれが個人的な情報をもっていること。たとえそれが既知の事実にとっぴな解釈を施したものであってもかまわない。②独立性。人々の意見が周囲の人たちの意見によって決定されるのではないこと。③分散化。人々がそれぞれなんらかの専門的な知識に通じていること。④集約。個々の判断を集団的な決定にまとめあげるメカニズムが存在すること。

また、予測市場を使って成功を収めたインテルの研究者は、予測市場をうまく機能させる要素を三つ挙げている。①匿名性とインセンティブ。これによって、公正でバイアスのかからない情報がもたらされる。②複数の意見の平均化。これによって正確できめ細かいシグナルが得られる。③フィードバック。参加者が過去の業績を評価し、情報を検討することで、よりよい結果につながる。

それでも、予測市場が完全に専門家に取って代わられるという話は聞かない。理由のひとつめは、戦略の決定を急いで下さなくてはならないときには、市場をまとめあげる時間がないから。二つめは、市場では秘密を保持するのが難しいため、極秘の合併話についてあれこれ考えるのには向かないから。三つめは、専門家は「群衆」には手の届かない特別な情報をもっているからだ。テレビ番組の『クイズ・ミリオネア』で、ライフラインとして解答者が使える「オーディエンス」は、予測市場を支持する人たちがよく引き合いに出す例だ。オーディエンスは驚くほど正確に思えるが、しかし解答者はゲームの序盤の、ふつうの人間が知っていそうな問題でこのオーディエンスを使う傾向がある。そして専門的な問題（「円周率の一〇桁目の数字は何か？」など）が出てくると、必ず専門家の友人に電話をかける。

とはいえ、予測市場は従来の予想をチェックし、バランスをとるために広く使うことができる。もし予測市場の結果が専門家の意見と食いちがっていたら、その理由をつきとめるべきだ。

最悪の事態を考える

一九四一年一二月二日、太平洋艦隊司令長官ハズバンド・E・キンメル大将は、米海軍情報部から、日本の空母の無線が途切れたという報告を受けた。キンメルは冗談まじりに答えた。「ダイヤモンドヘッドを回りこんできてもわからないと言うのか?」。不幸にも、日本の空母はほぼそのとおりのことを行なっていた。

アメリカ海軍が真珠湾攻撃の可能性を真剣に考えていなかったように、企業もまた、重要なことが悪化する可能性をきちんと検討することはめったにない。

だが、組織全体に深淵をのぞきこませ、最悪のシナリオをはっきりと示すことは、事業プロセスの安全装置となる。そのあと組織はあらゆる手を尽くして、そうした災厄の可能性を調査し、そのリスクを許容できるかどうか判断し、戦略に必要な調整をしていくべきなのだ。

私たちはクライアントとの仕事でしばしば、「自社にとって最悪のライバル会社になろう」と題する演習を行なう。

手順はこうだ。まず、管理職の人たちをいくつかの小グループに分け、つぎのような課題を出す。「あなたが自社や業界についてすべて知り尽くしていると想像してほしい。そこに、資金をたっぷり持ったある投資家が現れ、あなたが今いる会社と競合するベンチャー事業に出資したいと申し出た。さて、あなたはどうやって自社やライバル会社を潰し、業界を支配するだろうか?」。この答えとなる事業計画は、各チームごとに立て、その後、グループ全体でどのチームのベンチャー事業が優れているか議論を重ね、投票で最良の計画を決める。要するに、それぞれのグループに深淵をのぞきこませ、何が見えたかを報告させるということだ。

組織という有形無形のくびきから解き放たれた参加者は、しばしばカタルシスめいた効果を得る。ただし危険な弱点、利用されていないチャンス、市場トレンドの明快な解釈といったものは、議論から抜け落ちてしまうことが多い。なぜかといえば、その市場の支配権を争っている企業のリーダーたち以上に市場のことを知っている人はまずいないからだ。ここでのポイントは、個人の傾向やより大きなグループプロセスを超えて、一人ひとりが自分の知っていることをはっきり述べる方法を見つけることにある。

特に考えなくてはならない深淵は、レバレッジ関連のものだろう。戦略のための債務に関連するリスクを、組織がきちんと評価できるかという問題だ。レバレッジは通常、負債自己資本比率のような断片情報によって計られる。だがこれは、債務が相対的にどのくらいあるかという感覚を与えてはくれても、企業環境の変化によって債務返済能力が制限される可能性についてはあまり教えてくれない。企業は考えられるキャッシュフローと決められた債務返済予定を対照し、返済が不可能になるシナリオを努めて想像しなければならない。

より一般的には、前提やリスクについての議論を深めるのに役立つのはシミュレーションだ。これによって、重要な前提が現実となる確率がいやおうなく定量化される。ある計画の成功が、三つの出来事が起こることにかかっているとすれば、計画成功の確率を出すには、それぞれの出来事が起こる確率を掛け合わせればいい。それぞれの確率が七〇パーセントだとすれば、計画全体がうまくいく確率は、〇・七×〇・七×〇・七＝〇・三四、つまり三分の一ほどしかないということだ。七〇パーセントという数字はそこそこ高く感じても、三分の一となると不確かに思えはじめる。ところが、計画を立てる人間はめったにこの種の計算をしない。

私たちの経験では、経営陣がこうした計算を受け入れることは少ない。とりわけ自分たちの直観や希望する動きに反する場合は、まず相手にしない。シミュレーションの本当の価値は、重要な前提や相互作用について会話せざるをえなくなることにあるのだ。

厳しい競争にさらされたある大手の通信会社は、顧客サービスとネットワーク供給網を徹底的に整備しなおすことを考えていた。しかし提案された改革は、複数のセンターのさまざまな部門に属する何千人もの従業員たちに関わっていた。そのため、この戦略が実行可能かどうかというまっとうな懸念に縄張り争いが加わり、組織は数カ月にわたって泥沼に陥った。

そこで私たちは、各部署のリーダーたちが、提案された改革に基づいてシミュレーションモデルをつくるのを手伝った。実際にシミュレーションをすることで、リーダーたちはこの新しいシステムがどう機能するかを、潜在的な利益や節減額、障害なども含めて理解した。また、ここに至る過程で、いくつかの問題もつきとめられ、解決された（もしくは仲裁された）。そして、もともとの形からはかなりの修正を経たものの、ＣＥＯは改革を実行する自信を得た。

警報システムをつくる

欠陥だらけの戦略は、ときに大砲の弾のように飛びつづける。コダックは一九八一年に、デジタル技術の脅威が自社に及ぶことはないと判断した。デジタルカメラが高価すぎる、プリンタの品質がよくない、デジタル画像をパソコンやテレビ画面に表示するのは難しすぎるといったことがその理由だった。それらの障害は一九八〇年代を通じてほぼ解消されていったが、それでもコダックは戦略を変えず、大砲の弾のように進みつづけた。コアとなる前提が変化するたびに戦略を修正するのではなく、ただ飛んでいくにまかせたのだ。

本来、戦略は大砲よりも巡航ミサイルのようであるべきだ。いざ発進した後は、フィードバックを集め、たえず地形に合わせて進路を調整しながら、目指す標的に到達する――そのためのメカニズムが必要なのだ。

有効なメカニズムのひとつは、その計画を実現するのに必要な条件が保たれているかどうかを示す警報システムをつくることだ。警報システムとは、危険を感知したら注意を喚起してくれる装置である。これを戦略に適用するなら、重要な成功要因をリストにしたものがその装置になる。計画や主要な予測や市場状況における変化が、もとの想定を超えていないかを確認するために、そのリストとたえず対照すればいいのだ。

企業が警報システムをつくる方法にはほかにもいろいろあるが、私たちがこの章の「まず、『決め方』を決める」の項で説明したような、ふるい分けテストを利用するのもいいだろう。ふるい分けのための質問を定期的にチェックすることで、新しい証拠と詳細な選択肢が戦略の展開プロセスの一部となっていく。

警報システムの構築には、別の重要な利点もある。ただ警報システムに関する議論をするだけで、重要な要素や前提や条件といった根本的な事柄が盛んに話しあわれるようになるのだ。「どうしてそう信じられるのか?」「それはどんな証拠に基づいているのか?」「どんな新しい証拠があればわれわれの考えは変わるだろうか?」――こうした疑問はすべて、警報システムをつくろうとするときには当然のように出てくるが、それ以外の場で口にされることはめったにない。

上への伝達メカニズムを用意しておく

従業員は犯罪行為にさえ口を閉ざしがちだ。たとえば、ベアリングス銀行が破綻したのは、シンガポール支店のニック・リーソンが自分の出した損失を秘密口座に隠していたためだとされる。実はその口座の番号8888は、シンガポールの若手社員からロンドンの管理職に至るまで、多くの人間が知っていた。それでも管理責任のある人間まで届くことはなかったのだ。

上への正式な伝達システムを用意しておくことは、事業プロセスの重要な安全装置となる。これがあれば、戦略に関する肝心な情報や異なる見方が、通常のコミュニケーション経路に乗らなかったり途中で握りつぶされたりしたときも、意思決定者まで届けられる。

シドニー・フィンケルシュタインは『名経営者が、なぜ失敗するのか?』(日経BP社)で、必要不可欠な情報に基づいた決定を下せないことが失敗の主要因になると述べている。そして、情報がうまく伝わらない理由を四つ挙げている。①重要な情報が、重要なものとして認識されない。②その情報をもっている人間と、情報に基づいて行動できる人間とをつなぐ明瞭なコミュニケーション経路がない。③コミュニケーション経路があったとしても、情報をもっている人間が行動する人間へそれを伝えようとする動機付けがない。④このプロセスが機能していることを確かめる監視役がいない。

①の情報の重要性は、つねに認識できるとはかぎらない。だが他の三つの問題に取り組むことは可能なはずだ。情報がトップに送られるようにし、人々にそのための動機付けを与え、そうしたプロセスを機能させるのだ。

その方法のひとつが、マイクロソフトが日常的に行なっているような匿名調査だ。同社では、ある製品が引き渡される日にちについて、チームのリーダーの確約に頼るのではなく、チームのメンバーを調査し、彼らの予測を訊ねている。するとリーダーは、そうした調査がいつ入るかわからないため、つねに正直になる。またリーダーが過度に楽観的である場合、経営陣にもそれがわかりやすくなる(もちろん過度に悲観的にもなりうるのだが、それはめったに起こらない)。これで製品の遅れを避けられるわけではないが、少なくとも経営陣が正確な全体像を得て、それを計画立案に利用し、投資家に伝えられるようになるのは確かだ。

私たちの調査では、戦略が必ず失敗するという証拠を、組織内の人間が知っていることがざらにあった――ただその情報が、適切なレベルの適切な人物に伝えられないのだ。二〇〇二年のサーベンス・オクスリー法によって、株式公開会社は、疑わしい会計や犯罪行為を内部告発できるためのシステムをつくることが義務づけられた。虚偽請求取締法は、そうした告発メカニズムが機能しうることを示している。同法は連邦政府に対する不正な請求を通報した人物に、取り返された資金の一部を与えることで、通報へのインセンティブを高めている。

あとに残された難題は、不正とまでは言いきれないが非常に重要な情報を報告するインセンティブをいかにつくりだすかである。やがてくる戦略的過ちや、組織に壊滅的な影響をもたらしかねないミスに関連する情報は、何としても上まで伝えられなくてはならない。

「第二のチャンス」会議を開く

ギリシャの歴史家ヘロドトスによれば、古代ペルシャ人は酒に酔っているときに重要な事柄を検討したという。そして翌朝酔いが醒めてから、あらためてその決定を見直す。逆に、最初に熟考したのが素面《しらふ》のときであれば、酒が入った状態でその問題を再検討する。酔っていても素面でも同じ決定が下されたらそれで進める。そうでなければ破棄される。ペルシャの成功に疑いを差し挟むのは難しい。なにしろほぼ三〇〇年にわたってアジア西部と中部の大半を支配したのだ。

私たちが経営陣を前にしてこの話をすると、決まって笑い声が起こり、うちでも酒に関する習慣を採り入れようという冗談が聞こえてくる。だが本当に冗談めいているのは、すでに多くの人間が酩酊したような状態で決定を下しているという現実だ。

大規模な企業買収や、戦略上の大きな変化に伴う出来事は、しばしばダン・アリエリーが『予想どおりに不合理』（早川書房）のなかで呼ぶ「ホットな」状態をつくりだす。アリエリーの説明によれば、ホットな、つまり感情的に昂《たかぶ》った状態にある人は、「コールドな」、つまり冷静な状態では決してありえないような決断を下す。

行動経済学者たちは、ビジネスの数多くの側面でホットな意思決定の危険性を示してきた。たとえば競争的興奮、あるいはオークション熱と呼ばれるものがある。オークションなどの競争的な状況に参加すると、人は「なんとしても勝つ」という姿勢をとり、競争相手を負かすことが目的化してしまうのだ。凄腕の交渉人はこうした傾向を利用するすべを知っている。たとえばグリーンツリーのCEOローレンス・コスは、コンセコのスティーブ・ヒルバートに対し、短い期限を切って名前を明かさない数社と入札で競わせた――実際には期限もライバルも存在しなかったのに。

酒の入ったホットな状態で決定を下すよう命じたペルシャ人は、現実をよく認識していたといえるが、彼らの真のイノベーションは、その後のコールドな状態でさらに熟考するよう命じたことだ。この「第二のチャンス」会議は、煎じつめれば先に紹介した、アルフレッド・P・スローンが「意見の相違が出てくるだけの時間を与えるために」経営会議を延期したのと同じだ。

アーヴィング・ジャニスも *Groupthink* のなかで、未検証の前提に反論するための手法として、この第二のチャンス会議を紹介している。彼は、こうした会議は組織が方針を表明する直前に開くべきだと言う。この会議での全員の役割は、まだ出し尽くされていないあらゆる反対意見を出し尽くすこと——特に自分自身が肩入れしている見解に疑問をぶつけることにある。会議ではまた、最も危険なシナリオや最も恐ろしい結果をよく検討したうえで決定を下すことも大切だ。

厳しい疑問が活発に出されるようにするには、第二のチャンス会議にフレッシュな視点を取り入れるのもひとつの方法である。たとえばヨーロッパの非公開投資会社ブリッジポイントは、六人からなるチームを編成して、すべての買収に関して「これ以上は出せない」という価格をつけさせるが、このチームには、はっきり悪魔の代弁者の役割を与えられた管理職ひとりと、もはや業務上の役割がなく企業内政治に影響されにくい重役ひとりが含まれている。

また、二〇〇〇年以降に五〇社以上を取得してきた郵便物管理会社のピツニーボウズでは、企業取得プロセスに、計画の早い段階では関わっていなかった人たちによる二度の審査が含まれていた。同社のCFOブルース・ノーロップは、これを「最後の防衛線」と呼び、適切な分析方法が正しく活用され、「取引熱」が避けられるように配慮した。

第11章 「最後のチャンス」審査で念を押す

「イノベーションの失敗はしばしば、誤った答えに達することよりも、あらかじめ重要な疑問を発しなかったことに起因する」とクリステンセンは語っている。確立していない前提、実現不可能な予測、放置された取引熱、不十分な戦略へとつながる個人および組織の傾向……これらに対して疑問を発することは非常に重要だ。しかし残念ながら、私たちが10章で提案した内部の安全装置をもってしてもなお、そのための保証とはならない。熱気に満ちた瞬間には、きわめて経験豊富な経営者でさえも、最強の安全装置を蹴散らして暴走する。

グリーンツリー・ファイナンシャルを買収したコンセコのCEO、スティーブ・ヒルバートが、そうした危険の実例を示している。ヒルバートは何十という企業買収を通じてコンセコを築きあげた。彼には厳格な企業取得プロセスと買収担当チームがあり、どちらもほぼ二〇年に及ぶ取引によって鍛えあげられていた。ところがコンセコ最大の取引で、ヒルバートは経験に裏切られた。コンセコを「つぎのレベルへ」引き上げ、さらに大きな金融サービス会社――金融界のウォルマートをつくりだすというビジョンに駆り立てられ、明らかに苦境にある会社に法外な金額を払ってしまったのだ。

彼は自らのビジョンに六〇億ドルを賭け、七日間のデュー・ディリジェンスしか行なわなかった。投資家やアナリストからはたちまち強い反発が起こり、内部からも疑いの声が起こったが、そうした声は抑えつけられた。組織内の人間がCEOに向かって、あなたの刺激的なビジョンには欠陥がある、あなたは取引熱の餌食になっているのなどと言うのは不可能に近い。

そんな劇的な失敗を防ぐために私たちが求めたいのは、さらなるセーフティネット――独立した悪魔の代弁者による、一連の厳密な「最後のチャンス」審査である。

社運をかけた戦略に乗り出そうとするときには、必ずその戦略を、独立した悪魔の代弁者による審査にかけるべきだ。これは戦略策定プロセスの正式な一部――先に述べた「まず、『決め方』を決める」プロセスの一部となる。このことは、戦略そのものが明らかになる前に、関係者全員によく周知させておかなくてはならない。ただ審査があると予期するだけでも、よい結果につながる。

加えてストラテジストは、このプロセスの間じゅう悪魔の代弁者から疑問を提起されても、せっかくつかんだ地位が脅かされているなどとは考えずに、むしろ自分の益になると解釈しなければならない。CEOもフィードバックを得つつたえず質問を発し、後でなんらかのコメントを公に発する。

この独立した審査が、「最後のチャンス」審査となる。これは戦略策定プロセスの締めくくりへ向かう前に、戦略の勢いがつきすぎてもうどうにも止められない、手遅れだという状態になる前に行なう。ある経営者が言ったように、「弁護士が部屋に入ってきたら引き返すには遅すぎる」のだ。万一なんらかの理由で、悪魔の代弁者による再検討が戦略策定プロセスのあいだに行なわれなかったとしても、CEOがプロセスの最後に正式な審査をするよう命じるべきだろう。

悪魔の代弁者による審査は、経営チームのコンセンサスを打ち立て、取締役会にもうこれ以上戦略を深く掘り下げる必要はないという確信をもたせることができる。独立した視点からの正式な審査を行なっても戦略に問題が見つからなければ、取締役会や経営チームが反対する理由はなくなる。なかには、戦略が決まった後でさえ審査を命じるCEOもいる。今後表面化するかもしれない問題をつきとめておけば、いざそうなったときでも、みんな準備ができているだろう。

実際に審査が実行されたときには、必ず非常にデリケートな局面が訪れる。独立した悪魔の代弁者による再検討、とりわけ「最後のチャンス」審査の結果は、取締役会に対して完全にガラス張りであるべきだが、私たちの調査やコンサルティングの経験では、多くのCEOはこれをためらう。すべてをオープンにすると、せっかく慎重に進めてきた取締役会との関係を混乱させてしまうのではないかと考えるからだ。だが私たちの経験によると、適切な調整を行なえば、ガラス張りの状態は、むしろ取締役とのより建設的なコミュニケーションを生む。

この局面で大切なのは、正しい原則を打ち立てることだ。それについては本章の後半で述べよう。

年間収益二〇〇億ドル以上の企業のトップを長らく務めたあと、数年前に引退したある元ＣＥＯの言葉は、セーフティネットの性格をはっきりさせる助けとなった。ほとんどのＣＥＯは権威を譲り渡すようなことは嫌うのだが、このＣＥＯは現役時代、正式な悪魔の代弁者による審査を受け入れた。ただし、私たちが重要な区別――ガバナンス（管理）とマネジメント（経営）の区別をするという条件つきで。私からマネジメントを奪おうとする試みがあるなら抵抗するよ、と彼は言った。しかし会社の良好なガバナンスのためなら、自分の決定を理解したうえで、取締役会がなんらかの対応をする権利がある、と。

それは私たちがずっと言いつづけてきたことだった。私たちはＣＥＯから意思決定の権限を奪おうとしているのではないし、事業のどのレベルでも、戦略を決める権利のある人からそれを取り上げるつもりはない。このＣＥＯの言葉を使えば、それを端的に説明できた。悪魔の代弁者の審査はマネジメントの権威を奪うものではなく、ガバナンスに関するものなのだ、と。

悪魔の代弁者による審査チームの指揮を執るのは、信用があって客観的で、組織の政治や圧力からある程度自由な人物だ。独立した役員か、最近引退した元トップ管理職などがいい。また、審査員はなるべく客観的で信用できる、結果に利害関係のない人たちで構成する。彼ら審査員は「ノー」と言う側に立って議論をするよう指示され、戦略が組織にとって最良の長期的利益をもたらすようにするためであれば、どんな疑問でも提起できる認可を与えられる。

チームには、巧みな組織化が必要だ。審査に最も近いイメージは、企業取得やジョイントベンチャーの際に行なわれる正式なデュー・ディリジェンスだろう。特に概念的には「戦略的デュー・ディリジェンス」と重なるところが大きい。これは、取引の論理を精査し、買う側の戦略と一致しているかどうかを確認する段階での審査である。

もっとも戦略的デュー・ディリジェンスまで来てしまうと、誤った目標や欠陥のある戦略を指摘するには遅すぎることが多い。すでに戦略はほぼ固まり、オープンな議題ではなくなっているからだ。デュー・ディリジェンスのチームの役割は、取得対象の質を評価し、適切な価格を定めることであって、戦略の裏にある動機や、その戦略に取得対象が合致しているかを評価することではない。たとえ戦略の動機が検討の対象になったとしても、このチームは通常、それに取り組む態勢にはない。彼らの役割は取得対象のあらゆる面、たとえば法律、財政、会計、税、業務、人的資源、テクノロジー、組織上の問題などを広範に調査することだ。メンバーはそれぞれの知識と経験、また細部をも執拗に探り出す能力のある人で構成されるが、もともとの戦略に関する所見を表明するようなコンテキストやスキルや時間を、彼らはもたない。結果として、戦略上の欠陥、あるいは戦略の不在ですら、デュー・ディリジェンスのプロセスで指摘されることはまずない。

これに対して、私たちの提案する悪魔の代弁者による再検討は、もっと早い段階で行なわれる。戦略的デュー・ディリジェンスまで行ってしまう前、まだ問題を食いとめる可能性がある段階だ。

正式なデュー・ディリジェンスは、外部との取引がない戦略ではあまり行なわれない。たとえばグリーンツリーの住宅ローン戦略、独立系航空会社になるというFLY・iの決断、デジタル写真を重視しないというコダックの決断などでは、デュー・ディリジェンスの審査はなかっただろう。それでもこうした決定を下す前に、独立した悪魔の代弁者による審査が入っていれば、きっと役に立っていたはずだ。

悪魔の代弁者による審査の正確な手続きは戦略によって左右されるが、基本的には、つぎの五つのステップに従うのがいいだろう。

①明確だが制限のあるお墨付きを得る。
②結果を出すチームをつくる。
③戦略を生み出したプロセスではなく、戦略そのものに集中する。
④答えではなく、疑問を発する。
⑤最終決定に託す。

明確だが制限のあるお墨付きを得る

独立した悪魔の代弁者にお墨付きを与え、それをオープンにして広く知らせれば、効果的な審査が期待できる。デリケートな情報を追ったり面倒な疑問を調査したりするときは、特にそうだ。またお墨付きによって審査チームの役割が公になると、審査が行きすぎるのを防ぎ、隠れていた懸念に対処でき、不都合な事実が握りつぶされにくくなる。それに、もしこの審査がただの形式的な手続きだと思われていれば口に出されずじまいになるような心配事も、内部から聞こえてくるようになる。

ただし、審査の範囲は明確に、対象である戦略のみに限定する。ときには、その戦略をめぐるコンテキストや歴史に関する幅広い疑問も生まれるだろうが、審査員は必要以上に遠くへさまよい出るのを控えなくてはならない。こうした縛りは、審査チームが経営陣と同様の存在になるのではないかとか、戦略ではなく人間の評価が目的なのではないかとかいった組織の不安をやわらげるためのものだ。

審査では、実行もまた抑制されていなくてはならない。「〝ノー〟と言う側に立って議論をする」というのは、やりたいようにやれるというお墨付きではない。悪魔の代弁者による審査は、異端審問とはちがう。印象や直感、感情ではなく、事実に基づいて調べるべきだ。注意を向けるのは、ちょっとした欠点などではなく、最終的な成否を左右する戦略の根幹となる側面だ。

審査の目的は戦略に関する重要な疑問を明らかにすることであって、かわりの方法を提案することではない。この点をチームの全員が理解することが重要だ。そうすれば戦略を策定した当人たちも必要以上に異議をつきつけられているようには感じないだろうし、審査員も自分の都合や関心から審査をしたりはしなくなる。審査員たちは「正しい」答えという先入観をもたないよう自戒することも大切だ。

そして、審査チームはあくまで現実的であること。ただ完璧なモデルと戦略を比較するだけではいけない。それではあらゆる戦略を、基準に達しないといって捨ててしまうことになる。その戦略にちょっとした欠点や傷がひとつ二つあっても、それが完璧かどうかではなく、可能なうちで最良のものであるかどうかに注意を向けるのだ。これまで見てきたように、何もせずにいるのは悪い戦略となりうることを忘れてはいけない。

結果を出すチームをつくる

悪魔の代弁者による審査にどこまで信用や効果があるかは、審査のリーダーの信用や地位によって大きく左右される。リーダーは、提案された戦略にからむ経営陣の外の人間であるべきだ。社内の人間でも、別の事業の役員や管理職なら大丈夫だろう。社外取締役や、組織になじみのある外部のベテラン、たとえば引退した管理職ならなおよい。もちろん、会長やCEOは論外だ。彼らには悪魔の代弁者の審査に認可を与え、その成果の適切な利用を組織化するという仕事がある。審査そのものを行なうべきではない。

チームは支援チームとその他の審査員で編成する。このうち支援チームは、情報収集や審査プロセスの組織化、審査員が提起する問題の精査を手伝う。メンバーは、提案された戦略をめぐるさまざまな問題、つまり事業、業務、財務、組織、テクノロジー、人的資源などの問題に関して経験を積んでいなくてはならない。デュー・ディリジェンスの支援チームに見られるスキルもいくつか求められるが、審査前の調査を活用できるはずだから、リソースはずっと少なくてすむ（私たちの経験では、戦略の失敗を警告するサインのひとつは、悪魔の代弁者の支援チームが重要な一次分析を行なわねばならないことである。通常のプロセスで終えるべき作業がまだ終わっていないということだからだ）。

もし計画立案や戦略の分析に関わっていた人が支援チームに入ったら、それはプラスになる。しかし彼らはリーダーの役割を担ってはならない。また、審査チームのメンバーとして、以前とは異なる視点に立つことを受け入れる必要もある。こうした条件が揃えば、悪魔の代弁者の審査は若いマネジャーやアナリストにとってすばらしい学習の機会となるだろう。

審査チームに課せられるのは、おそらく最も難しい仕事であるが、同時に成否を決定するカギでもある。肝に銘じておくべきなのは、審査チームはただ既存の専門知識に頼るのではなく、別の視点を提供しなくてはならないということだ。

戦略策定プロセスにはすでに、さまざまな業務や戦略の専門家たちが携わっている。審査チームはそれよりもすぐれた専門家チームをめざすのではない。全体として独自の視点を提供し、提案された戦略に関連する重要な問題を浮かび上がらせてテストするのが役割だ。逆にいえば、専門知識は必要ではあっても、それで十分とはとうていいえない。より重要なのは、一歩後ろに退いて耳を傾け、疑問を発し、じっくり考え、幅広い組織志向の方策をとることだ。

審査チームにぴったりの人物像を示すために、ふたりを例に挙げておこう。ひとりはビンス・バラッパだ。ビンスはGM、コダック、ゼロックスで戦略および市場調査を担当し、米国国勢調査局の局長も二度務めた。そのおかげで、市場調査や戦略策定に深くて実践的な自分の経験を生かしている。しかしビンスは、豊富な経験から得たアイデアや見解を唱えるだけではない。まるで本能に導かれるように、ビジネスのあらゆる問題の関連しあう部分を探り出し、組織の前提や問題、あらゆる計画の結果を引き出すような質問を発するのだ。

私たちがしばしば審査員に招くもうひとりの人物は、デビッド・リードである。デビッドはロータスの主任科学者だったが、MITおよびMITメディア研究所でコンピュータ科学の教授を務めた経験もある。インターバル・リサーチやHP研究所など、さまざまな世界クラスの研究所で先端的な研究を行ない、インターネットを最初に構築した人物のひとりとされる。その彼は、明らかに多くの戦略を支えるカギとなるような、テクノロジーの厖大な専門知識を持ちこんでくる。また、計画の広範な影響（たとえば、本来魅力的な解決策も、規模によっては有効であったりなかったりする）に注目する習慣も身につけている。

彼らと対照的に、審査員に向かないタイプも二つ紹介しよう。ひとつは、審査の主題については深い知識をもっているが、自分でさっさと結論を出し、残りの時間は裏づけ用のデータを探したり他のメンバーを説得したりするのに費やすタイプだ。残念ながら、これはほとんどの専門家に当てはまる人物像で、実際、専門家になればなるほど、その傾向は強まる。

その一方で、共感を示しすぎるタイプもほとんど役に立たない。一部のメンバーは経営陣の苦しい状況をすばやく見てとり、批判的な目をもたずに経営陣の前提を受け入れる。これは難しいことではないし、審査が長引いたときには特にたやすい。だが、重要なのは部外者の視点を保つこと、カギとなる前提を探しつづけ、厳しい質問を発しつづけることだ。

戦略を生み出すプロセスではなく、戦略そのものに集中する

品質管理審査では、内容よりもプロセスに注意を集中することが多い。審査員はそれぞれの段階をチェックし、適切な分析が行なわれているか、正しい書類が作成されているかを確かめる。そしてチェックリストの項目すべてが消され、論証がすめば、戦略にゴーサインが出る。このように、チェックリストは非常に有益だ。だが、戦略を立てるのに適切な段階が踏まれたかどうかを確認するだけなら審査の必要はない。最終的に大切なのは、戦略が自立できるかどうかだ。悪魔の代弁者による審査は、戦略そのものにしぼるべきである。

そのためにも、前述した「安全装置」の多くを、ここでも用いることをお勧めしたい。どのように応用するかを、ざっとまとめておこう。

最初のステップは、審査チームがそのビジネスのコンテキストを共有することだ。審査チームもストラテジストのように、「何が問題か」を理解してから「何をするべきか」の評価へと進んでいかねばならない。それにはまず最初から始めること、現在のコンテキストを理解するために問題の歴史をできるだけ遡ることが必要だ。また、大きな出来事、トレンド、人間、組織などを含む「ど

うしてここに至ったか」のストーリーも理解しなくてはならない。現在と過去の管理職、一般の平社員、顧客、ライバル、記者、アナリスト、業界の専門家など、複数の視点からこのストーリーを理解しよう。

コンテキストを把握するもうひとつの方法は、最悪の事態を考えること、つまり会社が何もしなかったときや市場が変化したとき、ライバル会社がなんらかの動きを見せたときに起こりそうな事態を理解することだ。資本市場やその他の予測市場に表れる「群衆の知恵」は、現在の状況をどう評価するだろうか？

コンテキストを共有できても、審査チームはまだ提案された戦略に飛びついてはならない。つぎのステップは、会社の戦略の目標と、可能なあらゆる選択肢をすべて理解することだ。そのためには戦略チームの初期の仕事を掘り起こせばいい。戦略の目標が適切かどうか、他にふさわしい目標があるかどうかを問いなおせるはずだ。それはまた、あらゆる選択肢がきちんと検討されていたか、最終的な選択を急ぎすぎてはいなかったかを、捨てられた選択肢に照らして評価するのにも役立つ。

こうしてより大きなコンテキストができあがってから、審査チームは提案された戦略の細かい項目へと進んでいく。戦略チームから主要な書類を取り寄せるときは、まず戦略の詳細を示す文書を要求すること。スライドやスプレッドシートでの提示は拒否したほうがいい。ごまかしが入りこむ余地が大きすぎ、読む側がどうとでも解釈できるからだ。ピツニーボウズのCFOブルース・ノーロップも言っているように、「パワーポイントではすっきりして見えた取引の多くの要素が、文書にすると破綻してしまうことに驚かされる。箇条書きの書式では、ある取引を行なう根拠が〝抱き合わせ販売〟といった言葉で要約されるかもしれないが、社内の記録では、誰が誰に対して、なぜ、どのように抱き合わせ販売をするかをはっきりさせることが求められる」。

審査チームはまた、書類を読んで内容を吸収するまで、経営陣による戦略のプレゼンテーションには関わらないほうがいい。内容が形式にごまかされたり、審査員がプレゼン担当者のキャラクターに影響されたりするのを避けるためだ。

いったん戦略に集中しはじめたら、審査チームはその土台を理解し、検証しようと努めなくてはならない。提案された戦略の根底にある重要な前提を浮かび上がらせてテストすることが、チームの最も重要な仕事のひとつだ。この目的に有効なのが、ＳＡＳＴ（戦略的前提の表面化および検証）である。ＳＡＳＴは通常、戦略策定プロセスの最初に用いられるが、私たちはこれを悪魔の代弁者の審査に応用した。

この場合、提案された戦略の根底にある前提を検証、議論するために複数のグループを組織する。その際は、グループ内には共通項があっても、メンバーの経験や視点はグループごとに異なるようにする。たとえばひとつめのグループは、提案された戦略の中心的策定者からなる人々。二つめのグループは審査チームからなり、情報は知らされているが先入観をもたない人々。そして三つめのグループは、組織のさまざまな場所から選ばれた業績のある中間管理職たち。

それぞれのグループは、戦略の重要な前提を独自につきつめる。成功するためにはどういう前提が有効でなくてはならないか？　戦略を進めた場合、こうした前提が有効かどうか十分にわかっているか？　そして最終的に、前提を数種類に分けてそれに優先順位をつけたリストをつくる。まず、たしかに戦略の前提であり、それが事実だとわかっているもの。つぎに、戦略の前提ではあるが、事実かどうかはっきりしないので監視と調査が必要なもの。さらに、時間とリソースが許せば精査したほうがいいと思われるその他の前提。そして無関係な前提だ。

つぎに、各グループが集まってリストを比較しあい、相違点を議論する。この議論から、とりわけ重要な問題に優先順位をつけたリストと、どの問題がよく理解されていてどの問題がさらに精査が必要かというコンセンサスとが得られる。

こうした問題を私たちは、「戦略の回転軸」と呼んでいる。具体的には、重要な予測、リスク評価、可能なシナリオ、顧客行動の評価などだ。場合によっては確証を得るための作業が必要になる。重要な回転軸は反証するほうがたやすい場合もある。どちらの場合でも、私たちがこれまで紹介したいくつかのテクニックが活用できるだろう。重要な予測をテストするには、予測市場を設ければいい。経営陣による賭けは、確率や時間の予測を明確にするために利用できる。

重要な前提がはっきり見えるようにするためのもうひとつのテクニックは、リタ・ガンサー・マグラスとイアン・マクミランが導入した「逆損益計算書」だ。これはもともと、すべての会社が考慮すべき計画立案の体系的な手法「発見志向計画法」の一部である。悪魔の代弁者の審査では、提案された戦略の基本的経済性を実証するためにこれを用いる。

通常の場合、戦略を決定するグループは、世界に関するなんらかの知識や前提を基に、最低限許容できる利益レベルを上回る計画を立てられるかどうか考える。だがマグラス－マクミランの方式は、それを逆向きに行なう。まず損益計算書を見て、最低限許容できる利益はどのくらいか、そのために必要な収益はどれだけか、許容できるコストの主要な構成要素は何か、という具合に考えていくのだ。さらに、そうした数字が当てはまるには、どういった前提がなくてはならないか、つまり戦略の裏にある前提に注目することが可能になる。こうした手段がなければ、提案された戦略の数字にばかり注意がいきがちだ。事業計画を操作して、標準的な企業のふるい分けテストをパスする程度に表面的な数字をよく見せることは誰にもできる。問題は、数字が信じられるものかどうかということだ。

提案された戦略を検証するテクニックで、もうひとつ重要なのは歴史だ。審査チームは独自に、適切な歴史の調査を行なわねばならない。戦略チームもそうした分析を行なっていれば、審査はそれに基づいて進められる。肝心なのは、関連する歴史上の成功や失敗に注目し、提案された戦略にどのような落とし穴がありうるかを理解することだ。

そしてまた戦略は、つぎの疑問に答える形で検討する必要がある。将来、われわれの計画を混乱させるのはどのような要因か？　ここでは二つの側面に関する議論が必要になる。ひとつめは戦術的な側面。どのような変化が起きたら戦略の前提が変わるのか？　さらに、どのような警報システムをつくれば変化を監視し、適応をうながすことができるのか？　二つめは仮説的な側面だ。提案された戦略を阻むような未来のシナリオを、審査チームは想像できるか？　この点では、チームの最新の視点がとりわけ役に立つ。

もうひとつ忘れてはならないのは、戦略の適合性を精査することだ。提案された戦略は、その組織がこなせる範囲内にあるのか？　戦略は組織内で中立なものではありえない。審査チームは、提案された戦略を実行できる強さがその組織にあるかどうか、ありのままの真実を探っていかねばならない。この戦略を立てるためにはどのような強さが必要になるか？　この戦略を実施するのに取り除くべき障壁は何か？

審査が長引くうちに、審査チームはこれらのやり方を何度も活用したり、同じ問題に取り組むためにいくつもの手法を駆使したりしなければならないかもしれない。戦略の展開を分析しながら、同じ論点を何度も提起して、それらを見失わないようにする必要もあるだろう。

答えではなく、質問を発する

多くの場合、審査で最も難しいのは、答えではなく疑問を提起するのが目的だという点を受け入れることだ。多くの企業文化は、答えの用意がないなら問題を指摘するべきでないという姿勢を支持している。計画立案プロセスも多くの場合、最良の答えを生み出そうとする。

だが悪魔の代弁者による審査は、最も啓発的な疑問をつくりだすことに専念する。そうすることで審査員は、自分の関心や前もって考えた答えを押しつけることなく、戦略の検証に集中できるようになる。戦略プロセスを複製して「よりよい」答えを提供するようなことは断じて食いとめるべきだ。審査という限られた時間でそこまでするのは不可能だ。それよりも、よい質問がよりよい答えを導くと考えたほうがいい。

最終決定に託す

私たちは一度ならず、会社のリーダーたちが、審査チームの成果に「大統領拒否権」に当たるものを行使するのを見たことがある。チームの成果に対して謝意を示しながらも、それを一切公表せぬままチームを解散させてしまうのだ。

だが、審査チームの仕事は疑問の提示だけに終わってはならない。せめてチームの発した疑問に対するなんらかの正式な反応が審査のプロセスに組み入れられるべきだ。理想的には、戦略の最終決定がなされるまで、審査チームは経営陣や取締役会とともに働くことが求められる。

悪い戦略だという結論が出ても、それを阻止できないのでは意味がない。

コビシントはそのことを苦い経験から学んだ。

一九九〇年代末から二〇〇〇年代初め、ダイヤモンドに務める私たちの友人が、コビシントで仕事をした。この会社は、GM、フォード、クライスラーが、日産、ルノーと手を組んで、数百億ドル相当の部品供給事業を集中させるために生まれたジョイントベンチャーだ。コビシントは各社の需要をネットで掲示し、供給業者がその注文に値段をつける。自動車メーカーは業者間の競争によって部品コストが下がることを期待した。共同所有するコビシントが仲介役を務めることで、手数料も集められると考えた。

しかし、当時パートナーだったダイヤモンドの社員たちが悪魔の代弁者による審査を行なったところ、数々の問題が見つかった。たとえば、ガバナンスの不足から、各自動車メーカーや各銀行、コンサルタント、技術ベンダーのあいだで地位争いが起こって、通常の決定プロセスさえ時間がかかり、決定されたあともしばしば訂正された。そのため、コビシントは果たして戦略上必要な効率性を保てるのかという疑問が生じた。同社が集められると踏んでいた手数料も先例はなく、その収益予測や全体のビジネスモデルは怪しいものだった。

それなのに、ダイヤモンドのチームには審査を行なう権限がなかった。請け負っていたのは技術のプラットフォームの審査だけだったからだ。ダイヤモンドにできるのは、審査の結果を、それ自体が問題の一部であるコビシントの経営陣に伝えることだけで、親会社に対してはなんの問題提起もできなかった。

結局、コビシントは何も改めようとしなかった。このベンチャー事業の成功はおぼつかないと感じたダイヤモンドは、大したコンサルタント料もとらずに引き揚げた。コビシントは業務を開始し、現在はほどほどにやっているが、二〇〇四年に二つに分割して売却された時点では、年間収益にして六〇〇〇万ドルしか生み出していなかった。元の計画からすれば、ごくわずかな額だ。利益はあがっていなかった。

コビシントと対照的なのが、ある大手の保険会社だ。大手コンサルティング会社がこの保険会社に協力して、ある部門の収益を二〇〇六年からの五年間でほぼ六〇億ドルまで増やす戦略を立てたが、ダイヤモンドにいた友人たちがその戦略を審査したところ、多くの前提が控えめにいっても疑わしいことがわかった。たとえばこの戦略では、今後五年間に市場で新しく行なわれる取引全体の五〇パーセントを当の部門が獲得することが求められていたが、この会社で最高の業績を有する商品でもそこまで高いシェアをもってはいなかった。実際に、ライバル会社の歴史的分析によって、どの会社のどの商品も、過去にそれだけの成長目標を達成したことはないことが明らかになった。

当初、この保険会社のCEOは、自分の前提が吟味されることに関心がなく、そのまま戦略を進めようとした。しかしこの部門の上級管理職たちは、達成不可能な成長目標を承認したがらず、審査を支持する側に回った。彼らはやがてCEOに話をする機会を得、CEOはこの戦略に寄せる期待を加減した。年間一七パーセントではなく、さらに長い期間で一三パーセントの成長という目標に落ち着いたのだ。元の戦略からは追加の収益は得られないと認め、二〇一〇年までに年間収益を一〇億ドル増やすための新しいアイデアを求める「ホワイトスペース」プロジェクトを計画した。

折りよく、この部門のある主要な部分の収益が二〇〇六年に一二・五パーセント、二〇〇七年には五・五パーセント成長した。別の大きな部分の収益は二年間で五・六パーセント増えた。もし元の戦略が実行されていれば、成長を求めて過剰な投資を行ない、収入は激減していただろう。だが、より現実的なレベルまで目標を引き下げたおかげで、収益も利益も上がった。純利益は二〇〇六年には一二パーセント、二〇〇七年には五・七パーセント増加した。

これを受けて、審査を好ましく思っていなかったCEOも進んで耳を貸そうとする姿勢に変わった。その結果、まるで英雄のような名声を得た。

だが何よりの成果は、関係者全員が幸せになれたことだった。

この度はお買上げ
誠に有り難うございます。
本書に関するご感想を
メールでお寄せください。
お待ちしております。
info@umitotsuki.co.jp

7《なな》つの危険《きけん》な兆候《ちょうこう》
企業はこうして壊れていく

2011年10月28日　初版第1刷発行

著者　ポール・キャロル　チュンカ・ムイ
訳者　谷川《たにかわ》　漣《れん》
装幀　重原 隆
編集　深井彩美子
印刷　中央精版印刷株式会社
用紙　中庄株式会社
発行所　有限会社海と月社
〒151-0051
東京都渋谷区千駄ヶ谷2-39-3-321
電話03-6438-9541　FAX03-6438-9542
http://www.umitotsuki.co.jp

定価はカバーに表示してあります。
乱丁本・落丁本はお取り替えいたします。

ISBN978-4-903212-30-2